岩波現代全書

065

歴史問題ハンドブック

GendaIzensho
岩波現代全書
065

歴史問題ハンドブック

東郷和彦
波多野澄雄 編
Kazuhiko Togo, Sumio Hatano

目　次

II　加害・被害と補償

総説

戦争責任・戦後責任・歴史問題

東郷和彦

序論——歴史問題の意味

戦後七〇年がたって「歴史問題」がなぜいまだに解決されていない問題として議論の対象となるのか。国内においても感情的な問題となり、国際社会でも日本問題として繰り返し指摘される。それでは戦後日本人はこの問題に無頓着で何も考えてこなかったかといえば、まったくそうではない。最近にいたっても日本の有力な月刊誌『文藝春秋』に毎月と言ってもよいくらいとりあげられるテーマは、「先の大戦」が日本にとって何であったかというテーマである。さらに歴史学の方法と対象は大きく変化し、新資料の発掘が進んでいる。戦後作られていた歴史理解とずいぶん違った史実が登場し、それは時に我々の既存の見方に根本的な反省をせまるところがある。

けれども戦前戦後の様々な経緯を踏まえてなお、私は、歴史問題についての現下の左右の対立は、もう克服しなければいけないと思う。そうして、大まかな日本人としてのコンセンサスを基礎に、世界との関係でも和解の基礎となる立場を打ち出し、すぐに和解は実現されなくとも、徐々に日本をとりまく世界政治の焦点からこの問題を外していかねばならないと思う。

左右という言葉を、厳密に定義せずに使うことをお許しいただきたい。厳密な定義をここで試みている余裕がない。普通私たちが使っている左派と右派という言葉でご理解いただければと思う。

本書を刊行する岩波書店は、戦後は、左派の中心的な存在であった。その岩波書店から、総括論を書くようにという要請があった。身に余る課題ではあったが、国益という観点からものを考えてきた人間がこの総括論を書くこと自体、日本の論壇が、歴史認識に対する左右の対立を克服する潮目にきていることを示すのかもしれないと考え、あえて、お引きうけすることにした次第である。

第一部　近代日本はなぜ先の大戦に至ったのか

1　「台形史観」としての近代日本

問題の根幹に、明治以降、先の大戦に至る日本の歴史は何であったかという問いがある以上、まず、これについての見方を示さねばならないと思う。

明治以降、先の大戦に至る日本の歩みを解りやすく言えば、台形史観になると思う。明治維新(一八六八年)を起点として、近代の日本は上昇し始め、約四〇年たらずの日露戦争の勝利(一九〇五年)をもってその上昇の目標を達成した。それから約二〇年あまり日本はいくつかの選択の間をゆれうごくが、満州事変(一九三一年)を起点として、いわゆる「一五年戦争」の時期をへて敗戦(一九四五年)に至り、結局、明治以降蓄積してきたことのほぼすべてを失った。

問題が複雑になるのは、この最後の一五年が台形の下降線となったことは否定できないとしても、当時の日本のいかなるリーダーも、下降することを目指して政策を実施した人はひとりもいなかったという事実に起因する。新たな上昇に向かって日本を動かさねばならないと考えて行動したにもかかわらず、どこかで政策を間違えたがゆえに、結局蓄積したもののほとんどすべてを失った。

さらにもう一つ、当時の日本人の多数は、戦局の不利が本土空襲を始めとして各所で明らかになっていくにもかかわらず、大義を信じて戦いを続けており、八月一五日の終戦は、いわば突然天から降ってきたもののように受け止めたようである。大義のための歴史の頂点から一瞬にして歴史の底点に叩き落されたことの落差から、戦後七〇年の日本人の魂の遍歴が始まったように見える。

2　明治維新から日露戦争まで

一九世紀のなかば、東アジアは、欧米列強の進出に遭遇した。その中で、日本のみがこれに抗して勝ち残り、中国はアヘン戦争を起点とする「世紀の屈辱」の中におち、韓国は、日本帝国の一部となった。なぜ日本のみが欧米と肩を並べるまでに成功し、中国と韓国が失敗したのか。

明治の成功の要因は、江戸という時代がもっていた力の延長で考えねばならない。士農工商という横割りと、幕府を頂点とする藩のアイデンティティという縦割り社会の安定性、そこから生まれた二六〇年の平和、そこから生まれた富と文化の蓄積、その終局期に幕府と雄藩の間に分散された力の均衡と指導者たちのもった情報・判断・実行力。それが、維新の原動力となった。

同時に、体制の転換は、激動の時でもあった。「尊王攘夷」は、列強の強圧に面した時の自然な反応であったが、それが薩摩と長州の列強との戦いにおける敗北と幕府の長州征伐の失敗により、「尊王」を軸とする大政奉還に至った明治の指導者の決断は、驚異的だったと言わねばならない。

その後の政策は、言わばなすべきものがなされた典型のように見える。時代の目標は、「富国強兵」と「脱亜入欧」に集約されていく。外交面では、江戸末期に締結した不平等条約の改正と国境線の画定が課題となるが、実質的には、大陸に対する日本の立ち位置を徹底したリアリズムを基礎に確定することが、この時代の最も緊要な戦略的課題となった。

すでに一八七一—七三年に外務卿を務めた副島種臣は朝鮮半島と台湾を勢力下におさえ「半月形」に清国に迫る策をたてた。最初の台湾出兵は七四年、征韓論を唱えた西郷隆盛を中央政府から排した七三年政変の三年後には日朝修好条規(江華条約)をもって韓国の開国を迫った。ここから後は、東学党の乱を機として参謀本部との連携の下に行われた陸奥宗光の絶妙な外交指導による日清戦争の勝利まで、日本外交の展開はよどみがない。

三国干渉により遼東半島を返還せざるを得ない事態は、政府のリアリズムを一層強化することとなった。大陸においてすぐに浮上したのはロシアである。明治政府は、臥薪嘗胆による軍事力の拡大と日英同盟による外交力の強化を図りつつ、満韓交換と満韓一体との間を模索するが、鴨緑江を越えた韓国領内へのロシアの基地建設をもって対露開戦、一九〇五年、米国セオドア・ルーズベルト大統領の支援をうけてポーツマス条約をもって劇的な終戦を迎えた。

ここまでの日本史は、明治維新以降の国家上昇の物語であり、司馬遼太郎の『坂の上の雲』の語る国民の叙事詩である。アジア政策について別の策を主張した人たちがいなかったわけではない。樽井藤吉の『大東合邦論』（一八九三年）、岡倉天心の『東洋の理想』（英語原文一九〇三年）はその典型であろう。しかし、民間におけるこのアジア主義は政府が採用することにはならなかった。

さてこの歴史を中国と韓国の側から見た時に何が映るのだろう。清においても李朝朝鮮においても、結局のところ、時代の変化に適応した改革を実施できなかったことは否定のしようがない。光緒帝（在位一八七五―一九〇八年）と高宗（在位一八六四―一九〇七年）という明治天皇とほぼ同時期の主君をいだき、「扶清滅洋」（一九〇〇年の義和団）、「衛正斥邪」（一八七〇年代の大院君）という「尊王攘夷」に類した対応をしながら、結局、東アジアを取り巻く列強の力に抗す術がなかったことを示している。

中国・韓国から見れば、戊戌の変法（一八九八年）にしても、甲申の変（一八八四年）にしても、明治の日本にならった改革を志向する明確な方向性がありながら、結局国としては、中国は日清戦争の敗北と台湾の割譲により、韓国は日本からの開国圧力とその圧倒的な影響力の拡大により勢力が衰え、「反日」の土壌がこの時期から育まれたといえよう。

3　日露戦争から満州事変へ

日露戦争に勝利した時点での日本人の高揚感は想像に余りある。ここからしばらくの間、日本は到達した丘の上に広がった平原を前にして、様々な政策の間を揺れ動いたのではないかと思う。

戦後の東アジア世界は大きく変容する。列強の植民地分割とパワーポリティックスに参画した日本は、韓国併合(一九一〇年)に帰結する朝鮮半島への浸透を図るとともに、桂・ハリマン協定の廃棄を端緒として、満州に対する米国の権益の拡大阻止に舵をきる。

かくて、南満州を日本が、北満州をロシアがその勢力圏の下に置くという相互の利益範囲の確定を求めて四次の日露協商に進む。さらに、日露戦争に勝利した日本の強大さは、カルフォルニア州における日本人移民の排斥と土地所有の制限、禁止と、日本を仮想敵国とする最初の軍事プラン(オレンジプラン)の策定を呼び、太平洋をはさむ日米の緊張がたかまることとなった。

他方清朝は、辛亥革命(一九一一年)によって翌一二年に崩壊。しかし革命を主導し南京にて旗揚げした孫文は国内を統一する力なく、新中華民国の大総統には、河南に隠遁していた袁世凱が就任、一六年の死去まで袁世凱の時代が続いた。

この間一四年に勃発した第一次世界大戦は「大正の天佑」をもたらし、日本はドイツの山東権益(鉄道及び鉱山)を接収する一方、山東権益を含む広範な利権を袁世凱政権への「二一カ条要求」として受諾を迫り、日中条約を成立させた。だが、パリ講和会議における山東利権の日本による継受承認は、利権の直接還付を要求する中国の猛反発を買い、国権回収のナショナリズムを盛り上げ、五・四運動(一九一九年)の展開につながった。

この動きにもう一つ転機を与えたのがロシア革命(一九一七年)である。四次の日露協商に基づく日ロの提携は終わりをつげ、一八年八月、日本は米国との共同出兵にふみきり、米国が想定した限定出兵の規模をはるかに上回る七万の兵力をシベリアに派遣し、ニコラエフスクにおける邦人虐殺事件もあり、米国撤兵以後も自衛出兵として居残り、列強の中で最後まで駐兵を続けたのである。

国家間の利害が一挙に錯綜し始めた状況下で、二一—二二年のワシントン会議によって、米国主導の一つの方向性が現れ、日本もまたここからしばらくの間、この流れについていくこととなった。ワシントン会議は、海軍軍縮、日英同盟の廃棄と四カ国条約の締結、九カ国条約に基づく中国の独立と領土保全、門戸開放、機会均等の約束の三点を軸とする。軍縮については加藤友三郎海相による主力艦比率「米英日五・五・三」提案受諾が、外交に関しては幣原喜重郎全権の判断が大きな役割を果たしたとされている。さらに会議場外において、山東ドイツ利権の放棄、ニコラエフスク事件の保証占領としての北樺太への駐兵を除くシベリアからの撤兵という、第一次世界大戦とロシア革命から積み残した案件を片づけたのである。

これからしばらくの間日本外交、とりわけ対中国外交は、外務大臣となった幣原の考えを基調とし、国際協調主義・経済外交中心主義・内政不干渉の三原則を軸に進められることとなる。

だが相手となった中国ではこの間甚だしい混乱が続いた。北京は満州系の軍閥張作霖が支配、二一年にソ連の支援を受けた中国共産党が成立、広東に陣をとった孫文は二四年「北伐」を宣言し共産党との提携を実施(第一次国共合作)。しかし、二五年の孫文死去の後、その後継者となった蔣介石は共産党の殲滅に舵を切り替え(安内攘外)、二八年に北京を最後に北伐を完成、南京を首都とする中華民国を樹立することによって形のうえでの統一を回復した。国民党、共産党、軍閥の力が割拠する不安定な中国に対し、幣原三原則が有効な政策であったかについては各種の議論がある。

4　満州事変から太平洋戦争へ

そうした状況下で発生した一九二九年の世界恐慌は、帝国主義列強をいずれも閉鎖的経済圏の樹立へと進めることとなった。

一九二六年(大正一五年、昭和元年)以降、世界恐慌を発端とする世界的混乱に対処するところから始まった「昭和の戦争」には様々な見方があるが、以下の特徴は否定できないと思う。

①各事変や戦いは、相互の連鎖があり、一連の流れを形成していること
②しかし、昭和の戦争全体を統括し、見通すようなビジョンや戦略が存在していたわけではなく、むしろ一つ一つの行動は様々な議論と力関係によって左右され、連鎖はあくまで、そうした行動の積み重ねの結果であること
③そうした日本の行動の中には、外国勢力が日本を戦いに誘引したことに日本が応じたことによっておきた部分もあったこと

④しかし、結果として日本は、満州から北支へ、北支から南シナへ、南シナから北部仏印へ、北部仏印から南部仏印へ、そして対米英蘭戦争へとじりじりとその戦線を拡大したこと
⑤対米英蘭戦争では最初の半年の間、帝国陸海軍は無敵であり、ハワイ以西の制海権と東南アジア全域を治める広大な版図を確保したが、開戦後わずか半年のミッドウェー海戦で明治以降初めて壊滅的な敗北を喫し、結局それ以降一度も立ち直る機会をもたずに敗戦に至ったこと

明治以降蓄積したもののほとんどを失った敗戦に至った以上、誰かがどこかで間違えたという側面は否めない。問題の性格を理解するために、例えば対外国策の決定という観点から、日米開戦までの一〇年間について、いくつかの分岐点や争点を例示してみたい。

①満州事変の絵図面を書いたとされる石原莞爾が事変後の三五年に大本営にもどり、作戦部長として北支事変(盧溝橋事件)に遭遇したとき、戦線の拡大に強く反対したのはなぜか。
②北支事変勃発後、外務省幹部の多くが広田弘毅外相に派兵はすべきでないと意見を具申し、外相も同意見でありながら、閣議は結局、華北派兵と内地師団の動員に決したのはなぜか。
③外務省や海軍首脳の中に、ナチスドイツとの提携に対する強い反対があったにもかかわらず、なぜ三国同盟(四〇年九月)に至ってしまったのか。
④ドイツのポーランド侵攻(三九年九月)によって始まった欧州大戦は、電撃的なフランス侵攻によって一挙にドイツに有利に展開(四〇年五月)するが、この勝利に幻惑されたことが三国同盟

につながったのか。それとも、松岡洋右外相の特別の米国観が影響したのか。

⑤日米交渉の発端となった日米諒解案(四一年四月)を生かすために、松岡外相を説得する術はなかったのか。

⑥独ソ開戦(四一年六月)後の国策再検討のための最高会議によって、なぜ南部仏印進駐という選択がなされたのか。

以上が日本から見た昭和の戦争であるが、この戦争は中国にとってどのような意味をもったか。満州が漢民族の支配していた場所とは異なる満州族の住んだ場所であり、その満州族が中原を支配する最後の王朝を創っていたことを考えるなら、関東軍が緻密な計画の元に傀儡政権を満州につくりあげたことが、漢民族を中心とする中国人の怒りを買ったことは理解できる。

しかし現実には、満州事変のさなかの中国は、毛沢東主導の、紅軍による囲剿戦(三〇―三三年)、長征(三四―三六年)と、安内攘外を優先目標とする蔣介石の国民党軍との激しい内戦が続いていたのである。ようやく西安事件(三六年一二月)を契機として三七年九月、第二次国共合作が成立する。しかし、三七年七月に始る本格的な対日抗戦下にあっても「一致抗日」はほど遠かった。蔣介石の南京放棄による重慶遷都(三七年一二月)後の、国民党内部の中国の将来をめぐる主導権争いの側面をもつ汪兆銘政権の成立(四〇年)や国共再衝突(四一年)などは、中国内部の政治状況の複雑さを語って余りがない。

けれども重慶に政権を移した蔣介石が、東条内閣の下での最後の日米交渉において暫定協定案

（日本側の乙案）を壊すために効果的に動いたことはよく知られるところである。対米英蘭戦争勃発後は、大陸戦線は膠着状態に陥ったとはいえ、国民党軍は中南部で戦闘を継続し、北部山岳地帯に位置する共産党軍は北部で激しい抗日ゲリラ戦を戦い、主要連合国の一員としての中国は、第二次世界大戦における連合国の勝利に大きな役割を果たすのである。

この間、南京事件を含め中国戦場でどのような日本軍による非違行為や残虐行為が行われたかを検証し、厳密に挙証することは、なおも困難であるが研究は着実に進展している。本書の役割は、現在の研究状況を踏まえつつ、その面でできる限り正確な事実と問題の所在を伝えることにある。

韓国に関していえば、一九一〇年以降の韓国は日本帝国の一部として存続したという歴史があり、日本の植民統治の本質は何であったかという問いに帰結する。定説は、初期の武断統治、中期の文化統治、総力戦に傾斜する時代の皇民化という統治政策の変遷があったこと、その間に、そうじて韓国の近代化を進める投資と制度の創設があったこと、同時に、一部日本人による蔑視に起因する非違行為や収奪も少なくなかったということだと思う。

その結果として、韓国人の中に半端でない以下のような「恨」が蓄積した。

①民族の屈辱感。華夷秩序で自分より低位のものから支配された記憶
②裏切り。韓国の「独立の保障」を目的に始った日露戦争から、わずか五年後の韓国併合
③強圧。併合前及び併合初期における武断的政策や弾圧
④皇民化。一九三〇年代後半以降、韓国人をもって日本人としようとしたこと

⑤皇民化が一定程度浸透したこと。韓国人でありながら日本国籍であったことから日本兵として対米戦争を共に戦ってしまうというおぞましい記憶を持つにいたったこと

米国についても一言述べておくと、南北戦争、西部開拓を経て太平洋にその権益を拡大し、一八九八年の米西戦争によってグアムとフィリピンを併合。その後の主要権益は中国に対する経済権益の獲得に主眼が置かれ、これがワシントン会議における中国の独立と領土保全、門戸開放、機会均等政策の基調となる。このことが、同じ帝国主義としての立場にありながら、自らを中国の主権尊重の代弁者であり日本の中国での軍事行動を侵略とみなす見方を生むこととなった。

第二部　戦後史観

1　占領・憲法・東京裁判・サンフランシスコ講和条約

敗戦によって日本は、民族として一度も経験をしたことのない、米軍を中心とする連合軍の占領という七年の期間を経ることとなった。

この当時、多くの日本人の中には、なぜ、このような負け方をしたのかという疑問と、もうこのような結果になる戦いはいやだ、これからは、「平和」の国として生きていきたいという希求が生

まれたように思う。また、このような戦争指導をした上からの絶対的な指令制度はかなわない、「もう少し血の通った制度にしてほしい」という思いも吹き返したのではないか。なによりも、廃墟と化した都市と、六七〇万人にも及ぶ外地からの引揚者や復員軍人を引き受けて、その日その日を生き、働き、「経済を再建する」という圧倒的な課題が目の前にあった。そして最後に、戦前からの日本の継続として、「天皇制」があったのである。

いっぽう米軍の占領政策は、占領初期の、日本を民主主義の「ひな型」に変え二度と米国の脅威とならない国に改造するという目的から、占領後期には、アジアの冷戦の波をうけて、反共の担い手として強い日本を復興させようという目的への転換はあった。けれども、大筋において「平和」で「民主的」で「経済復興」をなしとげ、統治の便宜として「天皇制」を維持する日本を作り上げるとする姿勢は、米軍の占領目的の太宗となったのである。

その占領期の最初の二年の間に、占領軍がまず着手したのが、米国と戦った日本とどう決着をつけるかであった。その一つが新しい価値を満載した統治の基本としての日本国憲法の制定（一九四六年一一月公布、四七年五月施行）であり、もう一つが、戦争犯罪人を裁く国際軍事裁判（戦犯裁判）であった。国際裁判はアジア各地で行われたが、とりわけ指導者を裁く東京裁判（四六年五月から四八年一一月）が重要であった。占領は、こうした新しい体制を国際社会によって承認させるサンフランシスコ講和条約（五一年九月署名、五二年四月発行）によって終わった。

占領政策と当時の日本人が求めたことがおおむね調和的であったとはいえ、敗戦と占領という激動は、日本の中に様々な緊張・矛盾・価値の分裂を残した。その根源は、占領初期に起因するもので、その一つが憲法九条を軸とする平和の問題であり、もう一つが東京裁判を軸とする歴史の問題だった。戦後日本人の魂の彷徨は、こうした背景の下で、平和と歴史の二つの問題をめぐって発生し、いまだに続いているというのが現実である。

2　昭和の終焉ののちに到達した左右の均衡

戦後日本人の魂の彷徨がいまだに続いているといっても、その間、日本人は何もしてこなかったのか。そうではない。戦後史は、この相克をめぐって展開され、昭和の終焉と平成の冒頭の時点で、それなりの結論をえるにいたったと思う。

右派からの観点にたてば、東京裁判判決に対する違和感は、独立を回復した一九五二年からいくつかの形で顕在化していった。日本は、サンフランシスコ講和条約第一一条によって「極東国際軍事裁判所並びに日本国内及び国外の他の連合国戦争犯罪法廷の裁判（英語正文judgments）を受諾し」た。通常は「判決」と訳されるjudgmentsがなぜ「裁判」という言葉によって訳されたのか、右条文の後に続く「且つ、日本国で拘禁されている日本国民にこれらの法廷が課した刑を執行する」という条文との関係は何か、などについて法的にも政治的にも様々な議論が提起されている。しかし、東京裁判についてどのような異見をもったにしても、サンフランシスコ条約によってこの裁判ないし判決を受け入れた以上、判決に対する異議申し立てを公の形で提起はしないという政策は政府にも国民にも浸透した。

しかしながら、東京裁判で日本が断罪された平和に対する罪（侵略の罪）は「事後法」であり、東京裁判は戦争で勝利した側の罪は一切裁かれない「勝者の正義」であるという反論は、裁判自体の弁護側議論の中で明確に述べられた。

さらに政府は、国際法上判決に対しての異議申し立てには踏み込まなかったが、国内法上これらの受刑者を犯罪者として扱わず、処刑された人を法務死として扱った。この点は、共産党を除くすべての党のコンセンサスとして立法されていった。戦犯者の靖国神社への合祀もその流れで行われたのである。

戦争の姿をもう一度あるがままにみなおそうという思想的な流れは、日本が経済の復興を急速に成し遂げた一九六〇年代から表面化したと思う。明治生まれの小説家林房雄の「大東亜戦争肯定論」（六三年から六五年にかけ『中央公論』に連載）は、明治以降戦争の連続だった歴史を、その時代の国民心理にさかのぼって描いたものとして、当時の国民世論を驚かせた。大正生まれの作家・思想家三島由紀夫の自衛隊市ヶ谷駐屯地占拠と割腹事件（七〇年）は、戦前の日本が形作ってきた価値を自らの死によって肯定したという意味で衝撃的な事件であった。昭和生まれの作家・評論家の江藤淳「閉された言語空間」（八九年）は占領期間における徹底した検閲制度を通じ、米国が日本人の意識に、「一部の日本軍国主義者が侵略戦争という罪を犯した」という認識を刷り込んだ経緯を詳細にたどったのである。

他方において、左派からの見方は、戦争が他国に与えた痛みを、特にアジア諸国の側に立って理解しようとする動きとして同じころに顕在化した。家永三郎の教科書検定違憲訴訟は六五年に開始された。朝日新聞記者本多勝一の中国の現地取材に基づく「中国の旅」が出版されたのは七二年。七三一部隊についての衝撃的な森村誠一のノンフィクション「悪魔の飽食」は、共産党機関紙『赤旗』に連載された後、八一年に出版された。

一九八〇年代前半は、さらに、歴史問題をめぐって教科書問題や首相の靖国参拝問題などが起きた。しかし、それらの問題は、総じて、アジア諸国の痛みを理解しようという方向でそれなりに決着していった。八二年の教科書問題は、「近隣諸国条項」を教科書検定の基準に付加することで落ち着いた。この時期に様々な視点から論議された南京事件についても、旧陸軍将校の親睦団体「偕行社」が自ら調査した結果が八五年三月に機関紙『偕行』に発表された。「中国国民に深く詫びる」という言葉で始まり、被害者の数を一万三〇〇〇から三〇〇〇とするこの調査報告は、旧軍関係者が正面からこの問題に取り組んだ結果として注目に値するものだった(のちに南京戦史編集委員会編『南京戦史』として資料集とともに刊行)。八五年八月の中曽根康弘総理の靖国参拝は、胡耀邦を総書記とする中国との関係を重視した総理の判断によって翌年以降見送られることとなった。

なによりも、東京裁判自体を幅広い観点から検討しようとするシンポジウムが八三年五月に開催された。東京裁判で、パール判事に次いで独自の少数意見をのべたオランダのレーリンク判事の参加は、左右の研究者・言論人の注目を集め、東京裁判理解を促す重要な契機となったと思う。

一九八九年冷戦が終了し、昭和の時代が終了し、世界政治の根本構造が変わった。このことは日本の国内政治構造にも大きな変化をもたらした。九三年「五五年体制」が崩壊し、自民党が野に下り、細川護熙を総理とする八党連立政権が成立、羽田孜政権を経て、九四年六月には、社会党党首の村山富市を総理とし閣僚のほとんどを自民党が占める連立内閣が成立した。私の見るところ、この旧来の理解では信じがたい内閣ができたことが、戦後五〇年の間、左と右の間で対立を続けてきた歴史認識問題にそれなりの決着をつける政治的基礎構造を提供した。その結果、九五年八月一五日、「村山談話」とよばれる歴史認識の総決算が、閣議決定により採択されたのである。その直前の六月九日には、衆議院においていわゆる「不戦決議」(終戦五〇年決議)が採択されていたが、大量の欠席者を出し、参議院には上程を阻まれ、内容的にも客観的な歴史分析を踏まえた結果、日本問題を語るものとしてはインパクトの薄いものとなってしまっていた。

この間、従軍慰安婦問題について、政府の最終的な調査結果を踏まえた河野官房長官談話が九三年八月に発表されていたが、村山談話はそれをある程度踏まえたものとも言えた。

3　「右派的なもの」への傾斜

村山談話が発表された時、私は在モスクワ日本大使館の次席公使として仕事をしていた。一読して、勇気ある談話であり、歴史認識問題についての総決算を目指していると思った。当時のロシアマスコミ界に開かれていた大使館の広報活動の一環として、すぐに有力週刊誌に「日本はアジアに対して勇気を示した。今度はロシアが対日関係で勇気を示す番だ」という趣旨の投稿を行った。そして、この方向をぶれることなく進んでいけば、アジアとの和解は実現するだろうと明るい気持ちで考えた。

それから二〇年、残念ながらこの期待は満たされなかった。なぜだろうか。村山談話自身に生命力がなかったのだろうか。そのようなことはないと思う。今日に至るまで、すべての総理はこの談話の継承を述べているし、日本政府は、これ以降、以下のすべての歴史認識問題にかかわる外国政府との対話において、この談話を基礎においてきた。

①一九九八年の天皇陛下のイギリス訪問
②同年の金大中大統領の訪日
③同年の江沢民主席の訪日
④二〇〇〇年の天皇陛下のオランダ訪問
⑤〇二年の小泉総理の北朝鮮訪問
⑥〇五年のアジア・アフリカ首脳会議における小泉総理演説
⑦〇九年の米国での「全米バターン・コレヒドール防衛兵の会」における藤崎一郎大使の謝罪の言葉
⑧一〇年の韓国併合一〇〇周年における菅総理談話

全体として、政権を取り戻した後の自民党は、橋本龍太郎、小渕恵三という村山談話の精神の根にある「アジアとの和解」をぶれることなく支持した指導者を総理として迎えていたのである。にもかかわらず、村山談話から二〇年、中国・韓国との和解はむしろ逆行している。なぜだろうか。四つの原因をあげてみたい。

第一に、村山談話を左右の政治的均衡が達成した国民の総意とは解釈せず、社会党の総理であったが故の右の理念の敗北とみる右派勢力が、村山談話によって一定の目標を達成した左派勢力を切り崩し、正しいと信ずる歴史認識を復権させるために具体的な行動をとり始めたことである。「新しい歴史教科書をつくる会」の活動開始（九六年）がその一つであり、「日本の前途と歴史教育を考える若手議員の会」及び「日本会議」の結成（九七年）がもう一つの動きだったと思う。

第二に、以上の自民党内の動きに大きな影響を与えたのが、五年間の小泉時代であり、就中、小泉総理の年一回の靖国参拝であった。歴史認識については、村山総理とほぼ同じ考え方をもつ小泉総理が、なぜ靖国参拝の一点について徹底したこだわりを見せたのか、今後の研究に俟つ所が大きいにしても、結果として、日中間の首脳対話は〇二年以降途絶える一方、日本の名誉ある歴史を回復しようとする人々は、小泉総理の「中国に対して毅然として物申す」態度に極めて勇気づけられたのだと思う。

第三に、それでは、村山談話の中に左派的な考え方を見い出す勢力はどうなったのか。明らかに弱化したと思う。自民党内では、アジアとの和解を追求する勢力として、保守本流を任じていた宏池会、中国との国交回復をなしとげた田中派の影響力が後退した。村山内閣が自衛隊と日米安保を肯定した時点で、平和の問題に関する理念的護憲勢力の筆頭を任じていた社会党の存在意義が薄れた。それ以降、与党政党化した公明党、〇九年から三年間政権を担当した民主党、そして、江田憲司色が強まっている維新の党などの動きがないわけではない。しかし、全体として、それらの動きは、小泉・安倍に代表される右派の動きに照らし、存在感が薄くなってきたことは、否定のしようがない。

第四に、当面歴史認識問題をめぐり亀裂を深めてしまった中国と韓国の対応の問題がある。いうまでもなく、中国との外交関係の開設は一九七二年、七八年の鄧小平による改革開放の動きと、同年の日中平和友好条約締結による両国関係の安定化は、八〇年代の前述の歴史問題の克服を経て、両国関係を大きく発展させた。八九年の天安門事件に対する「中国を孤立させるな」という日本独自の外交方針と、これに対する中国側の評価に発する天皇訪中(九二年)は、村山談話を発出した九五年、両国間のおおいなる和解への期待をもたらした。

しかし、ちょうどその年を契機として始まった中国の小学校における南京事件の展示会は、その期待を打ち砕いた。二〇〇〇年代前半の小泉時代の首脳交流の欠落は同年代後半にいたる尖閣をめぐる緊張の発生を生み、一二年の日本政府による尖閣購入に対する領海侵犯の常態化以降日中関係は、武力衝突の可能性をはらんだ全く新しい危機の下に投げ込まれたのである。習近平時代に入り、台頭する中国は、経済・政治・軍事・文化とその全容を現わし、「アジア人によるアジア」という新文明を提起し始めたのである。

韓国との関係は、一四年間の長丁場の交渉の末、一九六五年に外交関係を回復、請求権問題を始めとして諸懸案を一括解決した。爾来韓国は様々な経緯を経ながらも、民主化、経済成長、韓流文化を発展させ、東アジアの政治外交面でも尊敬される地位を築いてきた。こうした韓国の躍進に対し日本人の中に韓国に対する新しい関心と尊敬とが生まれ、九八年の小渕・金大中パートナーシップ共同宣言に続き、二〇〇三―〇四年の「冬のソナタ」放映は、新しい関係発展への期待を生み出した。

けれども二〇一〇年代に入り、以下の動きは日本側が抱いていた期待を打ち砕いた。

①二〇一一年八月の憲法裁判所の慰安婦違憲判決
②一二年五月の大法院(最高裁判所)の戦時強制労働未解決判決
③同年八月の李明博大統領の竹島上陸
④一三年以降の朴槿恵大統領による歴史認識問題(とくに慰安婦問題)に関する一方的な批判

政治・経済・文化の成功による自信は、韓国においては日本に対する「恨」の爆発として現れたように見える。

以上の状況は、戦後日本精神の特徴の一つだった、アジアとの和解を求める立場を弱める結果となったことは否めないと思う。

結　論――これからの歴史問題

そういう状況の中で、私たちは二〇一五年、終戦から七〇周年を迎える。私たちは、この区切りをどうやって迎えるべきか。

私は、戦後日本の左右のバランスの結果として作られてきた村山談話をそのまま継承し、疑義の余地なくこれを確認した上で、未来に向けた日本のビジョンを語ることをもって七〇周年を迎えることが最善だと思う。

談話の構造は単純明快である。「日本が、植民地支配と侵略によって、多くの国々、とりわけアジア諸国に損害と苦痛をもたらした。心から詫びる」というものである。日本は、この談話をもって、ドイツに勝るとも劣らない道徳的な高みに立っている。ドイツの謝罪を表明した一九八五年五月のワイツゼッカー演説に十分に比肩する。ドイツの謝罪の原点が、一九四五年から四六年にかけて述べられたカール・ヤスパースの「四つの罪」を背景とする西欧哲学の「分析的」思惟の中から生まれているとすれば、村山談話は、ヤスパースと全く同じ時期に発信された鈴木大拙の「日本的霊性」をその発想の根源に持っていると解する十分の根拠がある。村山談話を構成する単純な語彙は、大拙の中にある物事の本質に直観的・包摂的に入っていく東洋思想のありかたと通底する。

私の意見では、村山談話の持つ道徳的高みを維持することの中から、本格的に中韓と話し合い、相手の心をこちらに惹きつける道が開かれる。日本の謙虚さを基調とする道徳性は、いつか中国・韓国との和解をもたらすはずである。

そうなってこそ、明治以降欧米列強に伍し、やがてこれに戦いを挑んだ日本の戦争は、帝国主義間の対等な戦争だったという意見に相手側が耳を傾けざるをえなくなる時がくる。日本の戦争はナチスのホロコーストとは違うという議論に、真の説得力を持たせる時がくる。

それを実現するためにも、政治と外交における道徳的高みという最良の武器を使わねばならない。

しかるに、左はそれを欣然と主張する力を失い、右は左をたたくことに忙殺されるあまり、日本国の名誉を真に挽回するために必須の歴史と世界の世論の動向に対する勉強を怠ってしまったように見える。

今本屋に山積されている嫌中本、嫌韓本、日本賛美論の多くは、「東京裁判自虐史観」を批判するあまり、戦後七〇年の左右の相克と魂の彷徨の中に何の価値をも見いだせない、「逆自虐史観」の虜になっているように見える。

筆者もまた、東京裁判の多数判決は、事後法としてまた「勝者の断罪」として、絶対に認めることができない。そうであればこそ、アジアに出した軍隊が他国で与えた苦しみを理解し、民族の自尊を否定した植民地政策の痛みを感ずることが、日本自らの名誉を守り、今はなき日本帝国の名誉を継承する途だと確信する。「安倍談話は未来志向」といっても、被害者と自認している人々からすれば、加害者側から「未来志向」といわれることほど、不快感をそそられるものはない。

もう一度歴史をふりかえりたい。日清戦争に勝利した日本は、三国干渉による遼東半島返還を求められた時、世界から孤立し、やむなくこれを引き渡した。それから国民をあげて必死に働き、日露戦争に勝利した時は、時の大国である米国とイギリスの世論を味方につけ、世界の情報戦に勝利して、ポーツマス条約による和平にもちこんだ。

この勝利に奢った日本は、米欧と雌雄を決する機会がきた時に、米国の世論を味方につけるという情報戦に完敗した。真珠湾からミッドウェーで負けるまで帝国陸海軍は無敵だったが、情報戦と諜報戦での完敗は、戦争の完敗に繋がった。

右派が日本という小さな世界の中で、逆自虐史観の虜になっている間に、世界の世論の大勢では、中国と韓国の日本批判が表面化するなかで、実は米欧の根の深い対日猜疑心に火が着き始めている。もう一度謙虚に世界の大勢の議論に耳を傾け、特に米欧の世論を味方につけるにはどう行動し発信すればよいかを考えてこそ、日本は本当の世界のリーダーになれると思う。

I

戦争・植民地支配と責任

東京裁判

日暮吉延

ニュルンベルク裁判の成立

東京裁判(正式名称は極東国際軍事裁判)は、第二次世界大戦後の一九四六〜四八年、連合国一一カ国が日本指導者二八名の国際法上の責任を追及した戦争犯罪裁判である。

近代における敗戦国指導者の処罰の歴史をたどると、まずは一八一五年一〇月、イギリスがセントヘレナ島に拘禁した前フランス皇帝ナポレオン一世の事例がある。彼は「世界の安寧の敵」とされたが、その身分は「戦犯」ではなく「捕虜」だった。一八〜一九世紀には、戦争の「合法か違法か」を問わない「無差別戦争観」が支配的だったからであり、当時の戦争の規制は捕虜虐待の禁止、開戦手続きなど「戦争の方法」に加えられたのだ。

しかし二〇世紀に入って破滅的な第一次世界大戦に直面すると、戦争自体の違法化問題が浮上することとなった。

一九一九年のパリ講和会議で英仏首脳が前ドイツ皇帝ヴィルヘルム二世の「国際法上の開戦責任」を裁くことを強く主張した。だが、アメリカ大統領ウッドロー・ウィルソンは、事後法になると反対し、根拠を「国際道義と条約の神聖」違反の「道徳的な罪」に変える代案を出して決着させた。つまりヴェルサイユ条約の皇帝訴追条項は、事後法を避けるための妥協策であった(結局、前皇帝の身柄を確保できず、裁判は実現しない)。

次の第二次世界大戦では、連合国はナチの残虐行為について主要戦争犯罪人(政軍の指導者)の処罰を欲し、その意思を繰り返し声明した。

ところが、ナチの行為は(1)自国民(ユダヤ系ドイツ人)への行為、(2)戦争開始前の行為という二点で既存の戦争犯罪(戦争法規違反)の範囲外にあった。この難問の解決も含めて、戦犯処罰の具体策を次々と打ち出したのは、一九四四年九月から始まるアメリカ政府の政策決定である。

財務省のヘンリー・モーゲンソー長官は、ナチ主要戦犯の即決処刑論をとなえ、それはかなり有力な意見であった。

これに対して、ヘンリー・スティムソン陸軍長官は、即決処刑は野蛮な中世の方法だと否定し、「文明」的な国際裁判をするよう力説した。彼の考える「裁判の利点」は、①国際法の発達に貢献できる、②公判で敗戦国民に「自国の過ち」を知らせ、敗戦国の国家改造に資する、③「連合国(文明)の正義と枢軸国(野蛮)の邪悪」という善悪史観を記録として残し、アメリカの無差別爆撃や原爆投下なども正当化できる、④即決処刑で敗者の口をふさぐのではなく、被告人に弁明の機会を与える「文明の裁き」はアメリカの道義的リーダーシップの証明になる、というものだ。

他方、裁判に反対する人々は、長期化するし、法や連合国の行為が糾弾されるといった「裁判の欠点」を懸念した。

結局、「文明の裁き」の裁判方式(即決処刑の否定)が勝利する。そして、このアメリカの政策を軸に、米英仏ソの法律家がロンドン会議(一九四五年六月二六日〜八月八日)で審議した結果、国際軍事裁判所憲章に三つの戦争犯罪が規定された。

(a)項の「平和に対する罪」(A級犯罪)は、侵略戦争の計画、準備、開始、遂行、共同謀議を国際法上の犯罪とするもので、事後法であった。

（b）項の「戦争犯罪」（B級犯罪）は、占領地住民の殺害・捕虜虐待・都市破壊など戦争法規慣例の違反で、その処罰は伝統的に認められていた。

（c）項の「人道に対する罪」（C級犯罪）は、戦前の行為、自国民への行為を含む、一般住民に対する非人道的行為、政治的・人種的な迫害を国際法上の犯罪とするもので、ナチの特殊な残虐行為を罰するためにつくられた事後法である。

なお東京裁判の被告人は、「平和に対する罪」（A級犯罪）で起訴された戦犯という意味で「A級戦犯 class A war criminals」と呼ばれた。「A級」「B級」というのは犯罪の性質による区別にすぎず、「A級はB級よりも罪が重い」というわけではない。日本にそうした誤解が生じたのは、A級が指導者の大物であったこと、class を「級」と和訳したことによる。

こうして一九四五年一一月二〇日から翌年一〇月一日まで、ナチ指導者を審理するニュルンベルク国際軍事裁判が行われた。裁判所は判決時の被告人二二名について絞首刑一二名、終身禁錮刑三名、禁錮二〇年二名、同一五年一名、同一〇年一名、無罪三名とした。またニュルンベルクでは六つの組織も起訴されたが、ナチ党指導部、親衛隊、秘密国家警察・保安諜報部の三つが「犯罪的組織」と認定された。

東京裁判の展開

このような対独政策が日本人戦犯処罰を基礎づけることになった。日本に直接、戦犯処罰を明示したのは、一九四五年七月二六日に米英中が発したポツダム宣言第一〇項である。「吾等の俘虜を虐待せる者を含む一切の戦争犯罪人に対しては厳重なる処罰〔stern justice 厳重な裁判〕加へらるへし」というあいまいな文言だったが、連合国は、ロンドン会議の結論が出たら、「平和に対する罪」「人道に対する罪」を適用するつもりであった。日本が八月一四日、この宣言を受諾して敗北した時、東京裁判が実施される法的根拠が成立した。

東京裁判に判事・検事を派遣した連合国は、アメリカ、イギリス、中国国民政府、ソ連、フランス、オランダ、カナダ、オーストラリア、ニュージーランド、インド、フィリピンの一一カ国である。ニュルンベルクの場合、米英仏ソ四国の権限は対等だったが、東京裁判では、対日勝利を牽引したアメリカが主導権を握り、国際法廷と検察機関の設置、判決承認の権限をダグラス・マッカーサー（米太平洋陸軍総司令官と連合国最高司令官を兼任）に与えた。唯一の首席検事にはアメリカ代表ジョゼフ・キーナンが就任した。

東京裁判が開廷したのは、一九四六年五月三日のことである。検察が当初、注目した玄洋社や黒龍会は宣伝機関にすぎないとわかったため、ドイツのような組織の起訴はなくなった。

被告人は、以下に列挙する戦前期日本の指導者二八名であった。荒木貞夫、土肥原賢二、橋本欣五郎、畑俊六、平沼騏一郎、広田弘毅、星野直樹、板垣征四郎、賀屋興宣、木戸幸一、木村兵太郎、小磯国昭、松井石根、松岡洋右、南次郎、武藤章、永野修身、岡敬純、大川周明、大島浩、佐藤賢了、重光葵、嶋田繁太郎、白鳥敏夫、鈴木貞一、東郷茂徳、東条英機、梅津美治郎。

なお昭和天皇については、一九四六年四月三日、極東委員会（FEC）の政策決定「FEC〇〇七／三」の了解事項として、連合国一一カ国が天皇を起訴から「免除する」と合意した。

検察側は、一九二八年の張作霖爆殺から太平洋戦争にいたる「一貫した侵略戦争の共同謀議」、そして捕虜虐待ほかの残虐行為を告発した。なお「共同謀議 conspiracy」とは、違法行為をしようと二名以上が合意しただけで独立犯罪が成立するという英米法特有の犯罪概念だが、「日本の軍閥が世界支配のために侵略戦争を陰謀した」とする単純明快な歴史の見方にも使われた。

こうした検察の「侵略戦争論」に対して、弁護側は、侵略の共同謀議などは存在しないとして「自衛戦争論」で反駁した。言論が厳しく規制された占領下で、とにかくも被告人と弁護人が法廷で自らの主張を公表できたことの意義は大きい。

他方、判事団は公判中、侵略戦争が犯罪かどうかをめぐって深刻な対立に陥った。複数の判事が「戦争の犯罪性」を疑い、判事団は分解状態となる。これに危機感を抱いたイギリス判事ウィリアム・パトリックによる多数派工作の結果、一九四八年の春頃、「平和に対する罪」の正当性を認める判事七名の多数派（アメリカ、イギリス、中国、ソ連、カナダ、ニュージーランド、フィリピン）が編成され、彼らが判決（裁判所の最終判断）の法理論と事実認定を書いた。ただし被告人の評決と量刑については、判事全員が口頭で評議したとされる。

この判決作成方法に反発した四名の判事（フランス、オランダ、オーストラリア、インド）は、それぞれ独自の個別意見書を提出した。特にインド判事ラダビノード・パルの反対意見書は、西洋諸国による「勝者の裁き」を全面否定し、被告人全員は無罪だと主張するものであった。

判決（多数意見書）は、ニュルンベルク判決に全面依存し、「平和に対する罪」はすでに存在する国際法上の犯罪であると断定した。事実認定では、一九二八～四五年の長期にわたって「侵略戦争を遂行する犯罪的共同謀議が存在した」と認定し、共謀者の行動を糾弾する。いわく、張作霖爆殺は関東軍の河本大作が「計画」した。一九三一年の柳条湖事件は「日本人によって計画され、また実行された」。そして一九四一年の太平洋戦争は、イギリス、アメリカ、オランダの「領土を占拠しようとする欲望」による「侵略戦争と名づけないわけにはいかない」。

他方、こうして侵略戦争と認定した以上、事前通告なしの奇襲攻撃に関する告発や「殺人」訴因を取り上げる必要はないとして、検察側との違いも示している。

裁判所は一九四八年一一月一二日、判決時の被告人二五名(大川が審理除外、松岡・永野が病死)について絞首刑七名(土肥原、広田、板垣、木村、松井、武藤、東条)、禁錮二〇年一名(東郷)、禁錮七年一名(重光)、終身禁錮刑一六名とした。無罪は出なかった。

裁判終結から戦犯釈放へ

「第二次東京裁判」が行われなかったのは、なぜか。

ドイツの場合、国際裁判から洩れた主要戦犯容疑者は各国ごとのニュルンベルク継続裁判(アメリカの場合、一九四六年一二月〜四九年四月)にかけられた。日本についても同じ処理方法が模索されたが、マッカーサーの提案で、A級戦犯容疑者を「アメリカ単独のBC級裁判」にかけるという方法に変わり、岸信介、青木一男ら戦時中の閣僚八名が起訴される予定だった。

しかし東京裁判の判決が出ると、連合国軍総司令部(GHQ)は文官を残虐行為で有罪にするのは難しいと判断し、この計画を放棄した。そして一九四八年一二月二四日、岸ほかのA級戦犯容疑者一七名が不起訴釈放されることとなった。

またアメリカは、冷戦環境で日本を西側につなぎとめることを重視するようになり、一九四八年一〇月、国家安全保障会議(NSC)の対日基本政策「NSC一三/二」で戦犯裁判と公職追放の早期終結を決めた。さらに連合国全体としても、極東委員会が一九四九年二月に「FEC三一四/八」でA級戦犯裁判の終結を決定した。

こうして日本の主要戦犯裁判は東京裁判だけとなったのである。

戦犯受刑者に減刑・仮釈放の赦免措置を与えることは戦犯処罰計画に早くから組み込まれていた。

マッカーサーは一九五〇年三月七日、「回章第五号」で統一的な赦免制度を設定した。一定期間、服役した受刑者が仮釈放を申請し、仮釈放審査委員会が可否を決定するという制度であり、占領期にA級の重光も含めて受刑者八九二名が仮釈放された。

一九五一年九月八日に締結されたサンフランシスコ講和条約の第一一条（戦犯条項）は「日本国は、極東国際軍事裁判所並びに日本国内及び国外の他の連合国戦争犯罪法廷の裁判を受諾し〔Japan accepts the judgments〕、且つ、日本国で拘禁されている日本国民にこれらの法廷が課した刑を執行するものとする」と規定している。つまり日本は連合国の戦犯裁判の「判決」の効力に異議をとなえず、主権回復後も刑を執行することを約束した。

第一一条はまた、減刑・仮釈放の赦免措置については、日本側の勧告を受けて、裁判国が決定する（東京裁判の場合は多数決）という手続きをも定めている。

そして日本政府は主権回復後、戦犯受刑者の赦免に向けて動いた。特に吉田茂内閣から鳩山一郎内閣に変わると、釈放を強く要求するようになった。戦後一〇年の一九五五年七月一九日には、衆議院も、原爆の非人道性を責め、「戦争裁判なるものが果して国際法理論上正当なものであるか」と批判したうえ、「戦争受刑者の即時釈放要請に関する決議」を採択している。

法務府（現法務省）は一九五二年五月一日、「連合国の軍事裁判により刑に処せられた者は日本の裁判所においてその刑に相当する刑に処せられた者と同様に取り扱う」という一九五〇年七月八日付通牒を撤回した。

その結果、戦犯受刑者は公民権を回復し、恩給の受給や、刑期中の参政権行使が可能となった。日本において「戦犯は国内法上、犯罪人ではない」との解釈が示される所以であるが、国際法との関係は公的に整理されていない。

講和が発効した一九五二年四月二八日現在、拘禁中の受刑者は一二四四名(うちA級一三名)であった。

一九五三年二月に決まったA級の仮釈放手続きでは、講和条約を批准した八カ国(米、英、仏、蘭、加、豪、ニュージーランド、パキスタン)が日本側の勧告について検討し、票決する。そして、一九五四年一月の南、一〇月の畑、岡、一九五五年四月の嶋田、六月の荒木、九月の橋本、賀屋、鈴木、一二月の星野、木戸、大島、一九五六年三月の佐藤という順でA級全員が仮釈放された(平沼は一九五二年八月に病死)。

なお、BC級受刑者の仮釈放が完了するのは、一九五八年五月三〇日である(ドイツ人非主要戦犯の釈放完了も同年)。A級仮釈放のほうが早く終わった理由には、連合国世論が残虐行為を憎悪し続けたこと、東側への対抗上、注目度の高いA級の仮釈放が効果的だったことなどがある。

他方、米英仏ソの国際管理下に置かれたニュルンベルク国際裁判の受刑者の場合、ソ連が釈放に反対したため、医療仮釈放は三名だけで、刑期満了が三名であった(最後の釈放は一九六六年)。終身刑のルドルフ・ヘスは一九八七年に自殺した。

一九五七年一月のジラード事件(米兵が日本人の主婦を射殺)で日本の反米感情が高揚した。その直後に組閣した岸信介首相がアメリカ側に要望した方法に沿って、一九五八年四月七日、仮釈放中のA級受刑者は当日の服役時点までの減刑を受けるという形式で刑期を満了した。同年一二月二九日、BC級にも同じ措置が講じられ、すべての戦犯の刑期が終わったのである。

東京裁判の主な争点

・「日本の自主裁判」は可能だったのか。

ポツダム宣言受諾の是非を検討した一九四五年八月九日の最高戦争指導者会議では、陸軍大臣・参謀総長・軍令部総長が受諾の条件に自主的な戦犯処罰をあげた。九月一二日、自主的戦犯裁判が閣議決定された。だが、その対象は戦争法規違反の下級軍人に限られ、実際もGHQの停止指令を受けて若干の軍法会議をしただけで終わった。

日本政府は、ポツダム宣言受諾の結果、連合国の戦犯裁判に協力義務を負い、しかも勝者の裁判を歓迎または容認した。同時代における日本人全体の態度も同様であった。

・死刑の根拠は何だったのか。

すなわち、「重大な残虐行為」＝B級の戦争法規違反であり、「平和に対する罪」ではなかった（「人道に対する罪」は東京裁判の判決では無視された）。ニュルンベルク判決と同様、事後法批判のある「平和に対する罪」だけでの死刑は回避されたのである。

たとえば、南京事件時の外相であった広田、中支那方面軍司令官であった松井は、この事件を防止・解決すべき職務に怠慢だったという不作為責任で死刑になった。東条の死刑にしても、バターン死の行進・泰緬鉄道建設等の残虐行為で有罪になったためである。海軍の嶋田と岡の場合は、残虐行為について無罪と判定されたので、死刑を免れた。

・「文明の裁き」か「勝者の裁き」か。

東京裁判の評価は、裁判を肯定する「文明の裁き」論（検察側の侵略戦争論）、裁判を否定する「勝者の裁き」論（弁護側の自衛戦争論）という二つの極論に分裂し、対立してきた。その意味で、東京裁判は「昭和の戦争の帰着点」であるとともに「戦後思想の出発点」でもあるといえよう。

前者の肯定論は、戦前期日本の政策の過ちを批判し、指導者処罰の意義を認める立場であり、「東京裁判史観」といわれるような見方にもつながる。東京裁判を平和主義の角度でとらえた戦後日本の知識人は、この立場をとり、日本の学界では長らく多数派であった。

他方、後者の否定論は、不公平に満ちた勝者の政治的な復讐にすぎないと糾弾する立場であり、「大東亜戦争肯定論」につながる。これは当初、弁護人や被告人のとる特殊な立場だったが、一九七一年に否定論の児島襄『東京裁判』(中公新書)とリチャード・マイニア『勝者の裁き』(Richard Minear, *Victors' Justice*, Princeton University Press)が刊行されて以降、有力な見方になった。

今後の取り組み

しかし「文明の裁き」と「勝者の裁き」は、双方ともに東京裁判の実像であり、表裏一体の関係にある。「文明か勝者か」ではなく「文明も勝者も」と見るべきである。東京裁判について特定の立場から強引、単純な意味づけをすることは、およそ生産的ではない。いま重要なのは東京裁判を冷静に考える環境の整備である。

そのためには「文明」と「勝者」の両面を客観的に理解すること、そして史料に即した事実の発見を積み重ねることが必要であろう。

文献案内

日暮吉延『東京裁判の国際関係』木鐸社、二〇〇二年
東京裁判を国際政治の視点からとらえ直し、諸国の一次史料で実証的に分析した学術書。

日暮吉延『東京裁判』講談社現代新書、二〇〇八年
東京裁判の前史から戦犯釈放の完了までを政治史的に通観した概説書。

日本政府の歴史認識問題

東郷和彦

はじめに

一九四五年九月二日ミズーリ号上において日本政府を代表して重光葵外務大臣と梅津美治郎参謀総長は降伏文書に署名した。占領軍の制限下に置かれた日本政府に、歴史認識を表明する機会はなかったと考えるべきであろう。だが、その関連で、敗戦直後の日本政府にとっての喫緊の課題は、戦争裁判、なかんずく国家指導部を裁いた東京裁判にいかに対応するかにあったと思われる。

二八名の被告が個人の資格で起訴された以上、日本側弁護団は、この二八名の個人を守る形をとらざるをえなかった。外務省の終戦連絡局が戦犯係を設け、中村豊一公使が主任となり、高柳賢三教授や鵜飼信成教授等数名の学者を相談相手として始まった弁護準備は、やがて復員局、司法省を包含した全日本的な構想に移っていった（菅原裕『東京裁判の正体』時事通信社、一九六一年）。

被告側の見解はまさに戦争を戦った日本帝国の指導部がどのような歴史認識をもっているかということを述べたものである。四七年一二月二六日に裁判所に提出された東条英機の宣誓供述書の中から、歴史認識と呼ぶにふさわしい箇所を引用しておきたい。

「戦争が国際法上より見て正しき戦争であったか否かの問題と、敗戦の責任如何との問題とは、明白に分別できる二つの異なった問題であります。第一の問題は外国との問題でありかつ法律的性質の問題であります。私は最後までこの戦争は自衛戦であり、現時承認せられたる国際法には違反せぬ戦争なりと主張します……第二の問題、すなわち敗戦の責任については当時の総理大臣たりし私の責任であります」

極東国際軍事裁判から日中共同声明まで

しかしながら、極東国際軍事裁判は四八年一一月一二日結審、判決を受けた二五名全員が有罪、うち二三名が訴因①「一九二八―四五年における戦争に対する共通の計画謀議」で有罪とされた。判決があってから約三年、日本政府は、五一年九月八日に署名したサンフランシスコ講和条約の第一一条で「極東国際軍事裁判所……の裁判(judgments)を受諾し、且つ、日本国で拘禁されている日本国民にこれらの法廷が課した刑を執行する」という義務をひきうけた。

第一一条の法的解釈はその後様々に議論されている。前段の裁判の受諾は後段の刑の執行義務という目的のためのみにあるという説や、受諾したのは判決主文のみであってそれにいたる理由、歴史認識にあたる部分は受諾していない等、法的解釈は多義にわたる。

しかし、サンフランシスコ講和条約に向けて日本が戦後の国際社会に復帰する過程で、国民的にも、また国際政治的にも、日本政府が公の形でこの判決に述べられた考え方に異議を唱えないで対応するということは、共通の理解になっていった。

この条約を署名するにあたって吉田茂全権が行った受諾演説の最後の方で以下の歴史認識に関連する部分が述べられている。

「われわれは、諸国の全権がさきの太平洋戦争において人類がなめた恐るべき苦痛と莫大なる物質的破壊を回顧せられるのを聞きました。われわれはこの人類の大災危において古い日本が演じた役割を悲痛な気持ちを以て回顧するものであります。私は、古い日本と申しましたが、それは古い日本の残骸の中から新しい日本が生まれたからであります」

さて、ここから日本は、サンフランシスコ講和条約に署名しなかった国との間で条約を締結することによって戦争の問題を解決するために全力を注ぐことになった。その過程の中で、歴史認識問題についてふれられたのが、以下の韓国及び中国についてである。

韓国については五一年一〇月から予備会談が開始されたが、三六年間の日本による韓国併合が当時の国際法からすれば合法であり、また、日本の朝鮮統治は必ずしも悪い面ばかりではなかったという日本側の考え方の底流と、一九一〇年の併合条約は不当であり無効であるとし、戦後の韓国建設のアイデンティティを植民地時代の日本の全否定におく韓国側の考え方の底流がかみあわないままに一四年の歳月が流れた。

結局六五年二月一七日、ソウルを訪れた椎名悦三郎外相が空港で植民統治について深く反省すると述べ、二〇日に発表された共同コミュニケに「李外務部長官は過去のある期間に両国民間に不幸な関係があったために生まれた、韓国民の対日感情について説明した。椎名外務大臣は李外務部長官の発言に留意し、このような過去の関係は遺憾であって、深く反省していると述べた」と記された。六月二二日両国政府は一九一〇年条約は「もはや無効」とし、いつから無効となったかを明示しないことによって妥協、そのほかの懸案も一応の解決をみて、両国間に外交関係が設定されたのである。

いっぽう中国については七一年七月のニクソン

大統領の中国訪問発表、七二年二月のニクソン訪中についで、九月二五日から田中総理が訪中、二九日に日中共同声明が発出され、日本は五二年から維持してきた台湾との外交関係を断ち、中国との間に外交関係を樹立した。このコミュニケの前文で「日本側は、過去において日本国が戦争を通じて中国国民に重大な損害を与えたことについての責任を痛感し、深く反省する」との認識が明示された。同時に九月二五日歓迎晩餐会で周恩来首相は「少数の軍国主義者が日中人民の共通の敵」と述べ、日本側がこの発言を放置したことがその後の歴史認識問題を複雑化したのである。

政治問題としての歴史認識問題の顕在化

さて、それから約一〇年間、一九七〇年代は、日本政府の歴史認識問題は、大きな政治問題にはならないで時間が過ぎた。歴史認識問題として、政府レベルでの問題として顕在化してくるのは、一九八〇年代に入ってからであり、その代表的な事案としては、教科書問題（一九八二年）と靖国問題（一九八五年）があった。

教科書問題については、一九八二年六月二六日、日本の各紙が一九八一年度の教科用図書検定について、「高等学校用の日本史教科書で、中国・華北への『侵略』という表記を『進出』という表記に文部省の検定で書きなおさせられた」と一斉に報道した。七月下旬、このことが中国で学生運動を中心とする激しい抗議活動を発生させた。

鈴木善幸内閣はこの事態に対し、八月二六日「アジアの近隣諸国との友好、親善を進める上でこれらの〔国からの〕批判に十分に耳を傾け、政府の責任において是正する」との宮沢喜一官房長官談話を発出した。

発端となった報道は事実でないことが判明するが、文部省はこの年の一一月二四日、教科用図書の検定基準に「近隣のアジア諸国との間の近現代の歴史的事象の扱いに国際理解と国際協調の見地から必要な配慮がされていること」を規定した。

いっぽう歴史認識を直接的に表現する機会は、冷戦が終了し昭和が平成に代わった一九八九年以降、急激に増える。冷戦の終了が国際社会のみならず日本の政治構造に大きな影響をあたえ、国内的には、五五年体制をひとまず終了した。この自民党政治の最後の時から新政治体制が発足にいたる時期に、なぜ近隣諸国との和解を重視した見解が次々と表明されていったかは今後の解明が必要と思うが、主な展開は以下のとおりである。

一九九〇年五月盧泰愚大統領訪日に際し、二四日の宮中晩餐会で今上陛下より「我が国によってもたらされたこの不幸な時期に、貴国の人々が味わわれた苦しみを思い、私は痛惜の念を禁じえません」とのお言葉があった。陛下のお言葉は、八四年九月六日の全斗煥大統領の訪日における昭和天皇のお言葉と比べてどうなるかというマスコミの高い関心の下で発せられた。

翌日の海部総理主催の晩餐会では、総理から「私は、大統領閣下をお迎えしたこの機会に、過去の一時期、朝鮮半島の方々が我が国の行為により耐え難い苦しみと悲しみを体験されたことについて謙虚に反省し、率直にお詫びの気持を申し述べたいと存じます」という発言があった。

盧泰愚大統領の訪日についで、一九九二年、今度は宮沢喜一総理の訪韓が行われ、一月一七日の政策演説で宮沢総理は、「我が国と貴国との関係で忘れてならないのは、数千年にわたる交流のなかで、歴史上の一時期に、我が国が加害者であり、貴国がその被害者だったという事実であります。私は、この間、朝鮮半島の方々が我が国の行為により耐え難い苦しみと悲しみを体験されたことについて、ここに改めて、心からの反省の意とお詫びの気持ちを表明いたします」と述べたのである。

いっぽう中国に対しては九二年の最大の焦点は

一〇月の天皇訪中であった。「この両国の関係の永きにわたる歴史において、我が国が中国国民に対し多大の苦難を与えた不幸な一時期がありました。これは私の深く悲しみとするところであります」という一〇月二三日の晩餐会でのお言葉は、その頂点をなすものとなった。

翌九三年、五五年体制が崩壊し、八月九日、細川護熙連立内閣が成立、翌一〇日の記者会見で細川総理は「私自身は侵略戦争であった、間違った戦争であったと認識している」と発言、特に海外メディアでは「侵略」という言葉をそのまま使ったものとして大きな注目をあびた。しかし八月二三日の所信表明演説ではこの言葉は「侵略行為」という言葉に置き換えられている。

村山談話の意義

細川内閣は九四年四月に羽田孜内閣に代わり、そこから、九四年六月社会党の村山富市委員長を首相とし、閣僚のほとんどを自民党によって構成される村山内閣が成立した。九五年八月一五日、戦後五〇年を機に発表された村山談話は、その内容において、また、閣議決定による意思決定の手続きにおいて、日本の歴史認識に区切りをつけるものとなった。

「わが国は、遠くない過去の一時期、国策を誤り、戦争への道を歩んで国民を存亡の危機に陥れ、植民地支配と侵略によって、多くの国々、とりわけアジア諸国の人々に対して多大の損害と苦痛を与えました。私は、未来に誤ち無からしめんとするが故に、疑うべくもないこの歴史の事実を謙虚に受け止め、ここにあらためて痛切な反省の意を表し、心からのお詫びの気持ちを表明いたします。また、この歴史がもたらした内外すべての犠牲者に深い哀悼の念を捧げます」

談話の基本メッセージは、単純明快である。植民地支配、侵略などのキーワードに定義はない。談話がもっている言葉の直観性、包摂性が、多くの日本国民のそれなりの理解をえたことが、その後、談話に生命力を与えることになった。戦後日本の世論を分断してきた左右の歴史観の対立が、社会党の総理と自民党の閣僚という従来の政治構造では考え得ない内閣ができたことによって統一した形をとることができた。

　発出した村山談話は、これ以降の日本政府の和解を求めるすべての政策の基礎となった。この談話で使われたキーワードが、相手に応じて的確に選択され、和解の基礎となっていった。

①九八年一月一四日、天皇陛下のイギリス訪問を控えた橋本龍太郎総理の『サン』誌寄稿「一九九五年に私の前任者が述べたことを想起し、私は、トニー〔ブレア首相〕に公式の発言として、当時の多大の損害と苦痛に対する私たちの痛切な反省と心からのお詫びを表明した」

②九八年一〇月八日、金大中大統領訪日において発出された共同宣言「小渕総理大臣は、今世紀の日韓両国関係を回顧し、我が国が過去の一時期韓国国民に対し植民地支配により多大の損害と苦痛を与えたという歴史的事実を謙虚に受けとめ、これに対し、痛切な反省と心からのお詫びを述べた」

③同年一一月二二日の江沢民主席の訪日における日中共同宣言「日本側は、一九七二年の日中共同声明及び一九九五年八月一五日の内閣総理大臣談話を遵守し、過去の一時期の中国への侵略によって中国国民に多大な災難と損害を与えた責任を痛感し、これに対し深い反省を表明した」

④二〇〇〇年二月二一日、天皇陛下のオランダ訪問を控えた小渕総理のコック首相への発言

「総理大臣として、私は、一九九五年村山総理大臣によってすでに表明された日本国政府の立場を確認する。村山総理は、日本国政府を代表し、オランダ戦争被害者を含む多くの人々に対して多大の損害と苦痛を日本が与えたことに対する痛切な反省と心からのお詫びの気持ちを新たにした」

⑤〇二年九月一七日、小泉総理訪朝で発出された日朝平壌宣言「日本側は、過去の植民地支配によって、朝鮮の人々に多大の損害と苦痛を与えたという歴史の事実を謙虚に受け止め、痛切な反省と心からのお詫びの気持ちを表明した」

⑥〇五年四月、小泉総理のアジア・アフリカ首脳会議におけるスピーチ「我が国は、かつて植民地支配と侵略によって、多くの国々、とりわけアジア諸国の人々に対して多大の損害と苦痛を与えました。こうした歴史の事実を謙虚に受けとめ、痛切なる反省と心からのお詫びの気持ちを常に心に刻みつつ、我が国は第二次世界大戦後一貫して、経済大国になっても軍事大国にはならず、いかなる問題も、武力に依らず平和的に解決するとの立場を堅持しています」

⑦〇九年五月三〇日の米国での「全米バターン・コレヒドール防衛兵の会」年次総会における藤崎一郎駐米大使の発言「日本の複数の元首相がこれまで繰り返し発言してきたとおり、日本人は、過去を見つめ、歴史の教訓を学ばなければならないことを、心にきざむべきです。私たちは、私たちの国が、フィリピンのバターン半島、コレヒドール島そしてその他の地で悲劇的な体験をなさった捕虜を含む多くの人々に、多大な損害と苦痛を与えたことに、心からのお詫びを表明いたします」

（米国上院決議S.RES.333.二〇一一年一一月一七

日）

⑧菅内閣総理大臣談話二〇一〇年八月一〇日

「当時の韓国の人々は、その意に反して行われた植民地支配によって、国と文化を奪われ、民族の誇りを深く傷付けられました。……植民地支配がもたらした多大の損害と苦痛に対し、ここに改めて痛切な反省と心からのお詫びの気持ちを表明いたします」

戦後七〇年　安倍談話のゆくえ

日本政府の公に表明された歴史認識は、ほぼ以上の記述で尽きている。二〇一五年八月一五日に出すと言われている安倍晋三総理の戦後七〇年を期した談話は、以上の政府の認識を変えることになるのか、それとも以上の認識をうけついだうえで未来の日本について何かを語るのかが注目されている。二月一九日には、二十一世紀構想懇談会一六名のメンバーが選ばれ、これら有識者の意見を踏まえながら、安倍談話が発表されることとなる。

安倍総理の歴史認識については、政治家としての考え方としては村山談話に批判的である一方、総理大臣としては概ねこれを継承するという立場を表明してきている。

一九九五年の戦後五〇年国会決議を欠席した安倍氏は、翌年出版した共著書『「保守革命」宣言』では「皮肉なことに、連立政権の時に『戦後五〇年』を迎えて、謝罪決議という大変みっともない結果になってしまった」と批判した。

しかし〇六年に成立した第一次の安倍政権では一〇月の衆議院予算委員会で「総理大臣として、政府の立場として、村山談話は引き継いでいく立場を表明している」と明言。

野党の立場に立ったあとでは、雑誌『正論』の〇九年二月号に掲載された山谷えり子参院議員との対談で、「自民党が野党に転落するまでは、どの首相も侵略という言葉を使っていない。竹下さんも踏みとどまっていた。ところが村山談話以降、政権が代わるたびにその継承を迫られるようになる。まさに踏絵です。だから私は、村山談話に代わる安倍談話を出そうとした」と発言(政治家としての見解表明は、一五年三月四日『朝日新聞』参照)。

他方、一二年末の第二次政権成立以降は、「全体として引き継ぐ」という立場表明と「個別には引き継がない」という立場が交錯している。二〇一五年に入ってからの国会答弁では、「全体として引き継ぐ」という言い方が増えている。

四月二二日、インドネシアのバンドンで行われたアジア・アフリカ首脳会議の際に開かれた習近平主席との会談でも安倍総理は、「歴史に関しては、安倍内閣として、村山談話、小泉談話を含む歴代内閣の認識を全体として引き継いでおり、このことは何度も表明している」と述べた。中国・韓国が最も注目している「侵略」「植民地支配」「お詫び」の表現は使われなかった。

文献案内

東郷和彦『歴史と外交——靖国・アジア・東京裁判』講談社現代新書、二〇〇八年
　歴史認識問題全般にわたる問題を、対韓国、対中国・台湾、東京裁判などに分けて解りやすく述べている。

村山富市・佐高信『「村山談話」とは何か』角川ワンテーマ21、二〇〇九年
　歴史認識の頂点をなす「村山談話」について当の村山総理が語る好著。

東郷和彦『歴史認識を問い直す——靖国、慰安婦、領土問題』角川ワンテーマ21、二〇一三年
　第四章は特に中国との歴史認識問題について、村山談話を正面から見据えて議論している。

日韓・日中歴史共同研究

　日韓歴史共同研究委員会は、二〇〇一年一〇月の日韓首脳会談の合意に基づき、「歴史教科書問題と関連し、正確な歴史事実と歴史認識に関する相互理解を促進すること」を目的として両国の専門家を委員として設置された。〇二年五月に第一期研究委員会が開催され、〇五年三月の第六回全体会議をもって終了、六月に研究報告書が公表された。その間、〇四年一二月の日韓首脳会談の際、共同研究の継続が確認され、〇七年六月に第二期が始り、一〇年三月に報告書の公表によって終了した。両国政府支援の共同研究の立ち上げのきっかけは、二〇〇一年に「新しい歴史教科書をつくる会」が編集した歴史教科書の検定合格をめぐる紛糾にあった。そのため、韓国側は歴史教科書を中心に取り上げようとしたが、日本側は歴史教育と歴史研究とは切り離すことを強く主張し、実際の研究過程でも教科書は直接扱われなかった。そこで、第二期では、第一期と同じ三分科会に加え、「教科書小グループ」がおかれた。研究の結果、「共通の認識に達した部分について、教科書編集の過程で参考とされる」(外務省)はずであったが、制度的には実現していない。

　一方、日中間の共同研究の発端も教科書問題にある。〇五年四月、李肇星外交部長と北京で会談した町村信孝外相は、歴史認識を近づける努力の必要に言及し、日韓歴史共同研究にならって日中間でも共同研究の可能性を検討すべきだ、と提案した。李外交部長も前向きに検討したいと応じた。町村提案は京都での再会時にも確認され、〇六年の第一次安倍晋三政権において具体化される。公式には〇六年一〇・一一月の日中首脳会談と外相間の合意で始った。合意文章は、日中共同声明などの基本文書を踏まえ、「近代の不幸な歴史」だけでなく、二〇〇〇年の交流の歴史、戦後六〇年の関係発展の共同研究を通じて「歴史に対する客観的認識を深めることにより相互理解の増進を図る」とされた。日本側の最終目的は日韓の場合と同じく、共同研究を通じた両国のナショナリズムの克服にあったと言えるが、当面のねらいは、①歴史問題を専門家の手に委ね、歴史問題の「政治化」が関係進展を妨げる事態を避ける、②歴史認識の共有ではなく、誤解や先入観に基づく誤りを正し、不必要な摩擦を避ける、③二〇〇〇年の交流の歴史を見つめ直し、「不幸な歴史」の時代を相対化させる、などであった。

二つの公表報告書(日中の報告書の戦後部分は当面、非公表となった)は、特定の歴史事象に関する双方の理解や解釈の相違を改めて浮き彫りにすると同時に、研究の深まりを背景に、共有できる部分の広がりをも示している。日中の場合、中国側は近現代史について「日本の侵略と中国の抵抗」という解釈枠組は崩さないものの、盧溝橋事件における「偶発説」や南京虐殺事件の責任・原因論などについて幅のある理解を示している。

委員の一人であった著者の経験からすれば、南京事件について犠牲者数が増大した原因が中国側の南京防衛作戦の誤り、民衆保護の放棄などにもあったとする解釈を提起することは、学術上の争点としてならば許されるが、中国国民一般に理解を求めることは難しい。そうした解釈は日本軍の責任を回避するための論理に過ぎないとみなされるからである。

二つの政府支援の共同研究の意義と限界は多面的な検証が必要であるが、持続的な歴史対話のため、いくつかの克服すべき課題を残した。①歴史研究と歴史教育の連動性、②国内政治との結びつき、③歴史資料の共有、などである。

なお、日中歴史共同研究については、近現代史だけではなく古代・中世・近世史を含む研究成果が、北岡伸一・歩平編『「日中歴史共同研究」報告書』全二巻(勉誠出版、二〇一四年。戦後部分を除く)として刊行されている。

(波多野澄雄)

植民地支配——朝鮮・台湾を中心に

吉澤文寿

1　植民地化及び植民地支配の経過

初期の植民地統治

一八九五年四月一七日、日清講和条約(下関条約)が締結されると、日本は清国より台湾を割譲された。同年五月から日本は軍隊を台湾に派遣し、台湾島占領作戦を開始した。これに対し台湾島民は台湾民主国を樹立して、これに抵抗した。日本は六月に台北、そして一一月に全島を占領した。しかしながら、その後も二〇年近くにわたり、散発的に抗日武装闘争が継続した。

一九〇四年二月に日露戦争が始まると、日本は大韓帝国(韓国)に日韓議定書を強要し、韓国への対日戦争協力の要請を可能にした。同年八月二二日に第一次日韓協約を締結し、韓国政府は日本が推薦する財務顧問と外交顧問を受け入れることになった。翌一九〇五年九月五日、日露講和条約(ポーツマス条約)が締結され、北緯五〇度以南の樺太(サハリン)が日本に割譲された。そして、同年一一月一七日、日本は第二次日韓協約(乙巳保護条約)を強要し、韓国の外交権を奪い、これを保護国とした。

この条約締結は、日本軍が漢城(現在のソウル)で武力示威を行ない、特派大使の伊藤博文が韓国大臣一人ひとりに賛否を訊問するなど、日本側の韓国側に対する威嚇を伴うものであった。これに加えて、この条約の正本に皇帝である高宗の署名捺印がないという指摘もあり、第二次日韓協約が国際法的に成立していないという議論は当時から存在し、現在も根強い。

一九〇六年二月より日本は韓国統監府を設置し、韓国を間接統治した。さらに、一九〇七年七月一八日にハーグ密使事件を理由に高宗を退位させると、同月二四日に第三次日韓協約締結により、日本は韓国の内政を掌握した。その一方で、韓国国内では教育や産業を振興して国権回復を目指す愛国啓蒙運動や、武力によって国難打開を目指す抗日義兵闘争が高揚した。日本は前者に対しては法によって統制するとともに、後者に対しては警察および軍隊を動員し、徹底的に鎮圧した。

一九〇九年一〇月二六日、伊藤博文が愛国啓蒙運動家の安重根によって射殺されるが、それ以前に日本は保護国統治を放棄し、朝鮮植民地化を決定していた。そして、一九一〇年八月二二日に完全傀儡化した韓国政府と「韓国併合に関する条約」を締結し、韓国を植民地とするとともに、統治機関として朝鮮総督府を設置した。

台湾および朝鮮の植民地支配において、総督には陸海軍の武官が就任し、行政、司法、立法から軍事に至るまで、絶大な権限を掌握した。とくに朝鮮では軍事警察を担当する憲兵に普通警察業務を遂行する権限を与える憲兵警察制度が整備された。このように植民地支配の初期において、日本は強大な軍事力を背景に抗日運動を取り締まるとともに、鉄道、道路、港湾をはじめとする産業基盤の整備や、土地調査事業や旧慣調査などに着手し、統治の基礎形成に努めた。

また台湾および朝鮮の人々の言論・出版・集会・結社の活動は原則的に禁止された。このように徹底した軍事支配により、植民地統治の基礎を作ろうとした方式を、「武断政治」と呼ぶことがある。

「民族自決」のうねりと統治方式の「転換」

一九一四年から始まった第一次世界大戦に日本も参戦し、戦勝国となった結果、一九一九年六月二八日に調印されたヴェルサイユ条約により、赤道以北の旧ドイツ領ニューギニアを委任統治することとなった。その一方で、この大戦で高揚した民族自決を求める動きは日本の植民地にも及び、一九一九年三月一日に朝鮮の京城(現在のソウル)で民族代表三三人が「独立宣言書」を読み上げると、「独立万歳」を叫ぶ人々のうねりが朝鮮全土に拡散した。日本はこの平和的示威行動に、憲兵隊や軍を投入し、暴力による鎮圧をはかった。この過程で、同年四月一五日に水原郡の堤岩里教会に集められた村民が焼き討ちされ虐殺される事件が起き、西洋人宣教師や記者らによって世界に報じられた。

なお、日本ではこの運動が「暴動」「騒擾」などと報じられた。このことは朝鮮人に対する日本人の恐怖心や偏見が生まれる遠因となった。そして、後述するように、関東大震災直後に多くの朝鮮人が殺害される惨劇につながった。

このような植民地内外の動きを受けて、日本は原敬内閣の下で、統治方式の「転換」をはかる。台湾では一九一九年一〇月二九日に田健次郎が総督に就任して以来、文官総督の時代になる。朝鮮でも文官が総督に就任できるように官制が変えられたが、ついに文官総督は実現しなかった。それでも、一九一九年八月一三日に海軍大将の斎藤実が総督に就任すると、総督府が許容する範囲で朝鮮人の政治、経済活動を可能とする、いわゆる「文化政治」を実施した。ただし、斎藤総督期に憲兵警察制度が廃止されるものの、普通警察の人員が三倍に増強されるなど、軍事力を背景にした統治という点で変更はなく、むしろよりきめ細かい統治方式を追求したと言える。

ともあれ、このような統治方式の「転換」により、植民地社会に多彩な言論、文化、芸能運動が生み出されていった。台湾では林献堂らが台湾の自治を要求する運動を開始し、台湾議会設立請願運動を展開した。朝鮮では、『朝鮮日報』などの朝鮮人による新聞や、『開闢』などの文学雑誌、総合雑誌が刊行された。また、産業政策については朝鮮や台湾で産米増殖計画が実施され、とくに台湾では領台直後から育成した糖業と競合するに至った。このような産業育成を背景に、農村での貧富の格差が拡大し、工場労働者が増加することで、労働争議や小作争議が多発した。さらに、没落した農民らを中心に日本に渡る植民地出身者が増加した。

一九二三年九月一日に関東大震災が発生した際、被災地域に約二万人の朝鮮人が居住していた。そこに「朝鮮人が井戸に毒を投げ込んだ」などの事実無根の流言・デマが官憲によって広められると、警察や自警団によって朝鮮人が虐殺される事件が頻発し、その犠牲者は数千人に及んだ。

戦時体制下の植民地——「皇民化」と動員

一九三一年九月に満洲事変が勃発し、関東軍により翌年三月一日に傀儡国家である満洲国が建国され、さらに一九三七年七月七日の盧溝橋事件により日中全面戦争が始まり、一九四一年一二月八日にアジア・太平洋戦争が始まると、植民地においても戦時体制が敷かれるようになった。朝鮮では一九三六年八月五日に陸軍大将の南次郎が、台湾では同年九月二日に海軍大将の小林躋造がそれぞれ総督に就任してから、いわゆる「皇民化」政策を推進する。なお、台湾ではこのときから就任した総督はすべて武官であった。

「皇民化」政策は、植民地における物資および人員を日本の侵略戦争に動員することを目的とする。そのため、統治機関を通じた「皇国精神」の徹底、日本語の強要、宮城遥拝や神社参拝などがおこなわれた。朝鮮では一九三八年七月に国民精神総動員朝鮮連盟（一九四〇年より国民総力朝鮮連盟）、台湾では一九四一年に皇民奉公会が結成され、これらの官製組織が政策推進の基礎となった。

とくに、朝鮮では家族制度を日本式に改める「創氏改名」が実施され、ほとんどの朝鮮人たちは日本人風の「氏名」を名乗らされることになった。台湾でも同様の「改姓名」が実施された。これらの政策を通して、日本は天皇を頂点とする家族制度を植民地に設置することで、天皇制国家の社会的基盤を築こうとした。

一九三八年四月に制定された国家総動員法に基づき、労務動員計画（一九四二年より国民動員計画）が毎年策定された。この計画に基づいて、労働力として多くの朝鮮や台湾の人々が動員された。統計資料などを通して確認できる、一九三九年から一九四五年までの日本への動員数は、朝鮮人が約六六―七二万人、台湾人が約八〇〇〇人である。これらの「労務者」は工場ばかりでなく、炭鉱、鉱山、建設現場などの危険で過酷な労働現場に配置され、賃金も充分に支払われず、退職の自由もなかった。この中には女子挺身隊勤労令による女子の動員も含まれる。こうして一九四五年には、日本における植民地出身者は二〇〇万人を超え、大都市における空襲や、原爆投下の被害を受けた者も少なくなかった。なお、日本ばかりでなく、軍要員として戦地に動員される者、台湾や朝鮮内で動員される者、さらに樺太などの「外地」に送られる者もいた。

戦争が長引き、日本人兵士が不足すると、日本は植民地出身者を軍人として動員した。朝鮮では一九三八年二月に陸軍特別志願兵制度が実施され、地方官庁ごとの志願者数競争をあおった。台湾でも一九四二年四月から陸軍特別志願兵制度が実施され、一九四三年八月からは日本、朝鮮、台湾で海軍特別志願兵制度が実施された。さらに、朝鮮では一九四四年四月から、台湾では同年九月から徴兵が実施された。このようにして動員された植民地出身の軍人は、朝鮮人が一一万六〇〇〇人、台湾人が八万人であった。これに加えて、軍隊での労務に従事する軍属も朝鮮人が一二万六〇〇〇人、台湾人が一二万六〇〇〇人を数えた。このなかには、捕虜収容所の監視員で、戦後に「ＢＣ級戦犯」として裁かれた者も含まれている。

そして、一九三二年の第一次上海事変から一九四五年の日本の敗戦までに、戦地および占領地に日本陸海軍が設置した「慰安所」で、軍人との性交を強要された「慰安婦」には、多くの植民地出身女性、とくに朝鮮人女性が含まれていた。この女性たちの多くは経済的に貧しい家庭の出身か、戦争のため苦境に陥った女性たちで、略取、誘拐、人身売買などにより慰安所に連行された。また、これらの被害者には売春経験がない者や、一九二五年に日本が加盟した婦女売買禁止国際条約が禁止している満二一歳未満の者が多かった。

2　戦後処理――残された課題は何か

平和条約と請求権をめぐる交渉過程

一九四五年八月一四日に御前会議で日本が受諾を決定したポツダム宣言第八項には、「『カイロ』宣言ノ条項ハ履行セラルヘク又日本国ノ主権ハ本州、北海道、九州及四国並ニ吾等ノ決定スル諸小島ニ局限セラルヘシ」とある。同年九月二日、日本は連合国と上記の内容を含む降伏文書を取り交わし、その侵略戦争が正式に敗北に帰した。その後、一九四六年五月から一九四八年一一月まで、東京で極東国際軍事裁判（いわゆる東京裁判）が行なわれたが、植民地支配に関する問題はまったく議論されなかった。

国共内戦を経て、台湾には中国国民党率いる中華民国政府(国民政府)が移動し、台北を首都とした。また、朝鮮では米ソ両軍が北緯三八度線を境に南北分割占領し、米ソ対話の不調から南に大韓民国政府、北に朝鮮民主主義人民共和国政府が成立した。さらに、一九五〇年六月から朝鮮戦争が勃発し、一九五三年七月の停戦までに南北合わせて三五〇万人以上の死者を出した。この死者数は、満洲事変からアジア・太平洋戦争までの日本の死者三〇〇万人を上回る。

一九五一年九月八日に調印された日本国との平和条約(サンフランシスコ講和条約)第二条に朝鮮、台湾をはじめ、日本が獲得したすべての植民地を放棄したことが確認された。また、同条約第四条a項により、第二条に掲げる地域の施政を行なっている当局と日本政府の双方の財産および請求権は双方間の特別取極の主題とされた。なお、この講和会議には中国及び朝鮮からの代表は招待されなかった。

対日平和条約調印を受けて、日本は国民政府との平和条約交渉において、台湾をめぐる請求権問題を論議した。その結果、一九五二年四月二八日に調印された日華平和条約第三条により、台湾に関する請求権処理は日本政府と中華民国政府との間の特別取極の主題とされた。しかしながら、一九七二年九月二九日に日本が中華人民共和国政府との関係を改善するため、日中共同声明を発表したことにより、上記の特別取極が締結されないまま、この問題は「終了」してしまった。

また、朝鮮について、日本は南の大韓民国政府のみと交渉した。日韓国交正常化交渉は、一九五一年一〇月の予備交渉を経て、一九五二年二月より本会談が始まるが、日韓間の諸懸案を解決した上での外交関係樹立を目指した。ところが、日本側が会談当初から在朝日本人財産に対する請求権を主張し、さらに一九五三年一〇月に久保田貫一郎首席代表が、日本の植民地支配が朝鮮に役立ったなどと発言し、韓国側の反発を招来したことにより、交渉は長期化した。

すなわち、一九五三年一〇月一五日の請求権委員会で、久保田はカイロ宣言にある「韓国人の奴隷状態」という表現が連合国の戦時中の興奮状態で書かれたものだと述べたり、朝鮮における鉄道や港の建設、農地醸成などのために日本から多額の資金を持ち出したなどと述べたりして、日本の植民地支配が朝鮮人に恩恵を与えたことを強調した。韓国側はこの発言の取り消しを求めたが、日本側がこれに応じなかった。このため交渉は一九五七年一二月三一日の日韓共同宣言でこの発言が撤回されるまで、中断せざるを得なくなった。当時、日本の言論はこの発言を問題視しなかった。つまり、「久保田発言」は久保田個人の問題発言というよりは、これを許容した日本人の植民地支配認識全体に関わる問題であった。

一九六〇年一〇月から一九六二年三月までの短期間に朝鮮をめぐる請求権問題が集中的に議論された。韓国側は朝鮮人労務者の未払金や、軍人軍属の恩給等、当時の法律関係に即した請求に限定した。日本側もそれらに対する支払いを検討した時期があったが、結局日本の対韓経済協力が議論の中心になると、それらの議題は後景に退いた。いずれにしても、この交渉で論議された請求権は主として植民地期の債権債務関係の清算という次元に止まったというべきであり、植民地支配の責任などを問うものではなかった。

朝鮮半島をめぐる請求権問題

このような経緯で一九六五年六月二二日に締結された日韓請求権協定では、日本が韓国に対し、無償三億ドル、有償二億ドルの経済協力を供与するとともに、請求権について「完全かつ最終的に解決された」こととされた。なお、日本政府は、韓国との交渉で北緯三八度線以南の朝鮮半島をめぐる請求権問題のみを処理したという立場である。

これに対して、韓国政府の立場は明示的でないが、実際上日本の立場を追認していると思われる。

ただし、二〇〇五年八月二六日、韓国政府は日本軍「慰安婦」や在韓被爆者への補償問題などがこの協定で決着していないという見解を示している。

また、日韓基本条約第二条には「千九百十年八月二十二日以前に大日本帝国と大韓帝国との間で締結されたすべての条約及び協定は、もはや無効であることが確認される」とある。この条文は、植民地支配を合法かつ正当であるとする日本側と、これを不法かつ不当であったとする韓国側の立場が明確に相違したため、双方の解釈が可能な条文として案出されたものであった。

なお、北緯三八度線以北の朝鮮をめぐる請求権問題は日韓国交正常化以後、しばらく放置されたままであったが、一九九〇年九月に金丸信、田辺誠らが朝鮮民主主義人民共和国を訪問したことを契機として、翌年の一九九一年一月から始まった日朝国交正常化交渉でようやく論議されはじめた。断続的に交渉が進んだ結果、二〇〇二年九月一七日に発表された日朝平壌宣言第二項で、日本側は「過去の植民地支配によって、朝鮮の人々に多大の損害と苦痛を与えたという歴史の事実を謙虚に受け止め、痛切な反省と心からのお詫びの気持ちを表明した」。そのうえで、日本の対朝経済協力とともに日朝の請求権の相互放棄という「基本原則」が明記された。ただし、この原則が日韓国交正常化のときのように、経済協力の供与のみで請求権問題を「解決」することを意味するのかどうかという点は、まだまだ議論の余地が残されていると言える。

戦後七〇年が経過した現在に至るまで、植民地支配に起因する被害者たちは日本政府や企業などに、その加害責任を果たすことを求めてきた。しかし、日本と台湾および朝鮮との間で、植民地支配に対する歴史的責任について、適切に対処してきたとは言えない。日本以上に欧米の植民地支配が問われてこなかったという指摘もあるが、二〇〇一年八—九月に南アフリカのダーバンで行なわれた反人種主義・差別撤廃世界会議で本格的にこの問題が議論されて以来、植民地支配そのものを問い直す思想や行動はグローバルに浸透しつつある。植民地支配という過去をどのように問い、その克服に向けてどのような未来を展望するか、現在に生きる私たちにとっての大きな課題である。

文献案内

小林英夫『日本のアジア侵略』山川出版社、一九九八年
日本のアジアに対する侵略戦争と植民地支配について、ブックレット形式で簡潔に整理されている。

和田春樹ほか編『岩波講座　東アジア近現代通史』(全一〇巻+別巻)岩波書店、二〇一〇—一一年
一九世紀以降の東アジア近現代史研究の到達点が、通史、個別論文、コラムなど多様な形式で紹介されている。

内海愛子『戦後補償から考える日本とアジア(第二版)』山川出版社、二〇一〇年
日本の侵略戦争および植民地支配による被害者たちの訴えと、日本政府の対応の要点が分かりやすく書かれている。

韓国併合無効論

　韓国併合が国際法上無効であったとする議論は、おもに次の二点が根拠とされる。第一に、条約締結時における国家の代表者に対する脅迫による強制であり、とくに一九〇五年一一月の第二次日韓協約締結時に伊藤博文特派大使らが大韓帝国の皇帝高宗や大臣を威嚇した事例などが問題とされる。この点について、一九六九年五月二三日に国連国際法委員会が条約に関する慣習国際法を法典化した「条約法に関するウィーン条約」第五一条には、「条約に拘束されることについての国の同意の表明は、当該国の代表者に対する行為又は脅迫による強制の結果行われたものである場合には、いかなる法的効果も有しない」とある。また、韓国併合当時の外務省政務局長であった倉知鉄吉は、日本法律学校講義録『国際公法』（一八九九年）でやはり国家の代表者に対して強暴脅迫等が行なわれた場合、条約が真正のものとは言えないと論じている。

　第二に、条約の形式や批准者の署名捺印がないなどの「瑕疵」を指摘し、条約自体が不成立であるとするものである。一九〇四年二月の日韓議定書から一九一〇年八月の韓国併合条約に至るまで、日韓間で締結された諸条約が批准書の不要な「略式条約」であるとして、国家主権を奪取するには批准書が必要な「正式条約」であるべきとする。また、協約の日本文には題名がなく、英文にはAGREEMENTやCONVENTIONなどの題名が付いていることを指摘したり、韓国併合条約締結を韓国国民に知らせる皇帝純宗の勅諭に署名がないため、批准書にあたる勅諭に「瑕疵」があると指摘したりする。

　皇帝高宗は第二次日韓協約締結直後から、当時日本以外に国交があった諸外国にこの協約が無効であると訴えている。現在も大韓民国および朝鮮民主主義人民共和国では日本の朝鮮支配を「強占」、すなわち強制占領と呼び、その合法性を否定している。

（吉澤文寿）

靖国神社公式参拝

石井 明

靖国神社の今

東京・九段の靖国神社には様々な顔がある。正月には他の神社同様、多くの人々が初詣に訪れる。年末の新聞には各神社の初詣を呼びかける広告が載り、「家内安全」とか「商売繁盛」といった御利益があることを謳っている。しかし、二〇一四年末、靖国神社の広告は「終戦七〇年の節目の年英霊に慰霊の誠を捧げましょう」と訴えていた。

二〇一五年一月三日、筆者は靖国神社を訪れたが、初詣に来た人は圧倒的に若い人が多かった。境内には、英語、ハングル、中国語(簡体字)で並記された案内書が置かれていた。英文では大東亜戦争の英訳である the Greater East Asian War が使われ、中国語文では九一八事変、七七事変で戦死した英霊も祀られていることが記されている。中国人から見れば侵略戦争である満州事変、日中戦争の戦死者が英霊として祀られているのだ。

二〇一五年に入ると、都内・近郊を走る地下鉄の車両の沿線案内にも、「終戦七〇年の節目の年云々」と参拝を呼びかける広告(「英霊」の遺品等を展示した遊就館の参観も併せて訴えている)が見受けられるようになった。靖国神社の側から積極的に参拝を呼びかける活動が行われている。

安倍晋三首相も、日本の政治家の靖国神社参拝は当然という姿勢を崩していない。二〇一五年二月一七日、衆議院本会議で日本共産党の志位和夫委員長が代表質問で、「日本とアジア諸国との和解と友好に向けた日本の政治がとるべき五つの基本姿勢」を提起し、その中で、国政の場にある政治家が靖国神社を参拝することは、侵略戦争肯定の意思表示を意味するものであり、少なくとも首相や閣僚による靖国参拝は行わないことを日本の政治のルールとして確立するよう提案した。

これに対し、安倍首相は、国のために戦い尊い命を犠牲にした方々に対し、尊崇の念を表し、御霊《みたま》安かれとご冥福をお祈りするのは国のリーダーとして当然のことだ、と言い切り、閣僚の参拝についても、私人として参拝するかどうかはもとより自由であると考えている、と述べ、問題ないとの見解を明らかにした。

確かにアジア近隣諸国は、首相を始めとする日本の政治家の靖国参拝に対し、厳しい眼を向けている。現在、靖国問題は、外交の問題として論じられる傾向がある。しかし、もともとは国内問題であり、当初の論点は、国の靖国神社での戦没者追悼への関わり方についてであった。

本項では、靖国神社の歴史を簡単に振り返ったうえで、戦後の靖国問題をめぐる国内政治の動きに触れ、なぜ近隣諸国が、日本の政治家、特に首相の参拝に抗議の声をあげるようになったのか検討する。

東京招魂社から靖国神社へ

靖国神社の前身が一八六九年(明治二年)六月に設けられた東京招魂社であることはよく知られている。長州藩が行ってきた招魂祭を東京でも行うため、長州藩の洋学者大村益次郎が九段の地を選び、仮社殿を建てたのだ。その東京招魂社に御用掛、さらに祭事掛として奉職し、一八七九年(明治一二年）六月、靖国神社と改称されると、その初代宮司となったのが青山清だった。

文献案内でもあげている堀雅昭『靖国誕生　幕末動乱から生まれた招魂社』は、青山が国学と洋学の学び舎―山口明倫館で国学研究を行っていて、靖国神社の原像が討幕の拠点、山口にあったことを指摘している。青山は「幕末体制を支えた儒仏派への対決者であり、勤皇神官としての討幕イデオローグ」であった、というわけだ。

堀の著書の特色は、招魂社に従来の神社からかけ離れた「モダニズムの具現」を見ていることだ。境内に斬新奇抜な西洋式庭園があった。招魂社から靖国神社へと改称されるなかで、華麗なロマネスク様式の洋館―初代遊就館が建設された。靖国神社は当初、「文明開化」のシンボルだったのだ。

青山は一八九一年（明治二四年）、亡くなるが、堀はその前年、教育勅語が発布され、帝都の西洋情緒は急速に減衰していった、と記している。そのうえで、その後の靖国神社の変容ぶりについて、次のように記す。「靖国神社の開明性は影をひそめ、日清戦争、北清事変、日露戦争、第一次世界大戦、満洲事変、支那事変、大東亜戦争（太平洋戦争）を経験したことで、何層にも重なるように戦死者が英霊として祀られ、偏狭なナショナリズムに彩られた戦争神社に姿を変えたのである」。

敗戦直後の靖国神社――存続のための摸索

日本の敗戦は陸海軍を後ろ盾にしてきた靖国神社に大きな衝撃を与えた。靖国神社は存廃の危機に陥った。

一九四五年一二月一三日付『朝日新聞』は、靖国神社は明治天皇の思召によって創立され、その性格及び全国に亘る遺族との関係等、他の神社に見られない特殊な関係があるので、一般神社と切り離し、遺族中心、国民大衆の神社に改組する準備が進められている、として、改組後の靖国神社の姿について、次のように記している。

1. 社名は仲哀天皇、神功皇后を祀る官幣大社香椎宮の旧名香椎廟宮の廟名を採用し、「靖国廟宮」と改称する。

2. 財団法人制とし、別格官幣の社格を返上し、国家からのあらゆる補助を廃し、国家から独立し、遺族から選抜の評議員で社務を運営する。

この記事は、靖国神社が陸海軍省の管掌下に置かれてから、軍人のための神社と見られるにいたったが、いまや陸海軍はなく、靖国廟宮は本来の姿にかえり、真に遺族の尊敬を集める社として新発足することになった、と結んでいる。

なぜ「廟宮」と称するかだが、福岡市の香椎宮のホームページを見ると、「当宮は廟であり、一般神社とはその趣を異にするので、『延喜式』神名帳には加列されていない」という記述がある。「廟宮」を使うと、神社色が薄れるという判断があったのではないか。

同年一二月一五日、連合国軍総司令部(GHQ)により神道指令が出た。神道神社に対する財政的援助・支持活動は禁止された。

年が明けた一九四六年一月二一日、靖国神社の横井権宮司はGHQの宗教部長バーンズ大尉に会っているが、その際、横井は、廟宮と改称することは、当初米国側の世論並びに意向を体して出発したのであるが、神社としてはその儘行っても米国の世論を刺激しないだろうか、と尋ねた。「その儘行く」とは靖国神社の名称を使い続けるということだ。バーンズは、この問題は日本内部の問題で、司令部側としては口を出したくないが、自分は廟宮でなければならないとは思わない、と答えた。

その際、靖国神社と遊就館の関係をどうするか尋ねているが、横井権宮司は、遊就館は神社の付属物であり、将来は内容を全然変えて娯楽場(ローラースケート・ピンポン・メリーゴーランド等）及び映画館にしたいと思っている、と答えている。靖国神社側は、何とかして神社の存続を図ろうとしていたのだ。

結局、同年二月一日付けの勅令第七〇号の宗教法人令改正により、靖国神社は、名称はそのままで、一宗教法人となった。一民間宗教法人となったことは靖国神社側から見れば「なりたくてなったのではありません。そうしなければ靖国神社は財産を処分して解散しなければならなかったのです」（神社本庁編『靖国神社』PHP研究所、二〇一二年、一四九―一五〇頁）ということである。

靖国神社の「復権」の動き

一九五一年九月、サンフランシスコ講和条約が調印され、日本の独立回復が決まった。それを機に靖国神社の「復権」の動きが始まる。翌月一〇月一八日、靖国神社の秋の例大祭に吉田茂首相は麻生太賀吉（麻生太郎・元首相の父）を伴い参拝した。首相の参拝は一九四五年一〇月二三日の幣原喜重郎首相の参拝以来、六年ぶりだった。

一九五二年四月、講和条約が発効すると、戦犯の名誉回復の動きが強まる。同年六月、参議院で、一二月には衆議院で、戦犯の釈放を求める国会決議がなされた。

なお、四月三〇日には、戦傷病者戦没者遺族等援護法が施行され、戦争による「公務死」と認定した人の遺族も援助することになった。その後、この「公務死」は、戦犯として処刑された者にも適用され、A級戦犯の靖国神社合祀の道を開くことになる。

一九五六年からは日本遺族会などが、靖国神社の祭祀を国費支弁すべきと、政府に陳情する運動を起こす。一九六六年四月には靖国神社から衆参両院議長に「靖国神社国家護持に関する陳情書」が提出された。靖国神社法案―靖国神社を内閣総理大臣の監督下におき、国がその経費の一部を負担する―が国会に初めて提出されたのは一九六九年六月だ。

反対に立ちあがったのが全日本仏教会など宗教団体だ。憲法第二〇条第三項(「国及びその機関は、宗教教育その他いかなる宗教的活動もしてはならない」)違反を根拠にして反対した。

靖国神社法案は五回国会に提出され、五回とも廃案になった(五回目は一九七四年五月二五日、自民党が衆議院本会議で単独可決したが、六月三日、参議院で審議未了となり、廃案となった)。

公式参拝への道

靖国神社国家護持運動が挫折すると、首相・閣僚の公式参拝の実現を目指す動きが出てきた。終戦三〇年の節目の年にあたる一九七五年、三木武夫首相が戦後の首相として初めて八月一五日、靖国神社に参拝した。以来、歴代首相はなし崩し的に「公式参拝」への道を歩む。

三木首相は「私人として」参拝しており、参拝時、記帳する際、「内閣総理大臣」の肩書は付けなかった。福田赳夫首相は一九七八年、「私人として」参拝したが、「内閣総理大臣」の肩書は付けた。

同年一〇月一七日に靖国神社は東条英機らA級戦犯一四名を「昭和殉難者」として合祀している(一九七九年四月一九日、新聞各紙が報道)。

鈴木善幸首相は、一九八〇、八一年は「私人として」参拝した。一九八〇年一一月一七日、鈴木内閣は靖国参拝について、次のような政府統一見解を決めている。すなわち①国務大臣としての資格で参拝することは、憲法第二〇条第三項との関係で問題がある。②そこで政府としては、国務大臣としての資格で参拝することは差し控えることを一貫した方針としてきた。

しかし、一九八二年八月一五日、鈴木首相は

「公人か私人かの区別には答えず」、参拝した。「公私の別」を明らかにしなかったのは、公式参拝への道を開くものと解された。

中曽根首相の公式参拝

鈴木首相の後を継いだ中曽根康弘首相は「戦後政治の総決算」のスローガンを掲げた。中曽根は、靖国参拝問題について官房長官の私的諮問機関(「靖国懇」)を設け、国務大臣の資格で参拝しても憲法違反にならない、との見解を打ち出した。

一九八五年八月一四日、中曽根の靖国公式参拝が予定されていた前日、中国外交部スポークスマンは定例記者会見で、もし中曽根首相が参拝すれば、世界各国人民、とりわけ軍国主義者の被害を深く受けた中日両国人民を含むアジア人民の感情を傷つけるであろう、と述べた。これが、中国当局による、最初の靖国公式参拝に対する批判である(一九八二年八月一五日の『人民日報』社説のように「軍国主義者」による靖国公式参拝の動きがあることに言及した論調はあったが)。

八月一五日、中曽根首相は、海外出張中の二人を除き、閣僚全員を引き連れて参拝した。

この年の八月下旬の『人民日報』をチェックすると、対日政策をめぐって、胡耀邦総書記と他の指導者の間に不協和音が生じていることに気付く。八月二七日、保守派の姚依林(政治局委員候補)が、北京駐在の日本記者に対し、靖国公式参拝は、侵略戦争の被害を蒙った各国人民の感情を傷つけた、と非難し、この行動は中国人民の関心を引き起こさざるを得ない、と指摘した。ところが、翌二八日、田辺誠書記長が率いる日本社会党訪中団と会見した胡耀邦は、「中日関係は当然、前世紀以来、最も良い時期にある。これは日本の朝野の人士を含む両国人民の努力と中日両国政府の政策決定の結果だ」と言い切った。

その翌日の二九日、鄧小平が田辺に会った。鄧小平は、我々両国関係は良好だが、若干問題もある、として、「東南アジア諸国は日本軍国主義分子の動向を心配している。歴史はつまるところ歴史だ。『前のことを忘れず、後の戒めとする』のであり、我々は特に日本の政界が古人の教えを忘れないよう望む」と述べた。公式参拝という言葉は使わなかったが、歴史問題を忘れないよう釘を刺した、といえよう。

それから四〇日あまり経った一〇月一一日、鄧小平は安倍晋太郎外相と会う。この時は、鄧小平は靖国公式参拝問題に言及し、教科書問題、蔣介石遺徳顕彰問題と並べ、日本側が中国に「難題」を持ち出してきている、として、日本側が、これらのことを持ち出さなければ何の損失も蒙らないし、平静、かつ安定的、持続的に両国間の政治経済関係を発展させることができる、と述べた。

中曽根はその後、靖国参拝を断念する。中曽根はその理由について、胡耀邦が保守派の要人から非難され始めていて「胡耀邦さんを守らねばいけないと思った。それもあってやめたんです」と語っている(『正論』二〇〇一年九月号)。一方、劉江永(清華大学教授)は、「靖国怨」の中に参拝反対の主張をする者がいたことに加え、中曽根が鄧小平に敬意を払っていたこと、さらに靖国参拝によって、胡耀邦が日中関係を推進させようとしてきたことに疑念を持たれることを考慮したことを挙げている。そのうえで、劉江永は、中曽根は日中関係を個人の意思より上位に置いた政治家であり、参拝中止は隣国人民の感情を尊重し、日中関係重視の現われであった、と評価している。

劉江永はその後、日中間には、現職の首相、官房長官、外相は参拝しないという暗黙の了解ができた、と記している(劉江永『中国与日本：変化中的〝政冷経熱〟関係』人民出版社、二〇〇七年)。

中国の研究者がこの暗黙の了解の存在を認めているのに対し、日本政府は、存在を否定しているのだが、その後、一〇年間、日本の首相、官房長官、外相が靖国参拝をせず、日中関係が靖国参拝絡みの紛糾を避けることができたのは事実である。

続く現職首相の参拝

一九九六年七月二九日、橋本龍太郎首相が参拝した(八月一五日は避け、自身の誕生日に)。

それからしばらく首相の参拝は途絶えたが、小泉純一郎首相が在任中、二〇〇一年八月一三日を第一回とし、計六回、参拝した。

日本国内では靖国神社問題解決のため、様々な案が議論された。例えばA級戦犯分祀論。しかし、靖国神社側は、分祀は不可能という立場だった。文献案内にあげた内田雅敏『靖国参拝の何が問題か』は、分祀は絶対にありえない、なぜなら分祀した瞬間に、「聖戦」史観を根幹とする靖国神社の歴史認識が崩壊し、靖国神社でなくなってしまうから、と指摘している。

もう一つの案が国立追悼施設の設置案だ。二〇〇一年、小泉首相の参拝が外交問題化した際、当時の福田康夫官房長官が追悼施設の在り方を考える私的な懇談会を立ち上げ、翌年、その懇談会が、追悼祈念施設が必要と提言したことがあった。

さらに、身元不明戦没者の遺骨を埋葬している千鳥ヶ淵戦没者墓苑の拡充・整備案もあった。

靖国神社問題の打開策がみつからないなか、二〇一三年一二月二六日、突然、安倍首相が参拝した。近隣諸国は強く反発し、中国は報道官談話を出すとともに、王毅外相が木寺昌人大使を呼び出して厳重に抗議した。韓国は外交部報道官談話よりレベルの高い政府声明を出して抗議した。異例にも在日米国大使館も、二六日、声明を出し、日本の指導者が近隣諸国との緊張を悪化させるような行動をとったことに米国政府は失望している、と指摘した。

翌二七日、日本の主要な新聞は一斉に安倍参拝について社説を掲げた。おおむね近隣諸国との関係をより厳しいものにした、として批判している。『毎日新聞』の社説は、「外交孤立招く誤った道」と題していたし、『朝日新聞』の社説は「外交にいらぬ火種」という小見出しをつけて、問題を解決すべき政治家が新たな火種をつくる、と指摘していた。『日本経済新聞』の社説も、外交で失うものが多い、と主張していた。

一方、『読売新聞』の社説は、中韓両国の主張は誤解・曲解もはなはだしい、と記したうえで、参拝の是非は別として、一国の首相が戦没者をどう追悼するかについて、本来他国からとやかく言われる筋合いはない、と記している。

このように社説の主張は分かれている。確かに「他国からとやかく言われる」のは望ましくないが、そのために必要なのは、他国にとやかく言われない状況を作り出すことだ。その作業は満州事変以降の十五年戦争（一九三一―四五年）が侵略戦争であったことを認め、それを政府の明確なメッセージとして近隣諸国に発することから始まる、というのが筆者の考えだ。

文献案内

堀雅昭『靖国誕生　幕末動乱から生まれた招魂社』弦書房、二〇一四年

初代宮司青山清の生き様を追いながら靖国神社の創業史を記す。初期の神社の開明的な雰囲気が明らかにされる。

内田雅敏『靖国参拝の何が問題か』平凡社新書、二〇一四年

なぜ世界は靖国神社参拝に疑念を抱くのか？　靖国神社の「聖戦」史観に問題の根っこがあることを指摘する。

国立国会図書館調査及び立法考査局編『新編靖国神社問題資料集』国立国会図書館、二〇〇七年

国会での靖国神社問題を巡る会議録・質問主意書・答弁書及び政府見解などを収録。約一二〇〇頁。

「靖国懇」

正式名称は「閣僚の靖国神社参拝問題に関する懇談会」。中曽根内閣の藤波孝生官房長官の私的諮問機関として、内閣総理大臣その他の国務大臣の靖国神社参拝のあり方を巡る問題について意見を述べることを目的に設置された。メンバーは林敬三・日本赤十字社社長（座長）ら一五名。一九八四年八月三日から二一回の会合を重ね、一九八五年八月九日、「政府は、大方の国民感情や遺族の心情を汲み、内閣総理大臣その他の国務大臣の公式参拝を実施する方途を検討すべきである」との報告書を提出した。同月一四日、藤波官房長官は同報告書を参考にして検討したとして、翌一五日に内閣総理大臣が公式参拝する旨の談話を出した。

（石井　明）

千鳥ヶ淵戦没者墓苑

第二次世界大戦時、国外において戦没した軍人・軍属及び一般邦人の遺骨を集めた「無名戦没者の墓」として、日本国政府によって一九五九年三月二八日に創建された。一九五三年一二月一一日、吉田内閣が閣議で、戦没者遺骨の内、氏名判明せざるもの並びに遺族不明のためお渡しできぬものを収納し、国の責任において維持管理するとの方針を決めたのが、建設の経緯である。敷地は、一九五六年一二月四日の閣議で千鳥ヶ淵の現在地に定まり、名称は、竣工直前、一九五九年三月一三日の閣議で現在の通り決まった。二〇一四年五月現在、墓苑内の六角堂に三六万九六柱が安置されている。毎年五月、厚生労働省主催の慰霊行事として拝礼式が行われる。

（石井　明）

従軍慰安婦

波多野澄雄

軍慰安所の広がり

いわゆる「従軍慰安婦」とは、「かつて戦争の時代に、日本軍の慰安所に集められ、将兵に対する性的な行為を強いられた女性たち」を指している。軍当局の要請で慰安所が設置されたのは、一九三二年の第一次上海事変の際、海軍陸戦隊のための専用施設が最初とされる。三七年に日中戦争が始まり、日本軍が中国大陸に占領地域を広げ、日本国内から大量の将兵が派遣されると慰安所は急増する。占領地の軍慰安所は、公娼制度のもとで民間業者が経営する国内の公娼施設とは異なり、将兵のための兵站付属施設であった。中国で慰安所の設置が急がれたのは、日本軍人による強姦事件が多発し、反日感情が強まることを恐れたこと、将兵の間に性病が蔓延するのを防止する必要性などであった。四一年一二月にアジア・太平洋戦争が勃発し、日本軍が東南アジアや太平洋諸島を占領すると、四二年春以降、フランス領インドシナ、フィリピン、マレー、シンガポール、英領ボルネオ、オランダ領東インド(インドネシア)、海南島などにも慰安所が順次設置される。

これらの地域に送られた慰安婦は、軍が業者に依頼して日本国内から集めることを基本としたが、植民地であった朝鮮や台湾からも集められた。三八年二月、内務省は、慰安婦となる者は内地で「醜業婦」の経験があり、かつ二一歳以上であること、渡航のため親権者の承諾を必要とする趣旨の通達を出し、陸軍省も同種の通牒を発している。しかし、朝鮮や中国からは、売春経験のない女性や未成年者が多数、徴集されたことが知られている。

アジア各地の慰安婦数は全体で数万人にのぼると見られるが確実な統計的資料はない。また、民族別では日本人のほか、朝鮮人が相対的に多かったが、地域と時期によって異なり、現地の女性が集められた場合も少なくない。業者による徴集方法や慰安婦となった事情はさまざまであった。募集広告や勧誘に自ら応じた者より、親の借金や家族の事情からやむを得ず応じた者、仕事の実際を知らされないまま勧誘に応じた者などが多かった。軍や官憲が直接的に徴集に関与し、暴力的に女性を強制連行した事例もインドネシアなどで確認されている。

慰安婦問題の浮上と加藤談話

軍慰安婦の存在は、兵士や女性たちの苦い記憶のうちにとどまり、八〇年代まで公然と語られることは稀であった。元兵士が軍隊体験の一部として語り、元慰安婦による証言も刊行されてはいたが、ことの重大性が社会的に認識されることはなかった。それが八〇年代後半の韓国における民主化運動の波のなかで、性暴力の問題に取り組む女性団体による「告発」によって注目を集めるようになった。女性団体の運動は、九〇年一一月には、三〇を超える女性団体を傘下におく「韓国挺身隊問題対策協議会」（挺対協）の結成につながった（韓国では「挺身隊」は慰安婦と同義語であったため、この名称が使われた）。しかし、日韓の外交問題としては、植民地時代に徴用された労働者の強制連行が中心であり、慰安婦問題は主要争点ではなかった。

九〇年六月、被強制連行者の名簿調査に関連し、労働省の局長が、国家総動員法に基づく徴用の業務と慰安婦は無関係であり、慰安婦は「民間業者が連れて歩いた」ようであり、「実情を明らかにすることはできかねる」と答弁した。この発言に反発した韓国の女性団体は、同年一〇月、海部首相宛に、慰安婦の強制連行の事実を認め、謝罪と補償を求める公開書簡を送った。さらに、九一年八月、日本政府の対応に憤った元慰安婦の金学順が初めて実名で記者会見を行ったことから日韓両国の慰安婦問題への関心は高まった。同年一二月、金学順ら三名は「太平洋戦争犠牲者遺族会」(太平洋戦争の遺族を中心に七三年結成)の元軍人・軍属による日本政府を相手どった東京地裁への強制連行訴訟の原告に加わった。提訴から数日後には、日韓両政府による本格的な調査が始った。

九二年一月一一日、朝日新聞は一面トップで、吉見義明が防衛庁で発掘した資料を「軍の関与」を示すものとして報じた。日中戦争の勃発からほぼ一年後、強姦事件の頻発を防ぐため「成るへく速に性的慰安の設備を整へ」るべし、とする岡部直三郎・北支那方面軍参謀長の通牒などであった。この報道は、それまでの日本政府の見解を覆し、慰安婦や慰安所の統制・管理に日本軍が深く関与していた事実を示すものとして、韓国の主要紙でも大きく取り上げられ、韓国世論を真相究明、謝罪、賠償の要求に一挙に向かわせる効果をもった。

一月一三日、加藤紘一官房長官は、慰安婦の徴募段階における「軍の関与」を認め、「反省と謝罪」を表明し、三日後に訪韓した宮沢首相も反省、謝罪を繰り返すことになる。

河野談話とアジア女性基金

日本政府は、九二年七月、中間的な調査結果として防衛庁などに保存されていた一一七点の関連資料を公表したが、軍による暴力的な強制連行を示す資料は発見されなかった。韓国政府は、日本政府の調査を不十分として「徹底した真相究明と適切な措置」を求めた。九三年三月、金泳三新大統領は、「真相究明」は求めるが物質的な補償は求めない方針であり、補償は韓国政府が行うと述べた。この金泳三発言は、個人の請求権を相互に認めていない日韓請求権協定に従った判断と受け止めた日本政府は対韓折衝を急ぐ。「強制性」をめぐって調整は難航するものの、両政府間で一定の妥協がなされ、九三年八月、河野官房長官談話が発表される。

河野談話は、挺対協が発行した証言集、慰安所経営者からの聴取、アジア全域での慰安婦の実態調査など幅広い資料を基礎としていた。一六名の元慰安婦からのヒアリングも最終段階で実施された。焦点となっていた徴募段階での「強制性」について、談話では「軍の要請を受けた業者が主としてこれに当たったが、その場合も、甘言、強圧による等、本人たちの意思に反して集められた事例が数多くあり、更に、官憲等が直接これに加担したこともあった」と表現された。「官憲等が直接これに加担したこともあった」という表現は、インドネシアのスマラン収容所事件のように暴力的にオランダ人女性を連行した事実等に拠っている。談話は、アジア地域全体をカバーするもので、朝鮮半島に限定されていたわけではなかった。さらに、「強制性」に力点をおく韓国側に配慮して、次のような文言が加わった。「当時の朝鮮半島は我が国の統治下にあり、その募集、移送、管理等も、甘言、強圧による等、総じて本人たちの意思に反して行われた」。

韓国政府は、河野談話を「軍隊慰安婦の募集、移送、管理等において全体的な強制性を認定」したもの、と評価する論評を発表した。河野談話は、強制連行をめぐる日韓の主張を巧みに織り込み、いったんは韓国政府にも受け入れられた。

九四年八月末、村山首相は、慰安婦問題について、「お詫びと反省の気持ち」を国民とも分かち合うために、「幅広い国民参加の道」を探究すると述べた。この談話を受け、政府は九五年七月、「女性のためのアジア平和国民基金」(アジア女性基金)を財団法人として発足させた。基金事業はフィリピン、インドネシア、オランダでは肯定的評価のもとに実施されたものの、中心事業であった元慰安婦に対する「償い金」の支給は韓国、台湾では難航した。とくに韓国における事業は、国家補償に固執する市民団体や世論、それに翻弄される政府という構図のなかで理解が進まず、金大中時代に行き詰まる。その原因は、国家補償に固執する内外の市民団体や国連関係機関、マスメディアによる批判だけではない。日韓両国政府の問題解決への消極姿勢、基金による効果的な広報活動の不足も見逃せない。その一方、基金は単なる民間基金ではなく、官民協働による「新たな公共性」のモデルとして積極的に評価する向きもあることを付言しておこう。

人権問題としての国際的展開

慰安婦問題は、単に日韓の問題にとどまらず、九三年から国連人権委員会において議論されるようになる。九四年三月、「女性に対する暴力特別報告者」に任命されたクマラスワミ女史が九五年七月に南北朝鮮(平壌は延期)と日本を公式訪問して、元慰安婦に対する面接調査などを実施した。前年から韓国の挺対協や日本の市民団体が連携し、女性の人権問題として積極的に働きかけた成果であった。この頃から「慰安婦」(comfort women)ではなく、「性奴隷」(sex slaves)という呼び方が運動団体や国連のなかで常用語となっていく。

九六年の「クマラスワミ報告書」(戦時性奴隷制

問題に関する報告書）は、国連人権委員会に提出された「女性に対する暴力撤廃についての決議」の第一附属文書に位置付けられ、決議主文では、報告書に「留意する」(take note)と述べていた。報告書は元慰安婦を「性奴隷制」の被害者と位置付け、日本政府に対し、法的責任の容認、公的謝罪と補償、関係者の処罰などを勧告していた。また、アジア女性基金について「道義的観点から歓迎するが、国際法上の法的責任を免れさせるものではない」と指摘していた。決議は九六年四月に人権委員会によって採択される。日本政府は決議そのものには賛成したが、「クマラスワミ報告書」については、アジア女性基金によって誠実に対応しているとして、報告書の法的見解には留保した。

また、九八年には、人権委員会傘下の「差別防止・少数者保護小委員会」が「マクドゥーガル特別報告書」を提出し、慰安婦問題について、日本政府に対して補償と関係者の処罰の必要性を指摘している。日本政府は、道義的責任は認めつつも、アジア女性基金の取り組みなどを強調し、法的責任の受諾は拒絶している。

慰安婦問題の国際的展開は、これに取り組む多くの市民団体を生みだした。市民レベルの取り組みの代表例が女性国際戦犯法廷（二〇〇〇年一二月）である。この「法廷」は、それまで戦犯裁判で不問にされてきた慰安婦制度を、国際法の観点から裁こうとするものであった。法廷は、慰安婦制度の「国家責任を立証」し、当時の国際法に照らして昭和天皇と日本政府の責任を認める「判決」を下した。国家に代わって市民社会が加害者を裁くという「国際法の市民社会化」の潮流のなかで開廷されたものである。

揺れる河野談話

米国では、二〇〇七年一月、マイク・ホンダ議員らがいわゆる「慰安婦決議案」を下院外交委員会に提出した。この決議案は、同年七月には、下院において満場一致で可決された。決議は、日本軍がアジアの女性を「強制的に性的奴隷」とした、と強く非難し、日本政府に公式謝罪と歴史教育の徹底などを要求するものであった。決議案への賛同議員を増やした要因は、「日本の前途と歴史教育を考える議員の会」を中心とした四四名の国会議員と有識者が、ワシントン・ポスト紙(二〇〇七年六月一四日)に掲載した意見広告「THE FACTS」(真実)であったといわれる。同じワシントン・ポスト紙に、韓国系市民の働きかけで掲載された意見広告(同年四月二六日)に対抗するものであった。意見広告「真実」は、強制的に従軍慰安婦にされたことを示す文書は見つかっていない、慰安婦はセックス・スレーブではなかった、などと訴えるものであった。

二〇〇七年の下院決議案の採択は、オーストラリア、オランダ、カナダ、さらにEUとそれぞれの議会での同種決議の採択へと波及する。日本の地方議会でも、慰安婦問題に対する政府の誠実な対応を求める決議や声明書が相次ぎ、その数は四〇を超えている。その一方、慰安婦問題での日本の名誉を守ろうという諸団体が、「強制連行」を認めた河野談話こそが各国の日本非難の最大の根拠とみなし、その見直しを求める運動を展開している。

米国内では、二〇一〇年に初の慰安婦記念碑が建立されてから、韓国系市民の主導によって次々に記念碑や銅像が設置されている。なかでも、二〇一三年のカリフォルニア州グレンデール市における慰安婦像の建立は日本人社会に大きな波紋を呼んだ。

韓国政府は、慰安婦問題のような「反人道的不法行為」に対する賠償請求権は日韓請求権協定の範囲外とする解釈を定着させている。さらに二〇一二年には憲法裁判所が、解釈をめぐって紛争がある場合には請求権協定に従い、「外交上の経路」を通じた解決義務があるにもかかわらず、それを放置した韓国政府の不作為を憲法違反とする判断を示した。これらは請求権協定を破綻させるものではないが、日韓間の慰安婦問題は、法的にも、政治的にも予断を許さない状況が続いている。

慰安婦問題をめぐる論争

第一は、慰安婦の徴募過程における「強制性」をめぐる論争である。一つの立場(いわば公娼派)は、慰安所の設置を国内の公娼制度の延長とみなし、慰安婦の徴募も、身売り、広告等による本人の志願、ブローカーによる周旋などだとして強制的な要素を否定する。アジア全域では例外的に暴力的連行や強姦の事実はあるが、少なくとも朝鮮半島や台湾では、軍や官憲が暴力的に強制連行した事実は確認されていないこと、暴力的連行の実行者と自称した吉田清治の証言が否定されたこと、などが根拠となっている。これに対し、暴力的な強制連行はなかったにせよ、徴募の方法如何にかかわらず、河野談話に表現されたように「本人たちの意思に反して集められた」のであり、その意味で「強制性」を認め得るとする立場がある(いわば強制派)。

慰安所における慰安婦の処遇についても、「公娼派」は、慰安所における女性たちの生活は、奴隷条約の要件を満たすほど苛酷なものではなく、慰安所規則によって営業時間や単価を定め、軍医による性病検査も行われ、利用兵士の飲酒や暴力を禁じていた。外出の自由、借金返済後の帰国、接客拒否や廃業の権利も認められていた、と主張する。他方、「強制派」は、規則はあっても不備が多く、厳守されていたとは言い難く、外出の自由も制限されていたとする立場をとる。戦場や占領地において、日常的に軍の監視下にあるという環境のもとで、慰安婦たちは事実上、監禁状態にあり、その生活は苛酷なものであったとする。問題の本質は女性の尊厳や人権の問題であるとする立場からは、慰安婦制度そのものに強制性を認める傾向にある。「公娼派」の立場では、戦時中に多数の女性の名誉と尊厳が傷つけられる行為があったことは確かであるが、「戦場の性」の問題と、軍による強制の問題とは、区別して論じる必要があるとする。

いずれにしても論争の種の一つは、韓国側との調整によって生まれた、いわば玉虫色の河野談話にあり、ことに強制性について複数の解釈があり得る曖昧さにある。「公娼派」は、誤解の余地を与える河野談話を見直すべきだと主張し、「強制派」は維持すべきだという。

第二は、慰安婦の教科書への記述の是非をめぐる論争。河野談話は、歴史教育を通じて「歴史の教訓」を生かす、と約束していたが、それを反映して九七年度から使用される中学生用の社会科教科書の全てに慰安婦に関する記述が登場した。その是非をめぐって、九六年後半から地方議会を巻き込んで論争が巻き起こった。教育的配慮や日本の名誉といった観点から慰安婦記述に反発するグループが、「新しい歴史教科書をつくる会」を結成するきっかけとなった。

第三は、「国民基金」の是非をめぐる論争。アジア女性基金は、基金の立場では、「償い金」こそ国民募金によったが、医療福祉事業と事務費は国庫から支出され、政府職員によって運営され、民間基金ではなく限りなく国家補償に近いものであった。しかし、直接的な国家補償や特別立法を求める内外の市民団体や政党からは、国家の法的責任を回避する措置であるとして、基金事業は烈しい批判の対象となった。

だが、政府は明確な国家補償の立場をとることはできなかった。国家補償（国庫支出）に踏み込む場合は、シベリア抑留者や戦災被害者など補償が十分ではない被害者の立場とのバランスを崩し、さらには、個人補償を含む請求権の相互放棄を規定した対日平和条約や日韓請求権協定と抵触する可能性があった。ちなみに、国庫支出による医療福祉支援事業は、途上国に対する人道支援と位置づけられた。

最後に付言しておけば、女性の尊厳や普遍的人権という観点から問題を捉えようとする国際的潮流からすれば、慰安婦制度そのものが「人道に対する罪」に相当する「性奴隷制」にほかならない。強制連行の有無といった国内的議論は意味をなさず、暴力的連行も身売りも違いはなく、強制性を否定する議論は、いわば「歴史修正主義」とみなされる(ニューヨーク・タイムズ)。日本の裁判所で適用が排除されている「人道に対する罪」は、国際刑事裁判所の設立規程に、時効を認めない「戦時性暴力」が含まれたように、もはや国際法の常識となりつつある。

なお、司法上の争点については本書「戦後補償裁判」の項目を参照。

文献案内

吉見義明『従軍慰安婦』岩波新書、一九九五年
従軍慰安婦制度は「事実上の性奴隷制」であったことを緻密な調査に基づいて体系的に説いた「強制派」の代表的著作。

秦郁彦『慰安婦と戦場の性』新潮選書、一九九九年
広範な現地調査や関係者の証言に基づき、慰安婦制度は基本的に「公娼制度の戦地版」とみなす「公娼派」の代表的著作。

朴裕河『帝国の慰安婦』朝日新聞社、二〇一四年
従軍慰安婦を「帝国主義というシステムに基づく性の収奪」とみなす観点から問題の本質に迫る論争的な最新作。

アジア女性基金

一九九一年八月に韓国で慰安婦被害者金学順がカミングアウトし、日本国家を告発したことは大きな衝撃を日本政府に与えた。韓国政府のうながしもうけて宮沢内閣は慰安婦問題の真相究明のため、同年一二月調査活動を開始した。途中九二年七月には中間的な調査結果を発表した上で、一九九三年八月四日、調査の最終結果を発表し、河野洋平官房長官談話という形でえられた認識を発表した。談話は、慰安所が「軍当局の要請により設営された」ものであり、慰安所の設置、管理及び慰安婦の移送に軍が関与したと認めた。慰安婦の募集は業者が行ったが、甘言、強圧など、本人たちの意思に反して集められた事例が数多くあり、官憲等の直接加担もあったとした。「慰安所における生活は、強制的な状況の下での痛ましいものであった」こと、日本統治下の朝鮮半島では「総じて本人のたちの意思に反して行われた」ことが確認された。この認識に基づき日本政府の謝罪が表明され、どのような措置がとられるべきか、検討することが約束された。

宮沢内閣は河野談話の発表とともに退陣したので、その後の措置は後継の非自民連立政権に委ねられたが、何もなされず、自社さきがけ三党連立の村山政権が対処することになった。しかし、一九六五年の請求権協定で、日韓間の請求権問題は「完全かつ最終的に」解決されたということが壁となり、これを乗り越えるために着想されたのが、基金をつくり、国民から募金をもとめ、被害者へ支払いをすることだった。このさい政府資金も加え、「償い金」を政府国民共同の支払いとすることが追求されたが、完全には実現しなかった。

アジア女性基金、正式には、女性のためのアジア平和国民基金は、一九九五年七月に日本政府が慰安婦被害者に対する謝罪と国民的な「償い」の事業をおこなうために設立された。基金は、以下のような定義をもって慰安婦とされた人々のために事業をおこなった。「いわゆる『従軍慰安婦』とは、かつての戦争の時代に、一定期間日本軍の慰安所等に集められ、将兵に性的な奉仕を強いられた女性たちのことです」。これには、さまざまな方法で日本軍慰安所に集められた女性たちの他、フィリピンで軍将兵に拉致され、兵営ないしその近くの建物に監禁され、連続的にレイプされた准慰安所犠牲者となった人々もふくめられた。

基金は二〇〇七年三月の解散時までに五億六五二五万一五九〇円の寄付を集めた。そしてこの資金で韓国、台湾、フィリピンの被害者二八五人に一人あたり二〇〇万円の「償い金」を渡した。実際には償い金を二〇〇万円と決めた段階で募金だけでは支払いが不可能であることが明らかになり、原文兵衛基金理事長は不足分は政府が持つことを橋本総理に要請し、確約をえたのである。結果的には、ほぼ募金で支払いがなされたが、それは、韓国、台湾では登録被害者の過半が受け取らなかったこと、またこの二国一地域以外には償い金の支給をしなかったためである。基金はさらに政府からの支出をうけ、医療福祉支援をフィリピンでは一人一二〇万円分のサーヴィスとして、韓国、台湾、オランダでは一人三〇〇万円の支給として実施した。これらの被害者には日本の首相の謝罪の手紙が送られた。国別では韓国が六〇人（六一人に送金したが、うち一人には届かず）、台湾一三人、フィリピン二一一人、オランダ七九人である。基金の事業については、韓国と台湾では、反発がつよく、基金の事業を受け入れた被害者は政府・公的機関が認定登録した被害者の三割ないし三分の一程度であった。

インドネシアでは、被害者個人に対する事業は実施されず、高齢者のための福祉施設の建設が基金の事業としておこなわれた。上記の国以外の中国、朝鮮民主主義人民共和国、マレーシア、東チモールの被害者に対しては基金は事業をおこなっていない。

（和田春樹）

南京虐殺事件

笠原十九司

南京虐殺事件とは

南京虐殺事件は、南京大虐殺事件、南京大虐殺、南京虐殺あるいは南京事件ともいう。本項では南京虐殺事件の略称として南京事件を使う。一九三七年から開始された日中戦争の初期、当時の中国の首都南京を占領した日本軍が、中国軍の兵士・軍夫ならびに一般市民・難民に対しておこなった戦時国際法や国際人道法に反した不法、残虐行為の総体である。

一九三七年七月七日に北京近郊で起こった盧溝橋事件から始められた日中戦争は、八月九日に上海で発生した大山事件を口実に上海へと広がった。中国軍の強い抵抗によって苦戦した日本軍は、一一月五日に第一〇軍を杭州湾に上陸させ、ようやく上海を制圧した。陸軍中央は南京に向けた奥地への戦線拡大に反対であったが、中支那方面軍司令官の松井石根大将は、当時蔣介石が率いる中国国民政府の首都南京を攻略すれば、中国は屈伏し、親日政権を樹立できると考え、陸軍中央の統制に従わずに、南京進撃を開始させた。

食糧補給や輸送、軍装備などを無視した無謀な作戦により、各部隊は食糧を現地略奪、民家を占拠しての宿営などをおこないながら、南京に進撃していった。日本も批准していたハーグ陸戦条約では、捕虜や投降兵の殺傷を禁じていたが、そのことは日本軍部隊には徹底されていなかった。激戦が続くなか、日本兵は中国兵に対して強い敵愾心、報復心をいだき、当時の日本人がもっていた中国人に対する蔑視意識と相まって、中国兵捕虜や投降兵、敗残兵の虐殺が広範におこなわれた。南京攻略を目ざして、徒歩による強行軍を強いられたため、日本軍部隊の軍紀は乱れ、女性を強姦、輪姦する婦女凌辱事件と、食糧・物資の略奪や、人家を放火・破壊する不法事件が多発した。しかし、兵士たちの不法行為を取り締まる憲兵はわずかしかいなかった。

日中全面戦争へ本格的に移行した日本は、一一月二〇日に宮中に大本営を設置、一二月一日、大本営は南京攻略を正式に下令した。以後、中支那方面軍九個師団と数支隊を加え、総兵力一六万とも二〇万ともいわれた中支那方面軍の大軍が、南京の中国軍に対する包囲殲滅作戦を展開した。

南京は国民政府の首都として、当時、城壁の内部と周辺からなる市部人口一〇〇余万、近郊農村と県城からなる県部人口一三〇万人をかかえた大都市であり、南京攻略戦の戦域には、市部と農村を含む県部をあわせて、一〇〇万を超える住民や難民が残留していて、南京攻略戦と占領後の残敵掃討戦の犠牲になった。

南京事件の第一段階は、日本の大本営が南京攻略を下令し、中支那方面軍が南京戦区に突入した一二月四日前後からはじまる。日本軍部隊は、南京近郊の農村地域において、農作物や食糧を略奪、家畜を殺して食べ、宿営した農家を移動するさいに放火した。村の成年男子は殺害され、隠れているところを発見された女性は強姦、輪姦されたあげくに、日本軍憲兵に通告されないよう、証拠隠滅のために殺害された。輜重部隊をともなわなかった部隊は、農民を拉致、連行して使役した。

第二段階は、南京城内と城壁周辺区においておこなわれた。一二月一二日深夜に南京は陥落し、一三日から日本軍は「残敵掃討」を開始した。中国軍兵士や市民はパニックに陥り、長江を渡って逃げようと埠頭のある下関へ殺到したが、日本軍はここを制圧し、投降してきた中国兵らを次々殺害した。折から長江を遡上してきた海軍の軍艦が、渡江して逃げようと小舟や筏、戸板などで川面に漂う中国兵や市民の群を機銃で殺害した。南にある中華門外でも投降勧告にしたがって収容された多くの中国兵が殺害された。

第三段階は、一二月一四日から一六日にかけておこなわれた。日本軍は一七日に入城式をおこなうことを決定、それまでに残った中国軍を徹底的に掃討しようと、市街地を虱潰しに探しながら殺害していった。多くの成年男子が軍服を脱ぎ捨て、民間服に着替えた「便衣兵」とみなされて殺害された。欧米人が管理して市民、難民を収容した「国際安全区」にも入り、兵士か民間人かを明確に区別しないまま多数を連行して殺害した。日本軍は「捕虜はつくらない」という上部の命令で、長江沿岸において、捕虜、投降兵、敗残兵を数千、数百の集団で次々に殺害し、死体を長江に流した。城内の大掃討作戦において、日本兵は「花姑娘（若い娘）探し」をおこない、民家に隠れていた女性を探しては強姦、輪姦した。

第四段階は、入城式以後、長期にわたった軍事占領期間におこなわれた。日本軍は市民にまぎれこんでいる中国兵を摘発するため「兵民分離」と称して市民登録をおこない、元兵士の疑いをかけた多くの成年男子を連行して、下関などで殺害した。女性を拉致して、部隊へ連行、炊事・洗濯に使役しながら強姦、輪姦するケースも頻発した。長期駐留した日本兵による商店、倉庫、民家からの食糧や商品さらに財宝などの略奪が横行、略奪後に証拠隠滅のための放火も多発した。

大本営が中支那方面軍の戦闘序列を解き中支那派遣軍に改編した三八年二月一四日が南京作戦の終了にあたるが、南京における残虐事件はその後も続いた。南京事件の終焉は、日本軍の残虐行為が皆無ではないまでもずっと少なくなった三月二八日の中華民国維新政府（中支那派遣軍が工作した傀儡政権）の成立時と考えることができる。

南京事件発生の区域は、南京城区とその近郊の六県を合わせた行政区としての南京特別市全域であり（中国の特別市は省と同レベルで中央政府に直属する）、それは南京作戦（中国にとって南京防衛戦）の戦区であり、南京陥落後における日本軍の占領地域でもあった。

南京事件は、事件当時南京に残留していた外国人記者や外国大使館員、さらには難民や市民の救済にあたった南京安全区国際委員会のメンバーたちによって海外に報道され、国際世論は、日本軍の残虐行為を厳しく批判した。しかし、日本では、厳しい報道管制と言論統制下におかれ、南京事件の事実は報道されず、南京作戦に参加した兵士の手紙や日記類も厳しく検閲された。南京事件を報道した海外の新聞や雑誌は、内務省警保局が発禁処分、削除などにして、日本国民にはいっさい知らせないようにしていた。

歴史事実はどのように解明されてきたか

日本において南京事件について最初に書かれた歴史書は洞富雄『南京事件』（新人物往来社、一九七二年）である。洞は、最初に南京事件の研究を本格的に進めた日本史の歴史学者である。同書は、東京裁判関係資料（後述）を基本にして、さらに南京安全区国際委員会の記録文書などを使って、南京事件における「無辜の南京市民にたいする残虐行為」について、敗残兵狩り、無差別虐殺、婦女暴行、略奪・放火などの実態を記述した。

朝日新聞記者の本多勝一が、日本人記者として戦後初めて、南京事件の被害者から聞き取りをおこない、その被害証言を収録した『中国の旅』（朝日新聞社、一九七二年）は、日本人に衝撃を与え、南京事件を認識させる上で大きな影響を及ぼした。

陸軍士官学校出身の旧軍将校の親睦団体偕行社のメンバーが編集委員会を組織して、南京戦史編集委員会編『南京戦史資料集』（偕行社、一九八九年）と同『南京戦史資料集Ⅱ』（偕行社、一九九三年）を発行した。同資料集には、日本軍中央の公式記録と南京作戦に参加した司令官・参謀・師団長クラスの日記および各部隊の陣中日誌、戦闘詳報、各将兵の陣中日記などが収録されている。同資料集の出現によって、南京事件を上海から南京への進撃と攻略ならびに占領と、具体的な歴史展開に即して解明することが可能になった。

また、井口和起・木坂順一郎・下里正樹編『南京事件・京都師団関係資料集』（青木書店、一九八九年）、小野賢二・藤原彰・本多勝一編『南京大虐殺を記録した皇軍兵士たち——第十三師団山田支隊兵士の陣中日記』（大月書店、一九九六年）により、師団ごとの虐殺行為の実態が明らかになった。

犠牲者数の問題については、南京作戦に参加した日本軍部隊の公式記録（戦闘詳報、陣中日誌など）が戦争直後に焼却処分されたため、残っているのは全部隊の三分の一程度であること、南京は日本の敗戦まで長期にわたり日本軍の占領下にあったため、中国政府や中国人機関が犠牲者調査を実施できなかったこと、などのため、正確な調査、統計資料は存在しない。したがって、南京事件の全体の犠牲者数は、利用できる残存記録資料を使って概数を推定する以外に方法はない。また南京事件の時期や発生地域をどこに設定するか、中国兵の殺害されかたのどこまでを不法殺害と見るか、によっても被虐殺者の算定は異なってくる。

現在、中国人研究者もふくめて、「三〇万人虐殺説」を主張する歴史研究者はいない。日本の研究者では、笠原十九司が「十数万から二〇万人」、秦郁彦が「約四万人」、原剛が「二万人余り」という被害者の概数推定をおこなっている。

戦後処理としてどう裁かれたか

連合国が日本の重大戦争犯罪人を「平和に対する罪」(A級犯罪)に違反するとして起訴した極東国際軍事裁判(東京裁判)においては、一般市民に対する虐殺など非人道的な戦争犯罪(B級犯罪)の代表例として南京事件が裁かれた。国際検察局によって南京事件を戦争犯罪として立証するための膨大な証拠資料と証言が収集され、法廷では一〇人の証人の法廷尋問がおこなわれた。

東京裁判の判決文の「第八章　通例の戦争犯罪」の「南京暴虐事件」に、南京事件の経緯と概容が記述され、中国軍民(兵士と民間人)の犠牲者数について、「日本軍が占領してから最初の六週間に、南京とその周辺で殺害された一般人と捕虜の総数は、二〇万以上であった」と判定された。そして、松井石根中支那方面軍司令官が戦争法規違反の不作為の責任を問われて死刑となった。

東京裁判における南京事件の膨大な資料は、洞富雄編『日中戦争・南京大残虐事件資料集　第1巻　極東国際軍事裁判関係資料編』(青木書店、一九八五年)に収められている。

中華民国国民政府国防部戦犯法廷(南京軍事裁判)においても南京事件は裁かれ、四人の将校が死刑となった。同裁判の判決書では、「捕らえられた中国の軍人・民間人で日本軍に機関銃で集団殺害され遺体を焼却、証拠を隠滅されたものは、一九万人余りに達する。このほか個別の虐殺で、遺体を慈善団体が埋葬したものが一五万体余りある。被害者総数は三〇万人以上に達する」とされた。現在、中国政府が南京大虐殺犠牲者数「三〇万人以上」を公式見解にしている根拠は、この判決書による。

南京事件をめぐる裁判訴訟とその結果

家永教科書裁判

東京教育大学教授であった家永三郎は、執筆した高等学校歴史教科書『新日本史』(三省堂)の脚注で「日本軍は南京占領のさい、多数の中国軍民を殺害し、日本軍将兵のなかには中国婦人をはずかしめたりするものが少なくなかった。南京大虐殺とよばれる」と記述したところ、教科書検定によって不合格とされた。家永はこれを不服として、一九八四年一月に提訴した教科書裁判・第三次訴訟の争点のひとつを「南京大虐殺」と「日本軍の婦女暴行」とした。家永教科書第三次訴訟の第一審(東京地方裁判所)の判決(一九八九年一〇月三日)は、教科書検定意見を違法と認定せず、家永側の敗訴となった。

第二審の控訴審では、笠原十九司が意見書「世界に知られていた南京大虐殺」を提出、一九九一年四月二二日に東京高等裁判所の法廷に立って証言した。同高裁の川上判決(一九九三年一〇月二〇日)では、「南京大虐殺」および「日本軍の婦女暴行」に関しては教科書検定が違法であったと判定した。最高裁の大野判決(一九九七年八月二九日)により、「南京大虐殺」および「日本軍の婦女暴行」に関する教科書検定の違法が確定した。

家永教科書裁判において南京事件の史実認定がなされた結果、以後、南京大虐殺、南京虐殺、南京大虐殺事件、南京事件などの呼称で、中学校、高等学校のすべての歴史教科書において南京事件が記述されるようになり、その記述も改善された。

名誉毀損裁判

南京事件の際、強姦未遂にあい、殺害されかけて一命をとりとめた李秀英は、中国において「幸存者」(中国語で幸いにも生き残った被害体験者の意味)と呼ばれて証言活動をつづけ、市民団体の招きで日本にも来て被害体験の証言をおこなった。これに対して松村俊夫『「南京虐殺」への大疑問』(展転社、一九九八年)は、彼女を「ニセ者」証言者と書いた。このために李秀英は深い心の傷を受け、一九九九年に松村俊夫と展転社を名誉毀損で告訴した。東京地裁、東京高裁、最高裁とすべて李秀英の被害事実を認定し、二〇〇五年一月に彼女の勝訴が確定したが、彼女が受けた精神的ショックは大きく、心身の異常をきたすようになり、勝訴の一カ月前に亡くなってしまった。

ついで、南京事件被害者の夏淑琴が二〇〇六年、東中野修道『「南京虐殺」の徹底検証』(展転社、一九九八年)の著者と出版社を名誉毀損で訴えた。夏淑琴は、一九三七年一二月一三日に南京城内に侵攻してきた日本軍によって、父母・祖父母・姉妹の家族七人を殺害され、当時八歳だった彼女は四歳の妹と二人だけで生き残った。夏淑琴は李秀英と同じく「幸存者」として来日、市民集会などで証言活動をおこなっていた。東中野は、証言活動をしている夏淑琴は「幸存者のヒロイン」に仕立てられただけで、被害者とは「別人」であると書いたのである。

夏淑琴の名誉毀損裁判は二〇〇九年二月五日、最高裁で勝訴が確定、被告に慰謝料など四〇〇万円の支払いを命じた。東中野は南京大虐殺否定の著書を多く書き、現在でも南京大虐殺否定派が盛んに利用している。

南京大虐殺否定派の弁護士の高池勝彦、稲田朋美(現在、国会議員で自民党政調会長)らが原告訴訟代理人となって、本多勝一『中国の旅』(朝日文庫、一九八一年)の「百人斬り競争」の記述が、二人の将校の遺族の名誉を棄損したとして、二〇〇三年四月に本多勝一と朝日新聞社、毎日新聞社を提訴した。いわゆる「百人斬り」裁判は、前述の名誉毀損裁判と性格が異なる。

「百人斬り」裁判は、南京大虐殺否定派がもてる力を総動員して裁判に臨んだが、二〇〇六年一二月の最高裁の判決によって原告側の敗訴が確定、「百人斬り」論争ならびに南京大虐殺論争に、司法による決着がつけられた。

なぜ南京事件の記憶・認識が国民に共有されないのか

二〇〇六年一〇月に訪中した安倍晋三首相が胡錦濤国家主席に提案し、翌月に麻生太郎外相と李肇星外交部長との会談において実施枠組みが決定された、日中両国政府の歴史共同研究(二〇〇六年一二月―二〇〇九年一二月)の報告書が、二〇一〇年一月に公表された。その『日中歴史共同研究・第一期報告書』収録の日中双方の研究委員の報告では、それぞれ二頁にわたり、南京事件を歴史事実として詳述している(報告書は勉誠出版から二〇一四年に出版)。すでに学問的結着がついていた「南京大虐殺論争」に、日中政府間で結着がつけられたかたちになった。

現在外務省のホームページで、「南京大虐殺」について、「日本政府としては、日本軍の南京入城(一九三七年)後、〔多くの〕非戦闘員の殺害や略奪行為等があったことは否定できないと考えています」と記しているように、南京大虐殺が歴史事実であったとするのが日本政府の公式見解である。但し、二〇一三年にはあった「多くの」が、現在のホームページでは削除されてしまった。

南京大虐殺は歴史事実であったことが、政府の公式見解となり、歴史学の定説として歴史辞典、百科事典類にも記述され、中学校・高等学校の歴史教科書のほとんどに記述されているにもかかわらず、それが日本国民の記憶・歴史認識として共有化され、定着していないのが現実である。歴史学では定説となっている歴史事実が、国民の共通認識とならず、逆に歪曲され、さらには「南京大虐殺はなかった」「南京大虐殺は中国やアメリカのプロパガンダ」などという南京大虐殺否定説が公然と国民の間に流布されて影響力をもっている日本社会は、民主主義社会としては成熟しているとはいえず、歴史事実、歴史の真実を歪め、否定する歴史修正主義が横行していることにおいて、市民社会としてはかなり危うい状態といえる。

いっぽう、中国において、日中戦争の残虐な侵略的性格を象徴する事件として歴史の教訓とするために、南京市郊外に「南京大屠殺遇難同胞紀念館」が建てられている。また中国政府は、日本の文科省が歴史教科書の南京事件の記述を削除させたり、政界やメディアの一部が意図的に南京大虐殺否定説を流布している日本の状況に対抗する意味もあって、二〇一四年から一二月一三日を「南京大虐殺犠牲者国家追悼日」として、国家記念行事の日に定めた。

南京事件認識をめぐる日中両国民の齟齬と対立が、日中歴史認識の軋轢と摩擦の象徴となっている現状をどう打開していくか、日中政府と国民に課せられた大きな課題である。

文献案内

笠原十九司『南京事件』岩波新書、一九九七年

南京事件の要因、経緯、事件の全貌、同時代の国際的影響、そして東京裁判でどう裁かれたのか、などを記述、南京事件の概説書。

南京事件調査研究会編『南京大虐殺否定論13のウソ』柏書房、二〇一二年

南京大虐殺否定論を13のテーマに分けて、専門家が批判した。現在でも盛んに流布されている否定論は本書で論破されたものの繰り返しである。

笠原十九司『南京事件論争史――日本人は史実をどう認識してきたか』平凡社新書、二〇〇七年

南京事件に対する日本人の認識について、戦争当時にも言及しながら、一九七〇年代以降の本格的な南京事件論争の内容を網羅的に整理している。

教育・歴史教科書問題

王　雪萍

今日、歴史教科書問題といえば、一九八二年の第一次教科書問題と称される日本の教科書検定をめぐる東アジアの国際問題と連想されがちである。しかし、戦後の日本における教育・教科書問題とは当初、教育の自由をめぐる民間（市民、教育界）と国家（政府）の間の国内問題であった。やがて、グローバル化の流れのなか、一九八〇年代以降、日本の教科書問題は、歴史認識の差異として国際問題化していき、現在は東アジアにとどまらず、欧米諸国も巻き込んでの議論が広がりつつある。

戦後の教科書問題の発端としての戦前の教育

一九〇三年、日本政府は教科書の国定化などを定めた「小学校令」を発し、以後終戦までの間、教育に対する統制を敷いた。その結果、国民の考え方は「忠君愛国」へと収斂され、挙国一致体制下での戦争遂行を可能にする一因となった。したがって、戦後日本の教科書問題の背景の一つには、戦前における国家統制教育への民衆、特に知識人の間にあった根深い政府不信を指摘できる。

戦後自由に教科書を編集する雰囲気が醸成され

たのは、一九四七年の学校教育法の制定と一九四八年の教科書の検定制度の確立を通じてである。連合国軍総司令部（GHQ）民間情報教育部の指令を受けて作成された検定制度は、内容のチェックはせず、誤記・誤植のチェックや、事実誤認の是正等にとどめるとの考えに基づくものであった。

しかし、朝鮮戦争後、日米両政府が日本の再軍備を検討した際、平和憲法と教育が阻害要因にあげられ、憲法改正を含む対策を講じるべく、政権与党は一九五二年の独立後、検定強化など教育行政の見直しに着手する。その最中に最初の教科書問題が発生した。問題の発端は、一九五五年に日本民主党が『うれうべき教科書の問題』というパンフレットを出して、労働組合や平和教育に関する記述が偏っているのではないかと批判したことである（堀尾輝久『教科書問題』岩波書店、一九九二年）。

その後、一九五六年、文部省は検定体制を整備・強化し、専任の教科書調査官四〇名を配置し、学習指導要領をより拘束的な方向に見直した。文部省による教科書に対する検定では、誤記・誤植や史実の確認だけではなく、記述内容に対する検定も含まれるようになった（三谷博「『戦後』の問題構造」三谷博編著『歴史教科書問題』日本図書センター、二〇〇七年、一七一―一七七頁）。

家永教科書裁判とその影響

家永三郎は日本史の研究者であり、終戦直後より『新日本史』（高校用教科書）を執筆し始め、その後、一九五二年度、一九五五年度、一九五七年度、一九六三年度、一九六四年度の検定の際には、記述の修正が要求された。とりわけ、一九六三年度の不合格処分および一九六四年度の条件付き合格によって、従来合格とされた部分の記述内容も維持できなくなったことから、家永は一九六五年に教科書検定が自分の研究者としての思想・良心を侵害するものだとして、損害賠償を国に請求する民事訴訟を起こした。その民事訴訟が続く中、一九六七年には検定処分の取り消しを求める行政訴訟(いわゆる第二次訴訟)も起こした。さらに、教科書問題が国際問題になった後の一九八四年、家永は再度国に対する損害賠償訴訟(第三次訴訟)を起こす(堀尾 一九九二、三谷 二〇〇七)。

家永教科書裁判の中で、家永側は主に憲法および教育基本法に基づき、文部省による教科書検定の判断は権力の濫用であり、違法と述べただけにとどまらず、検定制度自体が行政権力による教育への不当な介入であり、違憲・違法と、一貫して主張した。裁判の結果、第一次訴訟は一九七四年の一審判決で原告の損害賠償請求の一部を認めたが、一九九三年の最高裁で原告の敗訴が確定した。第二次訴訟は、一審、二審とも原告側が勝訴したが、その裁判が続いていた一九七七年に文部省は「教科用図書検定規則」を全面改正し、条件付き合格への異議申し立てや不合格内示への再議請求手続きを明文化したため、訴えの利益がないとして棄却された。第三次訴訟は一九九七年の最高裁判決で、検定の裁量権逸脱が認定され、原告勝訴で幕を閉じた(三谷博「日本の歴史教科書の制度と論争構図」劉傑ほか編『国境を越える歴史認識』東京大学出版会、二〇〇六年、二〇四—二二五頁)。

家永教科書裁判は必ずしも原告側の全面勝利ではなかったものの、教科書検定制度を通じた国家による教育内容への介入は、文部省によるルール改正でかなり緩和され、教科書検定を従来の誤記・誤植そして史実の確認という元の検定方針に戻すよう促した点では意義あるものと言える。また、全国各地で訴訟の支援団体が作られ、社会運動へと発展したことで、国家と教育の関係について幅広く議論されるようになったことも重要な意義の一つであろう。

国際問題としての歴史教科書問題の勃発

国際問題としての教科書問題の発端は、一九八二年六月二六日、教科書検定において高校の歴史教科書に記載された「侵略」という単語が「進出」に変えられたと、日本の新聞各紙が報じたことである。この時期は、ちょうど家永教科書裁判の第二次訴訟に対する最高裁の差し戻し判断が出た直後であり、マスコミや国民から注目を集めていた時期でもあった。そうした時期に文部省が出した指示であっただけに、日本国内の多くのメディアは大々的に報道した。この報道によって韓国や中国などアジア諸国の関心も高まり、韓国及び中国政府からは激しい抗議を受けることになった。日本政府は中韓両国の抗議に迅速に対応し、教科書検定にあたって近隣諸国へ配慮することを宣言した「『歴史教科書』に関する宮沢内閣官房長官談話」(宮沢談話)を出して、問題の鎮静化を図った。さらに、同年一一月の教科用図書検定調査審議会からの答申を受け、歴史教科書検定の新しい基準の一つとして「近隣諸国条項」を設定した。「近隣諸国条項」の制定を通じて、当時の日本の政府首脳が近隣諸国と新たな関係を築き、大国にふさわしい新たな役割を果たそうとした意向も見受けられる(川島真「進出か、侵略か(一九八二年)」園田茂人編『日中関係史 1972–2012 Ⅲ　社会・文化』東京大学出版会、二〇一二年、八一―一二四頁)。

しかし、一九八二年における教科書問題の発生及び問題の国際化は、思いがけない二つの結果をもたらし、教科書問題そのものを変質させた。

第一に、江藤名保子の最新研究によれば、日本の教科書問題が中国に伝わったことが、中国における「抗日戦争史」再教育の契機となったことである。やがて台湾問題との連動で、中国政府は抗日戦争史における国民党の主戦場での敗退への批判的な評価を見直し、抗日戦争中の国共合作での国民党の協力を肯定的に評価するようにもなるとともに、日本の教科書問題に対する批判キャンペーンは当時進められた「愛国主義キャンペーン」の一端を担った。その後、中国の歴史学界は抗日戦争史における国民党軍の作戦全般への評価を再検討し、一九八〇年代後半にはその結果が中国の歴史教科書にも反映された（江藤名保子『中国ナショナリズムのなかの日本』勁草書房、二〇一四年）。

第二に、一九八二年の教科書問題の際、日本政府の「宮沢談話」などの対応が中韓に対して「弱腰」外交であるとの反発から、一部の政治家、研究者などによって結成された「日本を守る国民会議」が、『新編日本史』を編集したことである。『新編日本史』は、大東亜戦争は「東亜解放」のためと記述し、これが日本のアジア侵略を正当化したものであるとの批判を浴びた。一九八六年の教科書検定で、『新編日本史』は修正を経て合格した。一連の流れは日本のメディアによって報道され、中韓両国の反発を再び招いた。これが国際問題としての第二次教科書問題である。つまり、一九八二年の教科書問題の中韓の抗議と日本政府の対応が第二次教科書問題の遠因になったのである。これにより、それまでの教科書検定における日本の民間対政府（文部省）の対立構図から、中韓と日本の間の政府及び民間レベルの歴史認識問題へと発展する。他方、文部省は一九七〇年代の教科書検定制度の変更後、検定を通じた教科書の記述内容への介入を避けるようになる（波多野澄雄「『歴史和解』への道標」添谷芳秀・田所昌幸編『日本の東アジア構想』慶應義塾大学出版会、二〇〇四年、三二九―三五五頁）。

日本の教科書検定制度は、家永教科書裁判や外国からの抗議を受け、透明度を一段と高めた。一九八九年、政府は臨時教育審議会の答申に基づき、教科書検定の簡素化や申請本の内容公開などを制度化する。しかし、この制度の下で作られた教科書に対しても、厳しい批判が寄せられる。そのきっかけは、一九九〇年代後半以降の日本の検定に合格したすべての歴史教科書で従軍慰安婦についての記述があることに反発した研究者や市民グループ(従来の「右翼」とは出自を異にする人々)が「新しい歴史教科書をつくる会」(以下「つくる会」)を結成し、教科書を編纂したことである。マスコミに、検定申請に向けての「つくる会」の申請本の内容がリークされ、二〇〇一年に検定を合格した際には、国内外から批判的な意見が寄せられ、中韓両国政府からも抗議と修正要求があった。「つくる会」の教科書は、二〇〇五年の検定にも合格したため、再度批判を集めたが、従来と異なる展開も見られる。まず、日本政府は批判を受けての修正は行わなかった。また、外務省の対外宣伝活動(「つくる会」教科書の採択率の低さのアピールや、ほかの種類の教科書の関連内容の多言語への翻訳・公開など)も即効し、問題の拡大防止に成功した(三谷 二〇〇六)。

新たな問題と今後の対策

今日、日本の歴史教科書問題は一見下火になったように思われる。特に、教科書検定制度の透明性の向上によって、文部科学省の介入の是非が争点となる教科書問題が出現する可能性は著しく低下した。また、中韓両国における教科書検定制度の導入とともに、日韓・日中歴史共同研究を通じて、中韓両国の政府、研究者、メディアにおける対日理解が深まったことで、教科書検定段階において記述内容に対する中韓両国からの批判も弱まってきた。さらに、国内問題としての教科書問題の側面は希薄化し、日本国内のメディアによる過熱報道も減退してきた。これらの要因はいずれも、検定段階での争点化を防ぐものであり、日本の教科書検定制度に対する批判自体は今後も時折生じるにせよ、深刻な問題へと発展するおそれは少なくなったと判断される。

ただし、検定制度に代わって、次の二つの問題に注意を払い、対策を講じなければならない。

第一に、教科書採択制度に対する国内外の懸念への対応である。教科書検定制度が戦後に確立されて以降、当初実施された教員による教科書の直接採択方式から公立小中学校の広域統一採用方式へと変更された。二〇〇〇年代に入り、「つくる会」は「若手国会議員の会」などと連携しながら、地方議会や教育委員会に対して、「草の根ファシズム」とも言えるような運動を展開し、教科書の採択をはたらきかけた。二〇〇二年には、愛媛県の一部の公立学校で採用決定までこぎつけた。その後も運動は継続し、近年では採択数を徐々に増やしている。「つくる会」の教科書採択に向けたはたらきかけは主として、「教科書採択権は、教育委員会にある」のであり、教師による採択権を無くすべきだというのが主張の骨子であるが、それは、現場の教員の意見に基づいた場合、「つくる会」の教科書がほとんど採用されてこなかったためではないかと考えられる(浪本勝年「日本の教科書制度の検証」『季刊教育法』第一三〇号、二〇〇一年、四―一三頁、波多野 二〇〇四)。

このように、教科書の採択をめぐっては、教育現場の意見を重視すべきか、それとも各地域の教育委員会、行政の意見を重視すべきかが重要な争点になっている。いまや、検定制度は深刻な問題ではなくなり、日本における教科書問題の焦点は検定制度から採択制度へ移り、沖縄県八重山地域の教科書採択問題のような事例が国内外の注目を当面集めることになるであろう。

第二に、二〇〇〇年代に入り、中国や韓国の教科書に対する批判が日本国内で勢いを増し、双方の間でさらなる批判合戦になりかねないことである。この状況は、まさに満州事変の両国の教科書批判合戦と類似し、歴史認識問題の原因が相手側の責任であると非難すればするほど、泥沼にはまるであろう。加えて、『朝日新聞』の従軍慰安婦強制連行に関する誤報問題では、日本政府及び民間団体が自国の教科書に対してだけではなく、米国の教科書の出版社と執筆者に対しても関連記述の修正を要求したことで、問題が欧米諸国へも飛び火した。また、二〇〇〇年代に入り、東アジアにおける歴史認識をめぐる対立の拡大によって、欧米諸国の研究者やメディアも注目を寄せ始め、最近の日本の一連の行動が結果として欧米諸国の関心を一段と高めることになり、この問題がグローバルな問題へと発展することも危惧される。

今後、東アジア地域において戦争の負の遺産に伴う影響を軽減するために、歴史認識問題をめぐる相互理解の促進が不可欠である。そのために、これまでも民間の研究者によって進められた共通の教科書あるいは副読本の編集・出版を促進し、相手側の言説、論点を紹介することによって、相互に歴史認識に対する理解をまず深める必要があろう。学生の近代史に関する知識のアンバランスを是正することも重要であろう。例えば、中韓両国では、中高学校の各段階で、世界史と自国史の両方で近代史を学んでいるのに対して、日本の学生は、中学校で日本史を中心とした歴史、高校段階での世界史の一回ずつの教育のみで、時間的な制約もあってか、近代史の知識が極端に乏しい人もいる。近代史に関する知識の欠如は、すでに大学の教育現場で歴史教育にとどまらず、経済学や理系などの教師からも問題視され、高校における近代史教育の強化は今盛んに議論されている。さらに自国史中心の教育から脱出し、グローバル化のなか、地域史の視点からの教育を各国で検討し、実施することが今後必要になってこよう。

FAQ

Q1　一九八二年の教科書問題は誤報によるもの

だったと言われるが、メディアの報道と教科書問題の関連性について教えて下さい。

A1　まず、問題のきっかけは誤報によるものと指摘される点について。すでに多くの研究者が言及している通り、日本テレビの記者の誤解に基づく誤報を契機とするものであった。教科書検定では、申請された教科書に対して、「修正意見」あるいは「改善意見」を出すが、「修正意見」の場合、出版社は必ず修正しなければいけないという強制力を伴うものの、「改善意見」の場合、出版社の判断で改善しても改善しなくてもよく、強制力はない。一九八一年度の検定で「侵略」を「進出」や「進攻」などの表現に変えるかどうかに関連して、文部省から出されたのは、「改善意見」であった。検定後、「侵略」を「進出」に変えた教科書が一つもなかったという点では、誤報であったと言えよう。もっとも、出版社によって、その部分の表現全般を変える、あるいは「侵略」を「侵入」、「侵攻」などの表現に変えるなどの改善策を講じたことも事実である。研究者のなかにも、文部省がこのような「改善意見」を出した点を重視し、完全なる誤報だとは断言できないのではとの見解もある（川島 二〇一二、江藤 二〇一四）。

また、メディアと教科書問題の関連性については、民間から提起され、メディアによって報道されることで、教科書問題は日本国内で少しずつ拡大し、社会運動にまで発展したと解釈できる。さらに一九八二年、一九八六年、二〇〇一年、二〇〇五年と、国際問題にまで発展した教科書問題は、いずれも日本国内のメディアが教科書検定を問題視し、報道したことで、国際問題になったことが共通の特徴である。そういう意味でメディアと教科書問題は切っても切れない関係にある。ただし、常に社会や政治権力側の問題を発見し、報道によってそれを指摘し、是正し、改善を求めていくことが、メディアの果たすべき責任である。メディアの報道が問題の拡大につながったとの批判が、「報道の自由」を制限するものであり、社会の不正を暴く機能を低下させる原因にもなることに留意しなければならない。

Q2 最近になって、教科書の採択制度が問題視されるようになったのか?

A2 確かに一九五〇年代から一九七〇年代までの間、教科書の採択以上に、検定制度の方がより問題視され、研究者間の議論や報道の関心も集中していた。しかし、一九八〇年代になって教科書問題が国際問題としての性質を強めるようになってからは、検定制度の透明性が向上し、批判の余地は徐々に縮小した。さらに、一九八六年以降は、教科書問題の性質が変化したため、『新編日本史』や「つくる会」の教科書をめぐる争点は、検定後に採択されるか否かへと移り、採択制度がより注目されるようになったと言える。また、戦前の日本の教科書の国定化過程において、採択制度の変更が重要な役割を果たした経緯から、戦後になっても、採択制度への政治的介入に対する警戒心が研究者の中にかなり根深いことも、問題視されるようになった一因である。

文献案内

三谷博編著『歴史教科書問題』日本図書センター、二〇〇七年
一九六〇年代から二〇〇〇年代までの歴史教科書問題に関わった当事者の回想や研究者による研究成果を収録し、さらに三谷博氏のコメントが付けられており、非常に読みやすい。
劉傑・三谷博・楊大慶編『国境を越える歴史認識――日中対話の試み』東京大学出版会、二〇〇六年
歴史認識問題を巡って、日中双方の研究者による一次史料を用いた史実確認から、和解のための教育制度、戦後補償問題への提案などを含めた優れた論文集である。

近隣諸国条項

一九八二年六月二六日付の新聞各紙は、高校日本史教科書が文部省の検定によって、日本軍の中国に対する「侵略」という表記が「進出」等に訂正させられたと一斉に報じた。一カ月後、中国政府は、「日本軍国主義が中国を侵略した歴史を改竄」したとして検定教科書の修正を要求した。韓国政府も植民地統治に関する一部の記述について訂正を求めた。

日本政府は当初、修正には応じないとする態度であったため中韓が反発を強め、九月に予定された鈴木善幸首相の訪中にも悪影響を与えかねない事態となった。

対中、対韓関係の悪化を懸念した日本政府は、八月二六日、宮沢喜一官房長官談話を発表して決着を図った。宮沢談話は、教科書記述を「政府の責任において是正する」こと、検定基準を改めることを約束していた。

文部省は教科用図書検定調査審議会の答申を受け、同年一一月二四日、教科用図書検定基準の一つに「近隣諸国条項」を設け、「近隣アジア諸国との間の近現代の歴史的事象の扱いに国際理解と国際協調の見地から必要な配慮がされていること」と規定した。検定基準は法律ではないものの、教科書内容の対外的配慮という点では一定の抑制効果が期待された。

政治的・外交的摩擦の回避をねらいとして成立したこの条項には、成立当初から賛否が分かれていた。国際的な客観性を担保する基準の設定は、歴史認識の溝を埋めるため望ましい、という評価がある一方、近隣諸国に迎合する歴史観が客観性を持ちうるのか、そもそも「教科書主権」の侵害ではないか、という批判がある。

公表の議事録等による限り、本条項に抵触するとして不採択となった教科書は皆無である。

（波多野澄雄）

平和友好交流計画とアジア歴史資料センター

一九九四年八月末、村山富市首相は韓国、東南アジアを訪問後、「我が国の侵略行為や植民地支配などが多くの人々に耐え難い苦しみと悲しみをもたらしたことに対し、深い反省の気持ち」を表明した。続いて村山首相は、日本国民とアジア諸国民との「相互理解と相互信頼」のため二本柱からなる「平和友好交流計画」を発表した。その一つは、「歴史を直視」するための歴史研究支援事業であり、もう一つは、知的交流や青少年交流事業であった(これら事業の推進は、九五年八月の村山談話でも確認された)。前者の事業の一つには「アジア歴史資料センター」の設置が含まれ、全体で一〇年間、一〇〇〇億相当の事業規模として新たに展開するとした。実際に、二〇〇四年まで延べ六〇事業に約九〇〇億円が投入されている。これらの事業のうち、現在も継続している事業はアジア歴史資料センターのみである。

センター設立検討のための有識者会議の発足にあたって、五十嵐広三官房長官は、わたしたちは、我が国の近現代史について「光」の部分も「影」の部分も冷静にこれを見つめる余裕を得つつあるとし、本事業を通じて「誠実に歴史に対峙しようとする我が国の姿勢」を内外に示そう、という意欲的な談話を発表している。各国の歴史資料館の視察や調査を重ねた有識者会議の提言(九五年六月)は、センターの役割として、「日本とアジア近隣諸国等との間の近現代史に関する資料及び資料情報」を幅広く収集し、広く一般に提供すること、これらの地域における関係諸施設の「ハブセンター としての役割」の二点をあげた。その後、センター運営の所管官庁と協力体制をめぐって迷走するが、その一方、九七年一〇月に総理府や外務省を含めたプロジェクト・チームが発足し、日本国際交流センターが中心となって関係資料の調査とシステムの検討が着実に進んだ。当初は「箱モノ」(史料館)の建設が予定されたが、ＩＴ技術の飛躍的な進歩を踏まえ、電子情報の形で蓄積したアジア歴史資料のデータ・ベースをインターネットによって広く提供するという方向転換がはかられた。結局、九九年一一月の閣議決定（「アジア歴史資料整備事業の推進について」）を経て、二〇〇一年一一月、内閣府傘下の国立公文書館の一施設として開設された。

センターは、歴史公文書を保存する主要三館（国立公文書館、防衛省防衛研究所戦史研究センター、外務省外交史料館）が提供するデジタル化資料をインターネットによって内外に公開するデジタル・アーカイヴとして運用され、明治初年から終戦までのアジア関係資料として、まもなく約三〇〇〇万画像の公開を完了する予定である。

国内研究者の利用は大いに進んだが、課題は戦後資料への延伸と主要三館以外への拡充、欧米や近隣アジア諸国への普及、歴史教育としての活用促進などである。

（波多野澄雄）

終戦五〇年国会決議（不戦決議）

一九九五年六月九日、衆議院本会議で採択（歴史を教訓に平和への決意を新たにする決議）。

村山内閣発足に際しての与党三党（社会党、自民党、新党さきがけ）の政策合意は「戦後五〇年を契機に、過去の戦争を反省し、未来の平和への決意を表明する決議の採択」を挙げていた。しかし、社会党は植民地支配と侵略戦争の反省と謝罪を優先し、自民党は平和への決意や戦没者追悼を優先していた。難航した案文調整は、結局、「戦没者の追悼」を冒頭にかかげることで自民党の要求を満たし、他方では、日本もその一翼をになった「植民地支配や侵略的行為」が、「アジアの諸国民に与えた苦痛を認識し、深い反省の念を表明する」と述べ、社会党の要求に応えていた。衆議院に提出された決議案は、二五一人の出席議員のうち二三〇人の賛成で可決された（二四一人が欠席）。参議院への提出は見送られた。

（波多野澄雄）

領土問題と歴史問題

東郷和彦

領土問題の三つの側面

領土問題には三つの側面がある。第一に、領土問題とは、特定の地域について対立する国家と国家との間で、どちらの国に属するかを争うものであり、その帰属は現在国際法によって判断されるので、そこには「法的側面」がある。

第二に、領土の帰属はその国家に対して様々な利益をもたらすので、自国の利益の拡大を争う「利益的側面」がある。日本の周囲にある島の帰属に関して言えば、その島の周辺での漁業権の問題、あるいは、主権の帰属に伴い確定される経済水域から得られる利益の問題、さらには、海峡の通過や地政学的安全保障上の利害など、総じて「利益的側面」といったものがある。

第三に、多くの領土問題には、単なる政治的・経済的・安全保障上の利益ではすまない、歴史的正義の問題がある。その時点で領土を実効支配している方は、それが歴史的正義であると考える。実効支配を相手にとられ、それを回復しようとする方は、領土の回復は失われた歴史的正義の回復であると信じ、そう主張する。「歴史的側面」があるのである。

日本をとりまく主な領土問題は、北方領土、竹島、尖閣の三つである。日本側が領土要求をしているのは、北方領土と竹島であり、日本が実効支配し相手側から放棄を迫られているのが尖閣である。

そういう三つの領土問題について明記しなくてはいけないのは、それぞれの問題が持つ、法的・利益的・歴史的側面が異なっており、従って、それぞれがめざす解決方法も当然に異なっているということである。三つの問題を個別的に検証していきたい。

北方領土問題

北方領土問題は、北海道の北東にならぶ、択捉・国後・色丹・歯舞群島の四島の帰属をめぐる日本とロシアの争いである。問題の発生の時点から、この問題は日本政府にとってロシアからの正義の回復、すなわち圧倒的に「歴史問題」であり、そういう意味で、日ソ・日ロ関係の中核となる最重要問題として位置づけられてきた。

すべては、一九四五年夏、降伏に向かう日本に対し、八月九日ソ連が攻撃を開始したことに端を発する。日本側は、この夏以降のソ連の行動を、裏切り・残虐・領土拡張として位置づけた。

まず、ソ連の対日行動は、当時有効に締結されていた日ソ中立条約違反であり、かつ、終戦の仲介を求めていた日本に対する裏切り行為だった。次に、満州から北朝鮮にいたるソ連占領地における在留邦人に対する残虐行為があり、ポツダム宣言によって帰国を許された将兵六〇万人が抑留され、そのうち六万人はシベリアその他の収容所で亡くなった。さらに一八五五年の日露通好条約によって当時形成されつつあった国境を確認して日本への帰属が決まり、爾来九〇年間一度も誰からも日本領有についての異議を呈されなかった四島の占領という事態がおきた。これは、ソ連邦自身がコミットした大西洋憲章とカイロ宣言に明示された「領土不拡大原則」に明確に背馳するものと解された。

領土と歴史認識の相関関係を考えるとき、昭和の戦争を戦った日本が、中国に対しては「やりすぎた」という感覚をもち、米英蘭を始めとする欧米列強に対しては帝国主義国として対等の戦いをしたが、ソ連に対しては被害者としての立場に置かれ、正義の回復こそ戦後外交の最重要な課題となったという極めて重要な位置づけが、ここに生じたのである。

かたやソ連も、戦後の対日政策の根源には、ソ連としての正義があった。対日参戦は、ヤルタ協定に基づく連合国の義務であり、参戦の代償として、ポーツマス条約で失った南樺太の回復のみならず、独立項目として獲得した「千島列島」獲得は当然の権利となった。一九四五年九月二日の降伏文書署名の時のスターリン声明は、「日本の敗北は日露戦争の敗北によって生じた汚点を払拭するものである」と述べた。日露戦争と本来まったく関係のない四島の占有は、終戦時の米ソの応酬の中で結果として生じたものであるが、ソ連の認識の中では、戦勝国の権利として一括されることとなった。

戦後の現実に適合していく中で日本は、敗北によって蒙った不正義と一つ一つ和解していく。まずは、五一年サンフランシスコ講和条約に署名し、日本は「千島列島の放棄」を約束させられる。署名受諾の吉田全権演説は、領土処理の不当を訴え、歯舞・色丹は北海道の一部たるを主張するが、国後・択捉はソ連帰属が不当であるとのみ主張し、ここに一定の段差が生じたのである。

ソ連がこの条約に署名しないという外交失策を犯したゆえに、両国は五五年から二国間交渉を行い、ソ連は、歯舞・色丹の二島のみの引き渡しによる問題解決を提案するが、日本政府は四島返還が最低限の要求と主張。五六年の日ソ共同宣言は

「平和条約の締結の後の歯舞・色丹の引き渡し」を明記するのみで終結、国後・択捉問題を未解決問題として、戦後の外交関係が始まった。サンフランシスコで発生した「二対二」の構造が、言わばここに構造化され、ここが戦後の領土交渉の起点となったのである。

八五年ゴルバチョフの登場から九一年のロシア連邦の形成以降、交渉は大幅に活発化した。「二対二」の構造に従い、ソ連はまず「四島問題」を交渉の対象と認め(九一年海部・ゴルバチョフ声明)、ついで、五六年宣言による歯舞・色丹の引き渡し義務を入口とする最終解決に向かっての妥協案を出してきた(九二年非公式・秘密提案、〇一年イルクーツク声明)。しかし、結局のところ日本側はこの段差を是認する交渉に入れなかった。それには様々な原因があるが、その最たるものは、①日本は本来一八七五年の千島樺太交換条約で獲得した千島列島を引き渡すいかなる義務もない、②にもかかわらず、それをサンフランシスコで同意させられた以上、四島要求(少なくとも主権の確認)は最低限の要求である、③段階的にそれを実現することは、国後・択捉の放棄につながり、それは絶対に許されないという立場に由来する。

しかし、ロシアの正義からすれば、それは敗戦という現実を認めることができない日本人の非現実性であり、いったん千島の放棄を認めた以上、日本側の最大限の要求は「四島」となり、それを丸ごと認める、つまり、日本側に完勝を許すことだけはできないということになる。

二〇一二年、プーチン・安倍の両政権が成立したあと、一三年の安倍訪ロをもって「引き分け」ないし「双方に受け入れられる案」によって領土交渉が始まろうとした。しかし、ウクライナ危機の勃発で、再び日ロ関係は迷路の中に入った。交渉の将来は、国家間の力関係がいつ再び交渉の推進に向けた可能性を開くか、その時に、正義の主張に立脚した「四島一括」から脱却した妥協案で解決する用意があるか否かにかかっているように思われる。

竹島問題

竹島問題は、日本海の鬱陵島と隠岐諸島の中間に位置する西島と東島という二島を中心としてその周辺の岩礁の帰属を争う日韓間の領土問題である。北方領土問題と同じく日本が現状変更を求める案件でありながら、北方領土問題とは真逆の位置にある。韓国にとってこの問題(独島問題)は、失った正義を回復する象徴であり、日本との間の最も重要な歴史問題の一つである。

日本政府による竹島領有は、一九〇五年一月二八日閣議決定、二月二二日の島根県告示によって行われた。これは、〇四年二月に始まった日露戦争の真最中である。韓国側から見れば、日ロ開戦とともに始まった日本による韓国支配の進行の一環として、一〇年の韓国併合条約の前座として行われたことになる。戦後の韓国の歴史認識は、この点については一貫したものがある。

東アジアにおける戦後社会の形成の過程で、竹島に対する日韓の立場は対立、結局実力の行使によって韓国政府が実効支配を確立したのが一九五四年六—八月である。正確な特定は困難であるが、このころ韓国において、「韓国人のアイデンティティは独島にある」という、「独島憧憬論」とも言うべき感情的ナショナリズムが形成されたようである。

日本では、戦後東アジアの秩序の形成過程で、正義の立場が考えられなかったわけではない。しかし、北方領土について、四島の返還が、終戦の際に起きた日本民族の屈辱をそそぐための最も大事な課題と位置づけられ、対ソ連外交の最重要課題とされたことに比較すれば、竹島問題が、戦後の対韓国外交の中で占めた比重は低かった。

戦後の韓国対日外交は、自らのアイデンティティの形成において、植民地時代の全否定、すなわち支配者だった日本の全否定の上に成り立っていた。これに対し、日本の対韓国外交は、そういう韓国側の心理を理解する過程の中で展開され、竹島問題も、否定された植民地支配からの脱却の過程で起きた領土紛争として、様々な両国関係の係争の一つとしての役割しか与えられなかった。韓国の実効支配に対して抗議した日本政府の政策が、国際司法裁判所への提訴提案(五四年九月)にあったことは、このことを象徴している。

同時に日本政府の韓国への対応の中では、五二年二月の李承晩ラインの設定によって竹島周辺漁場から排除された島根県漁民の利益確保の観点が重要な意味をもった。この点は、四島のソ連支配によって権益を失った北海道の漁民の利益保護が日本政府にとっても看過できない重要な問題であり、対ソ交渉上様々な動きがあったにもかかわらず、領土交渉の主要論理とならなかったことと比べて一定の違いがある。

竹島問題をめぐる日韓の最初の交渉は、サンフランシスコ講和条約の文案をめぐる対米交渉であった。米国の立場は様々にゆれうごくが、結局、条約の文言からは「竹島」を削除することによりあいまいさを存置する一方、五一年八月のラスク書簡がこの島は「我々の情報によれば朝鮮の一部として取り扱われたことは決してない」と述べたことにより、日本の主張に対する大幅な理解の上に交渉は決着した。

以上の屈辱的な状況を、李承晩ラインの設定と実効支配の確立によって乗り越えた韓国との間で、この問題は、対韓国交正常化交渉における最も難しい問題となった。しかし、両政府は、紛争解決に関する交換公文を結び、日本は竹島がその対象であり、韓国は領土問題は存在しない以上独島は対象ではないと主張する、いわゆる「同床異夢」

によって一応の解決をみたのである。

それから約四〇年、両政府は、竹島問題に関する微妙な共存状況を継続した。両国それぞれに、この問題の本格化以上に重要な問題があったということであろう。「問題についての相互の立場を主張しつつも、これを国家関係の正面に持ってこない」という均衡が保たれたのである（ロー・ダニエル『竹島密約』草思社、二〇〇八年参照）。その結果、利益の面で枢要な意味を持つ漁業協定が九八年に署名され、①竹島を含む「暫定水域」が設定され、②この水域における旗国主義管轄と、③日韓漁業共同委員会による協議・勧告制度が定められたのである。

しかしながら、この画期的な協定は結局機能しなかった。島根県漁民の失望は、島根県議会による二〇〇五年三月の「竹島の日」の設定を呼び起こし、激高した盧武鉉大統領は日本との「外交戦争」を宣言。〇六年三―四月には、竹島周辺の海底地形命名問題をめぐって両国海上警備当局は、一触即発の危機におちいった。この緊張が結局一二年八月の李明博大統領の竹島上陸とその直後の天皇陛下に関する発言につながり、日本国民の強い感情的反発を招いたのである。

今後の危機は、日本において、竹島問題が、正義の回復のための歴史問題として定着された時に起きると思う。そうなる前ならば、日韓両政府は、利益問題としての漁業問題の解決を図り、対話と相互理解によって問題との共存を図ることができる。その選択は、最終的には、両国民とそれを代表する両政府にゆだねられている。

尖閣諸島問題

尖閣諸島は、沖縄から台湾にいたる諸島の一角を構成し、魚釣島、北小島、南小島を核とする島と岩礁によって構成されている。中国が一九七一年に領有を主張し始めてから二〇一二年までの四〇年あまり、中国はこの問題を「利益問題」の範疇におさめ、国家間の中核に持ってくることを控えてきた。しかし、一二年九月以降、尖閣諸島は対日歴史問題の中核となった。

日本政府が尖閣諸島を「無主の地」と認定したうえで自国領としたのは日清戦争の最終局面の一八九五年一月、その三カ月後の九五年四月に台湾が日本に割譲された。以後時代は飛んで、日本の敗戦、占領、そしてサンフランシスコ講和条約の締結による独立に至る。この時尖閣諸島は、日本が放棄した台湾(第二条b)の一部としてではなく、沖縄とともに米国を施政権者とする信託統治(第三条)下に置かれたのであり、このことは、一九七一年六月の沖縄返還協定の諸規定によっても明確に示されたのである。

他方六八年、尖閣海域において石油埋蔵量ありとするECAFE(アジア極東経済委員会)レポート公表以降、尖閣に対する国際的関心が高まり、台湾(七一年四月及び六月)、香港(四月)、中国(一二月)の尖閣の領有権主張が表明されたのである。

けれども中国政府は翌七二年九月の日中国交回復の際は「今回は話したくない(周恩来)」、七八年八月の日中平和友好条約交渉の際は「次の世代が方法を探すだろう(鄧小平)」、さらに七九年五月の鈴木善幸議員との会談で「共同開発(鄧小平)」という一連の発言を行ったのである。まさに「利益」問題として知恵を絞った解決を求めたと言えよう。

日本側の対応は「今はふれない」という提案を事実上黙認し、尖閣諸島に対して主権国として普通はすることを抑止するとともに、「利益」の側面からこの問題と共存するための施策もとらなかった。

結果として中国の力の台頭とともに、九〇年代に入ると、尖閣問題に関する緊張が高まり始めた。

中国領海法への尖閣の領有明文化(九二年)、日本青年社による灯台修復と中国側の反発(九六年)、七名の中国人活動家の上陸と強制送還(二〇〇四年)という小競り合い状態が続くことになったのである。

事態が急展開したのは、二〇〇八年一二月八日、中国海洋調査船が尖閣領海を巡航、そのあとの国家海洋局の公式記者会見での「有効な管轄を実現しなければいけない」という発言からである。ついで、一〇年九月の中国漁船の海保巡視船への体当たりと船長の拘留による関係の先鋭化が起きた。最終的には、二〇一二年四月の東京都石原知事による尖閣購入発言から九月の野田政権による尖閣購入、これに呼応する中国公船の領海侵入の常態化(http://www.kaiho.mlit.go.jp/senkaku/index.html)(二〇一五年三月八日アクセス)へと、事態は急激に悪化した。尖閣は中国にとり、歴史問題となった。

領有権主張を実力によって行うことは、現下の国際法の基礎となる国連憲章への違反に限りなく近く、覇権主義であることは否定のしようがない。海保同士の衝突は海自・海軍の登場につながり、それは中国との戦争を意味しかねない。尖閣問題は、日本にとって存亡の危機の問題となった。

しかも軍事的に台頭する中国は、今その海洋戦略として、第一次列島線と第二次列島線以西の海を Anti-Access Area Denial(Ａ２ＡＤ)とし、米国海軍力を排除し、自国の制海権を確立しようとしている。沖縄列島から尖閣諸島は、その地政学的な位置からして、扇の要ともいうべき中核に位置する。いずれかの時点での尖閣の領有権の回復という「利益」は、決して荒唐無稽のものではなくなっているのかもしれない。

そういう軍事・歴史問題となってしまった尖閣問題は、戦後の日本外交が直面したことのない、極めて困難な事態を引き起こした。防衛・外交的には、過去の国際紛争の先例すべてが、解決のためには、抑止と対話の組み合わせしかないことを示唆している。もしも日中双方が、この歴史問題化した戦略的利益の問題を解決することがそれぞれの国益と考えるなら、まずめざすべき目標は、七二年から二〇一二年、まがりなりにも続いてきた「現状維持」にもどることであろう。この四〇年間、日本側は、尖閣に「上陸しない・建設しない・調査しない」という三つのＮＯを守り、かつ、今日に至るまで守りとおしている。驚くべき自制力を保っているといわねばならない。しかし、中国にしてみれば、野田内閣による「国有化」こそが、中国をして対抗措置をとらざるをえない挑発行為だったという主張を崩すことは、現状においては、なかなかに想定しえないところであろう。

日本の立場からいえば、この中国の主張は全く認めうるものではないが、それなら、事実上侵入を阻止できない状況を継続することの方がいいのかという深刻な問題がある。今後の日本の外交・防衛上の力が試されるところである。

文献案内

原貴美恵『サンフランシスコ平和条約の盲点』渓水社、二〇〇五年

東アジアにおける未解決の領土問題のほとんどがサンフランシスコ体制に源があることを解き明かした良著。

保阪正康・東郷和彦『日本の領土問題』角川ワンテーマ21、二〇一二年

前半は歴史的経緯（東郷）を、後半は両著者による大胆な討論により今後の解決策を探求。二〇一二年二月の時点で、九月におきた尖閣の「歴史問題化」への強い警鐘を鳴らしている。

池内敏『竹島問題とは何か』名古屋大学出版会、二〇一二年

ともすれば政治的立場が表に出る竹島問題について緻密な歴史考証により論証。おそらく今日本で入手しうる最良の分析。

戦争賠償

倉沢愛子

第二次大戦後日本政府は、戦争によって被害を与えた国々に対して、償いとして賠償を支払うことになり、一九五〇年代中頃から六〇年代にかけて実施された。それは、すべての交戦国や被占領国に対してではなく、請求権を行使したインドネシア、ビルマ、フィリピン、南ヴェトナムの四カ国に対してのみ支払われ、日本の経済を圧迫するようなことはなく、反対にこの時期の日本経済の発展を支える大きな力となった。

日本の非軍事化と当初の賠償方針

敗戦国が戦勝国に対して戦争賠償を支払うことは、近代以降の国際慣例になっており、第一次世界大戦後にも請求が行われていた。しかしそのときは、多大な賠償金支払いを課せられたドイツが、結局支払い不能に陥り、そのことが間接的にナチスの台頭を促したという苦い結果をもたらした。第二次大戦後も敗戦国に賠償支払いを課す方針は、一九四五年二月クリミヤ半島のヤルタで開催された連合軍側の会談で決められており、日本でも終戦直後から連合軍占領下での重要課題の一つとして取り上げられた。ヤルタ会談で設立された米英ソ三国賠償委員会のアメリカ代表ポーレーが、早くも一九四五年一一月に来日し、賠償の基本方針を表明したが、それは非常に厳しいものであり、日本の軍国主義的復活を不可能にする、つまり日本を非軍事化するためにその経済力を弱めることを主眼に置いていた。そして、侵略を受けた東南アジアの国々に日本の工業的余剰設備を移すなどして、東アジア全体の経済的安定を求めることを提唱していた。

冷戦の開始に伴い賠償緩和方針へ転換

しかしやがて一九四七年ごろから東西対立が顕著になり、一九四八年六月のベルリン封鎖で緊張が増すと、アメリカ政府は自由主義陣営の防波堤としての日本の経済自立が必要であるとして、日本を工業国として再建することを強調するようになった。その後アジアにおいても、一九四八年の朝鮮民主主義人民共和国の成立や、一九四九年一〇月の中華人民共和国の成立などにより、冷戦がより緊迫した問題になってくるにつれ、日本復興の必要性はよりいっそう強く痛感されるようになった。そしてそのためには、賠償支払いを軽減する必要があると考えられ、緩和の方向に転じたのである。

そのような状況下で、一九五一年九月に対日講和のために開催されたサンフランシスコ講和会議において、日本の賠償支払いが議題の一つとなり、具体的な方針が出されたとき、その内容は上記のようなアメリカ並びに西側諸国の意思が大きく反映されたものになった。すなわち基本的には無賠償原則が出され、この時に締結されたサンフランシスコ講和条約の第五章「請求権及び財産」の第一四条では、「日本国は、戦争中に生じさせた損害及び苦痛に対して、連合国に賠償を支払うべきことが承認される。しかし、また、存立可能な経済を維持すべきものとすれば、日本国の資源は、日本国がすべての前記の損害又は苦痛に対して完全な賠償を行い且つ同時に他の債務を履行するためには現在充分でないことが承認される。」と明記された。すなわち賠償を支払うことが「承認される」という幾分曖昧な文言が使われたうえ、日本の存立可能な経済力を維持できないような過大な賠償要求はすべきでないという方針が出されたのである。さらに賠償の支払い金額は被害の大小によって決められるのではなく、日本の支払い能力によって決められ、日本の経済的基盤を危うくしない範囲で支払われると定められた。しかも日本に外国為替上の負担をかけないようにするため、現金ではなく日本の生産物、沈船引き揚げその他の作業における日本人の役務によって支払うという、日本にとって極めて好都合な条件であった。その一方で同条約によって日本政府並びに日本国民が交戦国並びに占領地に所有していた財産はすべて没収されることが追認された。

賠償請求国

さらに同じく第一四条は「日本国は、現在の領域が日本国軍隊によって占領され、且つ、日本国によって損害を与えられた連合国が希望するときは……当該連合国とすみやかに交渉を開始するものとする。」とし、賠償請求は交戦国のみならず、日本軍に占領された地域も含むことが明記された。そして賠償請求希望国は、日本との二国間で交渉を行い賠償額、支払い条件等を取り決めることになった。最終的に請求権を行使したのは、ビルマ、インドネシア、フィリピン、南ヴェトナムの四カ国だけで、いずれも交戦国ではなく日本軍によって占領された国々であった。この講和会議には中華人民共和国、ソ連、北ヴェトナムなど共産圏の国々は招待されず、またアメリカ、イギリス、中華民国、オーストラリア、インドら交戦国の多くはその請求権を放棄したためである。ただし交戦国のうちオランダは、その植民地インドネシアにおいて自国民が蒙った被害への補償としてインドネシア賠償の一部を要求し、のちにこれはインドネシアとは別個に支払われた。また日本が占領した東南アジア諸国のうち、当時まだイギリス領であったマレーシア、シンガポールは対象から除かれ、さらにラオス、カンボジアは後に請求権を放棄した。その結果、求償国は四カ国だけになってしまったのであるが、そのうちビルマは、共産圏を招待しないで開催する講和会議は片手落ちだとしてサンフランシスコ講和会議に出席していなかった。またインドネシアは代表団を送って条約に調印はしたものの、ビルマと同じ理由で議会がこれを批准しなかった。したがって厳密にいえばサンフランシスコ講和条約に基づいて請求権を行使したのはフィリピンと南ヴェトナムの二カ国であったと言える。

賠償交渉の開始

賠償をめぐる二国間交渉はインドネシアとは一九五一年一二月に、フィリピンとは一九五二年一月に、またビルマと南ヴェトナムとは一九五三年三月に開始された。日本国内では、日本が占領国に対して賠償を支払う是非に関して論議が起こった。「日本はこれらの占領地と戦争をしたわけではないのになぜ支払わねばならないのか」、といって賠償支払いそのものに強い疑問を提示する声も出てきたのである。日本側には、これらの国々と敵対したという意識は戦争当時からほとんどなく、一部の人々の間には、それらの国々を欧米の植民地支配から解放するための戦争だったという思い込みも強くあった。

占領下に置かれた国々が日本の「交戦国」であったかどうかという解釈をめぐっては、その後も長く日本国内では疑問がくすぶっていたが、それに関してはサンフランシスコ講和条約で、フィリピンはアメリカ、インドネシアはオランダ、ビルマはイギリス、南ヴェトナムはフランスの継承国とみなされると解釈されていたのである。ただし国内が南北に分断されていたヴェトナムにおいては、南部を代表する政府に対してのみ支払うことの是非も日本では問題になった。その正当性の問題に加えて、戦争中の被害は大規模な餓死者を出した北部に集中していたということも問題になった。

賠償は先行投資

政府は、賠償は、失った中国に代わる東南アジアの市場開拓のためにも不可欠で、むしろ経済的な先行投資であるという解釈を前面に出して世論の説得にあたった。その論理が功を奏したとともに、年月を経て徐々に日本の経済力が回復していくにつれ、賠償支払いに対する抵抗は徐々に弱まっていった。支払いを認めるにしても「賠償額をできるだけ圧縮して国民の負担を軽減すべき」という考え方と「むしろ賠償支払いによってわが国と相手国との経済関係の緊密化を図ることに重点を置くべき」という二つの相違した考え方が平行して存在した。いずれにしても賠償によって日本が得るであろう経済的利益の側面が強調された。

賠償協定の締結

四カ国との交渉はそれぞれ進行し、ビルマとは一九五四年一一月に平和条約と同時に賠償総額二億ドル、経済協力五〇〇〇万ドルという賠償協定を締結した。フィリピンとは一九五六年五月に賠償額五億五〇〇〇万ドル(二〇年間の分割)、経済開発借款二億五〇〇〇万ドルの支払いを決めた協定が結ばれた。インドネシアとは、一九五八年一月に賠償二億二三〇〇万ドル(一二年間の分割)、貿易債務の棒引き一億七七〇〇万ドルに加え、二〇年間で四億ドルの経済協力を供することが約束された。なお、戦争中蒙った被害という点ではフィリピンが一番深刻であり、フィリピン、インドネシア、ビルマの賠償総額比率は四：二：一と考えられていた。しかし今後の経済関係の重要性という点では天然資源を豊富に持ち、人口規模が大きく市場価値の高いインドネシアがぬきんでていた。そのため、正式の賠償額は低いが、貿易債務の棒引きや経済協力を合わせるとフィリピンと同額になるように決定したのであった。最後に南ヴェトナムとは一九五九年五月に賠償三九〇〇万ドル(五年間の分割)、政府借款七五〇万ドル、経済開発借款九一〇万ドルで妥結した。

このように賠償が経済援助と抱き合わせで支払われたのが一つの特徴である。また政府の賠償支払い能力には限界があるため民間の経済力を動員し、その結果企業にも利するような形をとることが考えられた。賠償金の多くはインフラ建設や工場建設に充てられ、その受注先は日本企業と限定されたため、日本の経済は潤った。賠償の資金はいったん相手国政府に入っても、やがて日本企業に吸い込まれていく仕組みになっていたのである。

何に使われたか？

フィリピンでは沈船引き揚げ費用の他には、資本財が中心で、船舶やプラント類に多くの資金が割かれた。

ビルマでは、国有鉄道、港湾施設、道路交通の復旧のためなど運搬用機器や設備類が最も多く、認証総額一六八億円で、全体の二七・七％を占めていた。次いで金額が大きかったのは、少数民族居住地域において建設されたバルーチャン・ダムで、これは認証総額約一〇二億円で全体の一六・八％であった。

南ヴェトナムでは、電源開発のために首都サイゴンの東北約二五〇キロの中部高原に建設したダニム・ダムの経費が二七八〇万ドルにのぼり、全体の支払額の七一％を占めた。

インドネシアでは、プロジェクト並びにプラント類が一一一億八三〇〇万、ならびに機械類一七二億円で全体の八〇％を占めていた。プロジェクトのなかには、ダム、橋などのインフラ整備や、ホテル建設などがある。またインドネシアの場合は、人材育成ということで日本に留学する学生や研修生の奨学金にも使用された。いわゆる賠償留学生制度で、一九六〇年から一九六四年まで五次にわたって計三八五人の大学生、二九四名の研修生が派遣された。

賠償資金で実施されるべき事業や購入されるべき生産物の選定は、求償国側が提出したプロポーザルに基づいて日本政府がその内容や金額の妥当性を検討したうえで承認する形がとられた。資金請求や事業実施に関する日本政府との打ち合わせのため、東京に各国の賠償使節団事務所が開設され、その経費も賠償で賄われた。資金を受け取った求償国は、その事業をいずれかの日本企業に発注するのであるが、オープンの入札などが行われなかったため、求償国政府と日本企業との間での癒着や汚職がしばしば取りざたされた。いわゆる賠償汚職と呼ばれるものである。

賠償の経済的効果

それでは賠償で作られた様々な建造物、インフラ、工場プラントなどは求償国の経済発展に貢献したのであろうか？　インドネシアの場合には、インドネシア側に賠償の資金を支えとして、これまで懸案であった、オランダ資産の国有化を断行したいという計算があった。オランダ資産国有化への動きは、岸信介がインドネシアを訪問してスカルノとの二者会談を行い、賠償支払いに関する合意に達した一週間後の一九五七年一二月二日に始まった。すなわちこの日、インドネシア各地のオランダ企業で、インドネシア人労働者によるストライキが決行され、翌三日には労働組合が介入してこれらを占拠したのである。

このように賠償は、オランダ企業国有化に向けての行動を心理的に支え、国際社会での孤立化を防ぐ役割は果たしたものの、汚職等のせいもあって、そのプロジェクトの多くは、あまり大きな経済的効果はもたらさなかったといわれる。しかしながら日本にとっては、失われた中国市場に代わる市場を構築し、また企業が相手国に経済的足場を築くという点で、有益な効果をもたらした。

フィリピンでは賠償は資本財が大部分であったが、たとえば一九六〇年の場合、賠償の年間供与額は国内総投資の約五・一％にも相当し、大きな意味を持っていた。

ビルマでは、元来輸出の七〇ないし八〇％を占めていたコメの国際価格が、一九五四年以降大暴落したことに加え、朝鮮動乱が収まって朝鮮への輸出が止まったため、外貨収入が激減していた。そのため生活必需品輸入が困難になり住民の生活は極度に困窮していた。そのようなとき開始された賠償の支払いは、外貨を使わないで電灯、蛍光灯、ラジオ、ミシン、自転車などの消費財を導入することを可能にした。つまりビルマでは、経済建設よりも経済安定のために賠償が利用されたとされる。

その他の国々への償い

賠償を放棄した国や、サンフランシスコ講和会議当時請求できない立場にあった国々との間では、正規の賠償ではないが、戦前、戦中の損害を補償するという目的で戦後処理的な性格をもった協定が結ばれたことがあり、これは一般に準賠償と呼ばれている。たとえばラオスとの間では一九五八年一〇月に経済技術協力協定が結ばれ、一〇億円の援助を二年間で供与することになった。同じくカンボジアとの間にも同様の協定を一九五九年三月に結び、三年間で一五億円の援助を無償で供与することになった。また日韓基本条約における韓国への円借款と、華人に対する粛清（大検証）への補償としてシンガポールに提供された無償供与や円借款なども準賠償とみなされている。

ODAのひな型に

賠償の支払いは一九六〇年代でほぼ完了したが、そのプロジェクトの実施形態は、ちょうどその頃から本格的に開始された日本政府の開発援助（ODA）のひな型になったと言われる。つまり被援助国からの要請に基づいて提出された事業のプロポーザルを日本政府が精査し、フィージビリティー調査などを行って了解し、実施に際しては日本企業に発注するという「ひも付き」援助である。しかしこれは徐々に批判にさらされるようになり、やがて他の先進諸国との競争に会い、現在ではオープンな入札が行われている。

償いは完了したのか？

それではこの賠償によって日本の戦争責任の多くは償うことができたのであろうか？　少なくとも求償国側はそれで納得したのであろうか？　たとえば日本＝インドネシアの平和条約第四条では、「日本国が存立可能な経済を維持すべきものとすれば、日本国の資源は、戦争中に日本国がインドネシア共和国その他の国に与えたすべての損害及び苦痛に対し完全な賠償を行い、かつ、同時に日本国の他の債務を履行するためには十分でないことが承認される」と述べ、この償いが決して金額的には十分なものではないことを認めた一方で、さらに「インドネシア共和国は……すべての賠償請求権並びに戦争の遂行中に日本国及びその国民が執った行動から生じたインドネシア共和国及びその国民のすべての他の請求権を放棄する」という一項が加えられている。つまり、額は不十分であるものの、この賠償の実施によりすべての損害に対する償いが行われたとみなすということが明記されているのである。

このために日本政府はこれ以後様々な戦後補償要求が出てきても、「賠償で解決済み」という姿勢を貫いてきた。しかし賠償は国家に対して支払われ、個人補償は全く対象にならなかったため、実際に被害をこうむった個々人には何の償いもされていない。波多野澄雄によれば、当時ジャカルタ総領事であった甲斐文比古は、戦時中日本軍および軍人の犯した諸種の不祥事件に対して日本国民が真にその道徳的責任を認め、誠意をもって謝辞することとの必要性を一九五三年に外相に書き送っていたが、これに対して政府が正面から対処することはなかった（波多野澄雄『国家と歴史――戦後日本の歴史問題』中公新書、二〇一一年）。そのため労務者の徴発や慰安婦問題、あるいは兵補問題などが話題に上ることはなく、のちにしこりを残すことになった。つまり賠償の支払いは、真の贖罪としての役割を十分に果たしたとは言えないのである。

文献案内

吉川洋子『日比賠償外交交渉の研究　一九四九―一九五六』勁草書房、一九九一年

賠償交渉から協定締結までの過程を詳細に論じた研究書。

浅野豊美編著『戦後日本の賠償問題と東アジア地域再編』慈学社、二〇一三年

賠償問題を「帝国の解体」に伴う地域の再編という国際政治の文脈からとらえることを狙いとした意欲的な論文集。

倉沢愛子『戦後日本＝インドネシア関係史』草思社、二〇一一年

対インドネシア賠償が、日イ双方にとってどのような意味を持っていたかを解明。

台湾確定債務問題

　植民地支配終了後、日本の台湾に対する確定債務の未処理問題は長年の懸案であった。とくに、一九七二年に日本と台湾の中華民国が国交断絶した後、台湾人からこれらの問題の解決を求める訴訟が度々起こされてきた。

　このうち、台湾人の元軍人・軍属の軍事郵便貯金（陸軍の野戦郵便局または海軍の軍用郵便局に預け入れた通常郵便貯金のこと。当時の金額で二億四七〇〇万円）と未払給与（同八一九二万円）などについて、日本政府は債務額を一二〇倍にして、一九九五年四月から二〇〇〇年三月まで払い戻しを受け付けた。

　この結果、軍事郵便貯金四万八四七七件で六九億四〇三九万円、未払給与三万一五八一件で三七億一一九〇万円、その他保険・年金などで約二〇億円が支払われた。これに合わせて、一九九六年一二月より生命保険会社一五社も保険料を一二〇倍に換算して払い戻しまたは支払いを行った。

　しかしながら、日本政府が支払った金額は確定している所要総額の五〇％強に過ぎない。日本政府が予算として計上した三五三億円に比しても、支払額はその三六・二％に止まる。台湾側は当時の二等兵の給与と現在の自衛隊二士の月給を対比して、七〇〇〇倍の算定をしていた。

　つまり、所持金が一〇〇〇円であれば、七〇〇万円になると大金だが、一二万円にしかならなかったのであり、台湾人の落胆は大きかった。一二〇倍という算定そのものが物価上昇にスライドしない倍率だったこともあり、申請を拒否する者が多かったり、支払い業務を行っていた交流協会台北事務所で乱入事件が発生したりした。

（吉澤文寿）

インドネシア兵補補償

兵補とは、第二次大戦中、日本軍占領下のインドネシア、マラヤ、ビルマなどで日本軍部隊内の補助兵として採用されたアジア人兵士のことである。占領後の治安維持に割く日本軍の兵力をできるだけ少人数にしたいということから、現地の人材を訓練して活用する方針が開戦前から定められていた。最初は日本軍の捕虜となっていた植民地軍のアジア人将兵からリクルートしたが、一九四三年四月頃からは、青年団員などを中心に民間人から採用し、軍事訓練を施したうえで日本軍部隊に配属した。のちにジャワ防衛義勇軍やスマトラ義勇軍などインドネシア人のみから成る部隊も編成されたが、兵補はあくまで日本軍部隊内部に配属された補助兵であった。実際に戦場へ投入され、戦闘に従事する場合もあり、戦死者や負傷者も多く輩出した。

インドネシアの元兵補の人たちが補償問題で声を上げるようになったのは一九八〇年代の末のことであった。彼らの要求は、実は正確には「補償」ではなく、貯金の払い戻し要求であった。兵補として勤務していた時に給料の三分の一が天引きされて貯金させられていたのであるが、兵補の多くは終戦時に正式な解雇通知もなく、自然解散のような形で離隊したため、それまで貯めていた貯金の払い戻しを受ける機会がなかったのである。

それを返還してほしいという要求のために一九八〇年頃インドネシア各地で元兵補の集まりが作られるようになり、一九八五年にこれらを糾合してインドネシア元兵補中央協議会が結成された。この団体が把握した元兵補並びにその遺族の数は一九九三年八月段階で三万五〇〇〇人といわれていた。ジャカルタの日本大使館を通じて、あるいは代表が来日して集会等で訴えたりしたが、日本政府は「賠償で決着済み」という態度を崩さず、現在に至るまで要求はかなえられていない。

（倉沢愛子）

平和条約体制と戦後補償

ロー・ダニエル

一九四五年に戦争が終息し、昨今のアジアには一応の平和が保たれている。しかし、この平和は諸国民の間に葛藤が健全な形で解消された「積極的平和」ではなく、戦争や武力紛争がないくらいの「消極的平和」である。戦争を処理した「平和条約体制」が存在するゆえ「法的」(de jure)平和はあるが、その戦争の中身と関連する「歴史問題」が残存し、「事実上」(de facto)平和はいまだに定着していないという人類史にも稀な現象がつづいている。その法的平和の礎石となるのが、一九五一年の「第二次世界大戦における連合国と日本の間の平和条約」、いわゆる「サンフランシスコ講和条約」である。ところが、その礎石が揺らいでいる。その揺らぎから派生する一番大きな現象が日本政府に対するアジアの市民の「戦後補償」訴訟である。

平和条約体制

一九五一年九月八日、アメリカのサンフランシスコに第二次世界大戦の戦勝国と敗戦国が集まって「戦後処理」に終止符を打った。この際、敗戦国日本は四八か国を相手に「日本国との平和条約」を結んだ。しかし、その署名主体には日本の侵略によってもっとも大きな被害を被った中国大陸と朝鮮半島の代表の姿はなかった。当時、中国はすでに共産党と国民党の支配による二つの国に分かれていたので、連合国側は「中国の代表」を定められなかった。また、朝鮮半島は一九五〇年に勃発した朝鮮戦争の最中にあったので、南北の政権どちらも国際講和会議に招聘される状態ではなかった。今からみれば、平和条約には亀裂と機能不全が最初から組み込まれていたのである。

平和条約の不安定性が露呈される局面は、韓国との関係を「正常化」するための一九六五年の「日本国と大韓民国との間の基本関係に関する条約」(日韓基本条約)から生じた。亀裂の原因は「カネ」であった。韓国が朝鮮戦争の最中にあった一九五一年に始まり、一四年間の長い交渉の末に結ばれた日韓基本条約には、五つの付随協約があった。その中で「財産及び請求権に関する問題の解決並びに経済協力に関する日本国と大韓民国との間の協定」(日韓請求権協定)には次のような重要な条項が含まれていた。

(第二条一号)両締約国は、両締約国及びその国民(法人を含む。)の財産、権利及び利益並びに両締約国及びその国民の間の請求権に関する問題が、一九五一年九月八日にサン・フランシスコ市で署名された日本国との平和条約第四条(a)に規定されたものを含めて、完全かつ最終的に解決されたこととなることを確認する。

(第二条三号)一方の締約国及びその国民の財産、権利及び利益であってこの協定の署名の日に他方の締約国の管轄の下にあるものに対する措置並びに一方の締約国及びその国民の他方の締約国及びその国民に対するすべての請求権であって同日(一九四五年八月一五日)以前に生じた事由に基づくものに関しては、いかなる主張もすることができないものとする。

これによって個別請求権の問題が解決され、相手国家に対する個別請求権は放棄されるという立場を日本政府は今日まで堅持してきた。たとえば、外務省は、サンフランシスコ講和条約に基づく戦後処理によって、「戦後日本より分離した地域（日本との間で戦争状態があったわけではないので賠償の問題は生じない）の分離に伴う財産・請求権の問題については、日本と当該地域の当局間の特別取極の主題とすることが定められた」とし、韓国については、「一九六五年の日韓請求権・経済協力協定により、財産・請求権問題が解決されたことを確認するとともに五億ドルの経済協力（無償三億ドル、有償二億ドル）を実施した」という立場を守る。[1]

国家間の条約は「守るべき」というのが人類の共有する常識である。実際に、一九六九年に作られた「条約法に関するウィーン条約」は、前文で「自由意思による同意の原則及び信義誠実の原則並びに『合意は守られなければならない』との規則が普遍的に認められていることに留意」することを主権国家に求めている。では、この条約は守るべきという命題がアジアで、特に、日韓の間で実現しない理由は何なのか。それには三つの点が考えられる。

一つ目は、日韓基本条約体制の最初からの不完全性である。一九四五年に平和国家として生まれ変わった日本と一九四八年に近代政府を樹立した韓国は、アメリカが敷く冷戦体制の中で戦後の時代を歩んでいくこととなった。その世界的仕組みが集約する形で勃発した朝鮮戦争の最中に韓国政府が日本の「関係正常化」交渉に臨んだのは、アメリカの圧力によるものだった。日本政府はその交渉が始まった一九五一年頃には消極的姿勢をとっていたが、一九五五年の「保守大合同」によって自民党が誕生し、それから日本は正常化交渉を主導することとなったのである。

そういう背景を鑑みると、一九六五年の日韓基本条約体制は日韓両国民の自由意思によるものというより、国際政治が作り出した産物といえる。この体制は韓国の軍事政権時代には守られたが、「民間政権」が権力を握るとともに亀裂が生じた。特に、後で述べる「冷戦構造の瓦解」の後には、リベラル派の学者や知識人の間で「冷戦の日韓癒着」と位置づけられ、その「腐敗構造を是正」しようという動きが活発になった。そういう見方を代表する学者の一人である金昌禄《キムチャンロク》は、一九六五年体制を「三五年間に渡る日帝の韓半島支配をどういうふうにみるかという最も核心的な問題を紛らした粗雑な縫合の結果」と評価し、「二〇〇〇年代に入って、一九六五年体制はやがて命数が尽きる直前の状態に至る。それに決定打を打ったのがほかならぬ憲法裁判所と大法院という韓国最高の司法機関である」と述べた(2)。

二つ目は、冷戦構造の瓦解である。一九八九年の冷戦構造の崩壊は国際政治のみならず国際司法にも大きな転換をもたらした。終戦の頃の「主権国家万能論」の時代は終わり、冷戦構造が瓦解する時代に入ってからは国際強行規範(jus cogens)が政府間の条約より優先される傾向が強まった。そういう流れの中で「世界市民」思想が台頭し、ギリシアやイタリアでは「被害者の属する国の裁判所」における戦後賠償訴訟で原告側が勝利する出来事があった。日韓関係においては、一九九〇年代に入り元従軍慰安婦を含む韓国の被害者たちがあらゆる場面で「過去清算」を要求することとなった。

戦後補償活動に携わる「日中法律家交流協会」の理事長の高木喜孝弁護士は、この「噴出」の背景をつぎのように三つの流れで整理している(3)。

第一の流れは「補償」から「賠償」への訴訟の目標の転換である。その新しい訴訟の代表的事件が韓国人・朝鮮人軍人軍属に対する援護法などの適用を請求する訴訟だった。その主張の論理は、原告たちを日本民法が定める国籍・戸籍条項によって援護法の適用から排除することは日本国憲法一四条に違反しているということだった。

第二の流れは訴訟の概念的関心を植民地戦争動員から占領地住民・捕虜虐待の問題に広げることだった。その論理は、占領地の住民や捕虜に対する虐待などの行為はハーグ陸戦条約やジュネーヴ条約で定めた「国際人道法」の違反であることである。この流れの中で、極東国際軍事裁判でのアジア現地ＢＣ級戦犯の刑事裁判と別に、新たに被害者個人が賠償を求める民事裁判が起きることとなった。つまり、広い範囲が占領された中国の人々による訴訟が起こされるようになったのである。

第三の流れは、「戦時性暴力」に対する元従軍慰安婦たちの訴訟である。この訴訟は戦時性暴力を「人道に対する罪」で裁くこととなった。その発端は韓国で金学順《キムハクスン》という元従軍慰安婦が、一九九一年八月一四日に自らの経験を証言し、日本政府の責任を追及したことである。

三つ目の要因として、日本国内での変化を挙げることができる。ここで一九九一年の元従軍慰安婦金学順の証言は大きな転換点の役割を果たした。その証言が日本政府の責任を追及したからである。彼女の証言は日本でも野党側の国会での追及に繋がった。例えば、一九九一年八月二七日の第一二一国会参議院予算委員会で、当時外務省条約局長の柳井俊二が行った答弁には次のような内容があった。

> 日韓両国間において存在しておりましたそれぞれの国民の請求権を含めて解決したということでございますけれども、これは日韓両国が国家

として持っております外交保護権を相互に放棄したということでございます。したがいまして、いわゆる個人の請求権そのものを国内法的な意味で消滅させたというものではございません。日韓両国間で政府としてこれを外交保護権の行使として取り上げることはできない、こういう意味でございます。

さらに、一九九二年三月九日に衆議院予算委員会で当時の内閣法制局長官工藤敦夫が、「外交保護権の放棄が個人の請求権の消滅には何ら影響を及ぼさない、とすれば、全く影響を受けていない個人の請求権が訴権だけだという論理が成り立つか否か」という質問に対して、「訴権だけというふうに申し上げていることではないと存じます。それは、訴えた場合に、それの訴訟が認められるかどうかという問題まで当然裁判所は判断されるものと考え」ると答弁した。

日本の司法にも変化が現れてきた。従来、日本の司法も日本政府と同様の立場を取ってきた。例えば、西松建設事件において最高裁判所が二〇〇七年四月二七日に下した判決には次のような内容があった。

平和条約を締結しておきながら戦争の遂行中に生じた種々の請求権に関する問題を、事後的個別的な民事裁判上の権利行使をもって解決するという処理に委ねたならば、将来、どちらの国家又は国民に対しても、平和条約締結時には予測困難な過大な負担を負わせ、混乱を生じさせることとなるおそれがあり、平和条約の目的達成の妨げとなるとの考えによるものと解される。

しかし、この最高裁の法理判断は、二〇一二年の韓国大法院（最高裁）の判例法理と基本的に一致した。同裁判所は、「サンフランシスコ講和条約の枠」というのは、この枠組みの中で成り立った請求権の放棄が持つ法理的意味が、請求権を実体的に消滅させることまで意味するのではなく、当該請求権に基づき裁判上訴求できる権能を失わせるに留まると解釈して、関係者に自発的な救済努力を促したことに注目したのである。要するに、被害者個人の請求権が存在するということでは一致している。

戦後補償訴訟

現在進行している多数の「戦後補償」訴訟はこのような流れの中で起きている。戦後補償裁判は、一九九五年前後から数多く提訴されるようになったが、現在までにその数は七〇件を超えている。最初は韓国人による裁判が多かったが、最近は中国の市民や市民団体が加わっている。しかし、その訴訟は次々と日本の最高裁で棄却された。日韓国交正常化が実現してから七年が経った一九七二年以降、元朝鮮人徴用工の日本に対する訴訟が冷戦構造の崩壊とともに数多く提起されたが、原告側の「完敗」と言ってもよいものであった。

しかし、歴史は動いた。二〇一一年八月三〇日、韓国憲法裁判所は、原爆被害者と従軍慰安婦について、日韓請求権協定に関する両国の意見の相違を韓国政府が積極的に解決しない「不作為」を憲法違反と裁いた。

さらに、二〇一二年の五月二四日、韓国大法院は、日本で敗訴した広島三菱徴用工被爆者事件と新日鉄徴用工事件の韓国での控訴審判決を差し戻したのである。この判決は韓国のみならず日本や中国を含む海外の法曹界や市民運動コミュニティーに大きなインパクトを与えるものである。

この二つの判決は徴用工問題という狭い法的関心を超えて、国家間の歴史をどういうふうに「正す」のかという新しい流れを作り出した。また、それは日韓関係に留まらず、日中関係に波及している。上の二つの判決をもって、日本、韓国、そして中国のリベラル派の弁護士や社会運動家が「新しい歴史」に向かって連帯を繰り広げることとなったのである。この新しい流れの中で、つぎの三つに注目する必要がある。

①二〇一三年七月一〇日、ソウル高等法院は、戦時中に新日鉄に強制連行され、強制労働させられた四人の被害者が損害賠償を求めた訴訟で、賠償金の支払いを命じる判決を出した。判決では、「日本の支配下での強制動員を不法とみる大韓民国憲法の核心的価値と衝突し、侵略戦争を認めない世界の文明国家の共通価値や日本の憲法にも反する」と、「日韓請求権協定により、完全かつ最終的に解決済み」と主張する日本政府・司法を批判し、原告らの主張を全面的に認めたのである。

②二〇一三年七月三〇日、釜山高等法院は、第二次世界大戦中に日本の植民地統治（併合）を受けていた朝鮮から日本に強制徴用され、強制労働させられたとして、韓国人が三菱重工業に損害賠償を求めた訴訟差し戻し控訴審で、三菱重工業に損害賠償の支払いを求める判決を言い渡した。

③二〇一三年一一月一日、光州地方法院は、太平洋戦争中に女子勤労挺身隊員として三菱重工業の名古屋の軍需工場に徴用された韓国人女性四人と遺族一人が、同社を相手取り損害賠償を求めた訴訟で、原告の賠償請求権を認め、同社に女性一人当たり一億五〇〇〇万ウォン、遺族に八〇〇〇万ウォンの支払いを命じる判決を言い渡した。

日中韓の連携

上で述べたように、冷戦の終焉とともに形成された新しい潮流の中で、日本での中国や韓国の原告を支援する動きが活発化した。その中で注目すべき組織が「戦後補償問題を考える弁護士連絡協議会」(弁連協)である。一九九二年一二月に組織されたこの弁連協は、日系企業を対象として戦後補償を求める個別弁護団および将来活動を開始する弁護団に対する支援・協力、並びにこれら弁護団相互の連絡協力関係の促進を目的として活動している。

一方、中国でも対日民間賠償訴訟が「被害者の属する国の裁判所」即ち人民法院において受理された。中国人民法院は「日中共同声明は中国国民の賠償請求権は放棄していない。仮に放棄したと解されても、とくに国際人道法に対する重大な違反行為の責任については、外交保護権の放棄にとどまり、中国国内裁判所においての同請求は認容される」との立場をとっている。実際に、二〇一四年三月一八日、北京市の第一中級人民法院は、戦時中に強制連行された中国人元労働者らが三菱マテリアルなどに損害賠償を求めた訴えについての訴状を受理したのである。これは、中国の裁判所が強制連行問題で裁判の手続きに入る初めてのケースになった。

こうした韓国と中国での訴訟の多発、またその中での韓国と中国の原告側の連帯と協力の動きについては賛否の両意見がある。一方では、歴史の中の被害者の側に立って法廷の闘争を繰り広げる弁護士や市民運動家たちが、現下の「市民主権」の土台の上に立つ法律観念と知識をもって昔の政治を裁くことに高い評価を与えている。他方では、人間が他者に対して補償を求める事案が国家間の外交の領域で「法の是正」という形で起きることを警戒する見方もある。例えば、政府系シンクタンクで日韓関係に攻勢的に携わる「東北アジア歴史財団」の理事長を歴任した鄭在貞《チョンジェジョン》は憂慮を交えてつぎのように所感を述べた。

韓国の司法部が、国際関係と政治外交に関連した懸案に対して是非の判決を下しながら補完措置を勧告することによって、事案は非常に複雑になった。特に、大法院判決は、請求権協定が植民地支配と直結する不法行為による損害は対象としないということ、さらに日本の植民地支配自体が不法であるということを明示した点で、一九六五年韓日協定体制を否定すると解釈ができる……韓国政府は今まで想像もしなかった次元で困難な立場に置かれている。(4)

日中韓の間にもう一つの重い課題として現れた徴用工賠償問題は、他の「歴史問題」とは異なる次元の挑戦になる。その理由は、この論争はただの過去の問題ではなく、韓国と日本という成熟した民主主義国家がそれぞれ、国家と社会の関係、国内政治と国際政治の整合性、正義と実利の融和など人類社会の根源的疑問を改めて抱くこととなるからである。

(1) http://www.mofa.go.jp/mofaj/area/taisen/qa/shiryo/shiryo_06.html
(2) 金昌禄「한일 과거청산의 법적 구조」(韓日過去清算の法的構造)、『법사학연구』(法史学研究)、第四七号(二〇一三年四月)、九三、九六頁。
(3) 高木氏とのインタビュー、二〇一四年九月三日。
(4) 鄭在貞「한일관계의 위기와 극복을 위한 오디세이」(韓日関係の危機と克服に向けたオデッセイ)、『영토해양연구』(領土海洋研究)、第五巻、二〇一三年、二二頁。

文献案内

田中宏・中山武敏・有光健他『未解決の戦後補償――問われる日本の過去と未来』創史社、二〇一二年
現在進行中の事案に関する総合的な議論。日本とアジアが和解に向けてどういう問題意識で取り組むべきなのかを多様な角度から考察する。

戦後補償裁判

　ここでいう「戦後補償」とは、アジア・太平洋戦争や日本の植民地支配に起因する様々な被害のうち、国家間の法的解決の対象から取り残された個人の被害に対する、日本政府や企業による賠償・補償や救済措置をさす。戦後補償に関し、日本人以外の日本の裁判所への提訴は一九七〇年代から九〇件に及ぶ。八〇年代までは、日本国籍を有していた旧植民地人の国籍喪失による被害や権利の喪失が主な訴訟理由であったが、九〇年代には新たな訴訟が加わる。例えば、従軍慰安婦訴訟は、九一年の元韓国人慰安婦による東京地裁への提訴を最初に、アジア各地の元慰安婦や遺族らが原告となり、日本国に対して賠償や謝罪を請求する民事裁判が一〇件に及ぶ。主要争点は日本軍の行為が当時の国際法、国内法に照らして違法であったか、日本国が法的責任を負うか否かである。国際法違反を問う場合は、ハーグ陸戦条約、極東国際軍事裁判所条例等に表現された「人道に対する罪」、奴隷条約、強制労働条約などが根拠とされている。しかし、これまでの判決は、個人は国際法の主体とはなりえない、ハーグ陸戦条約など国際条約も個人の賠償請求権を認めていない、として退けている。国内法としては、民事上の不法行為責任や安全配慮義務違反(債務不履行)を問う場合、国家賠償法の遡及的適用に基づく請求などが一般的である。ところが、いずれも、二〇年の除斥期間の経過や時効、旧憲法下での国家の権力的行為は賠償責任を認めないとする「国家無答責の法理」によって請求が棄却されている。

　また、国会が救済立法や加害者の処罰を怠っていること(立法不作為)を理由とする国家賠償請求も多いが、認められた例はない。唯一の例外は、一九九八年の山口地裁下関支部判決(関釜裁判)である。韓国人元慰安婦を原告とするこの裁判は、慰安婦制度を軍や官憲の直接、間接の関与のもと「女性の人格の尊厳を根底から侵し、民族の誇りを踏みにじるもの」と断じたうえ、九三年の河野談話以降は、国会には特別立法の憲法上の義務が生じたが、合理的是正期間の三年経過後も是正されなかったとし、立法不作為による違法性を認め賠償支払いを命じた(上級審で棄却)。

朝鮮人、中国人による強制連行・強制労働訴訟も多いが、慰安婦裁判と同様の理由で大半は棄却されている。その一方、原告による事実立証が積極的に展開され、被害事実が認定されるケースも多い。被害者は認定事実を踏まえ、企業責任を問う運動を展開し、和解に持ち込む場合もある。韓国人被害者では、新日本製鉄による元徴用工の遺族に対する弔意金の支払いによる和解(九七年)、日本鋼管訴訟における和解(九九年)、不二越訴訟における元女子勤労挺身隊員と企業の和解(二〇〇〇年)などである。

強制連行・強制労働に関する中国からの提訴は、九五年から始る。中国政府が賠償請求の放棄は個人には及ばないとして、日本での訴訟を容認したためであった。中国からの提訴を含め、増え続ける戦後補償裁判において下級審の判断は一様ではなかった。〇七年四月、最高裁は二件の戦後補償裁判(中国人強制連行・西松建設裁判、中国人慰安婦裁判)について、全ての請求権を相互に放棄するという、対日平和条約の考え方は、二国間の賠償協定・平和条約、さらに日中共同声明、日ソ共同宣言にも及ぶ、という判断を示した。この判決で判断を避けていた日韓基本条約・請求権協定については、〇一年の韓国BC級戦犯裁判に関する最高裁判決が、実質的に請求権の消滅を確認していた。二つの最高裁判決は、被害国国民の司法救済の道を実質的に閉ざし、問題解決を政府や企業に委ねたことを意味する。実際、〇七年の判決は中国人強制連行について「被害の救済に向けた努力を期待する」と付言し、これを受けて〇九年、企業(西松建設)と被害者の和解が実現している。

(波多野澄雄)

在日コリアン問題

田中　宏

在日コリアンに起きた最初の変化は、一九四五年一二月の参政権の停止であり、次いで一九四七年五月には外国人登録の義務が課された。前者は、婦人参政権付与を定めた選挙法改正に盛り込まれ、後者は、新憲法施行の前日（一九四七年五月二日）に史上最後の「勅令」として公布施行された外国人登録令によってなされた。いずれも、もはや「日本人」ではないのかと思えば、一方で文部省は、在日コリアンは「日本人」同様に〝就学義務〟を負うとして、奪われた言語をとり戻すべく自力で作った朝鮮学校での教育を否認したのである。

戦後の起点

一九四五年八月、日本が「ポツダム宣言」を受諾したことによって朝鮮における植民地統治も幕を閉じた。同宣言第八項には「カイロ宣言の条項は履行せらるべく……」とあり、その「カイロ宣言」には「朝鮮の人民の奴隷状態に留意し軈《やが》て朝鮮を自由且独立のものたらしむる」とある。両宣言は一体であり、それにより台湾、朝鮮における植民地支配は終焉したが、日本列島にある台湾、朝鮮の出身者は、依然として日本の統治権のもとに置かれた。

未完の占領改革

在日コリアンが参政権を失った戦後初の総選挙は、一九四六年四月一〇日に行われた。この選挙で選ばれた議員によって新憲法が制定され、一一月三日公布、翌四七年五月三日施行された。日本は約七年間、連合国(実質は米国)の占領下におかれた。米国は占領に先立って幾つか日本研究をまとめている。その一つ「在日外国人」(一九四五年六月)には、「朝鮮人は、ほとんど例外なく社会的地位の低い明白な少数者集団である。彼らは、日本人に見下され、すくなくとも一度、国家的災害が日本を襲った時に、スケープゴートとなった(関東大震災の朝鮮人虐殺を指す)」とあり、また「軍政の主要な目標」として「日本人による暴力や社会的、経済的差別からの外国人の保護」が掲げられた。次のものは、その具体的な表れの一つであろう。すなわち、「昭和二一(一九四六)年一月、いわゆるポツダム勅令によって厚生年金保険法が改正された。その内容は、第一に、連合国軍最高司令部の『職業政策に関する覚書』により、国籍に基づく被保険者資格の差別の撤廃、すなわち外国人も厚生年金保険の被保険者となりうることとされた、ことである」(『厚生年金保険十五年史』一九五八年)と。

新憲法の制定がマッカーサー憲法草案をもとに進められたことはよく知られている。一九四六年二月一三日、日本政府に手渡されたマ草案の第一三条には「すべての自然人は、法の前に平等である」と、第一六条には「外国人は、法の平等な保護を受ける」とあった。その後、第一三条のなかに「外国人の人権」も含めることとし、新一三条「凡《すべ》ての自然人は、其の日本国民たると否とを問はず、法律の下に平等にして、人種、信条、性別、社会上の身分若しくは門閥又は国籍により、政治上、経済上又は社会上の関係に於いて差別せらるることなし」となった。

マ草案提示以降の経緯は連合国軍総司令部（ＧＨＱ）の検閲により秘密とされ、新憲法起草が一般に知られたのは、一九四六年三月六日、時の幣原喜重郎内閣が発表した「憲法改正草案要綱」によってである。そこでは、「第一三、凡《およ》そ人は、法の下に平等にして、人種、信条、性別、社会的地位又は門地に依り、政治的、経済的又は社会的関係に於いて差別を受くることなきこと」とあった。ここでは、新一三条にあった「日本国民たると否とを問はず」及び「国籍」は、いずれも姿を消していた。ＧＨＱの了解なしに、その削除はできなかったはずである。おそらく、日本側は、「凡そ人」という主語は、「日本人であろうと外国人であろうと、およそ人たる者」という意味で、文章も簡潔になると説明し、ＧＨＱ側も納得したのではなかろうか。

幣原内閣発表の「草案要綱」にあった「凡そ人は」も、早々と「すべて国民は」（憲法第一四条）になってしまう。かくして、マ草案にあった外国人保護条項は、完全に憲法から姿を消す。憲法が多用する「国民」と、旧植民地出身者との関係はどうなるのか、憲法は沈黙してしまう。

在日コリアンの国籍はどうなったか

在日コリアンは、一方では「外国人」として登録を義務づけられ、一方では「日本人」として朝鮮学校での教育を否定された。しかし、こうした〝二重性〟は、一九五二年四月二八日、対日平和条約の発効によって終止符が打たれる。その直前に出された一片の法務府民事局長通達（四月一九日、民事甲四三八）が、それを明らかにした。すなわち、①朝鮮人は、〔日本〕内地に在住する者も含めて、〔平和〕条約発効を機に、すべて日本の国籍を喪失する。（②、③、④は、婚姻、縁組に関するもので省略）、⑤朝鮮人が日本国籍を取得するには、一般の外国人と同様に帰化手続きによること、その場合、朝鮮人は、国籍法にいう「日本国民であった者」「日本国籍を失った者」には該当しない、と。⑤には驚くしかない。すなわち、帰化要件の緩和はなく、最も高いハードルを超えることが求められた。過去の歴史の〝抹消〟というほかない。

日本のかつての同盟国ドイツも隣国オーストリアを併合した。ドイツの敗戦とオーストリアの独立は、日本の敗戦と朝鮮の独立とよく似ている。西ドイツは、一九五六年五月、国籍問題規制法を制定し、ドイツ国内に居住するオーストリア人(在日コリアンに相当)は、自己の意思表示により、消失時に遡ってドイツ国籍を回復する権利を有する、と定めた。すなわち、国籍選択権が保障されたのである。日本の場合、在日コリアンが日本国籍を取得するには〝帰化〟の門をくぐるしかなく、その決定権は完全に日本政府の手中にある。日独の差は歴然である。

二〇〇五年八月までに、韓国で全面公開された日韓会談文書のなかには、在日コリアンの国籍問題に関連して、「在日韓僑の国籍に関する協定案要綱」があり、「第一、全般的国籍回復の場合」「第二、国籍選択の場合」の二案が用意されている。しかも、その第一案の末尾にも、「(本案の修正案)第〇条　日本国は、第一条の大韓民国の国民に対して、本条約発効後三年以内に日本の国籍を選択できる権利を認定する」とある。韓国側は国籍選択方式も念頭に置いていたが、日本側が応じなかったのであろう。

日韓条約ではなく、難民条約によって

長い日韓交渉を経て、一九六五年六月、日韓基本条約(及び関連諸協定)が締結され、日韓国交正常化が実現した。前述のように、在日コリアンは、対日平和条約の発効日に「外国人」と宣告された

が、〝一夜にして〟日本の出入国管理上のいずれかの在留資格を付与することは不可能だった。その暫定措置を定めた法律は長い名称のため「一九五二年、法一二六」で示され、在日コリアンは「法一二六」該当者と称され、その子は「法一二六の子」とされた。

日韓法的地位協定(一九六五年)により、とりあえず、「韓国国民」は一九六六年から五年間に限り、日本政府に申請すれば「協定永住」が許可されることとなった。協定永住は、「法一二六」及び「法一二六の子」を母体とするが、一方では、在日コリアンのなかに〝三八度線〟を引くことになった。

在日コリアンが「外国人」と宣告されたその日に制定された外国人登録法に、初めて「指紋押捺義務」が登場した。その二日後に制定された戦傷病者戦没者遺族等援護法には、早速、「国籍(戸籍)条項」が設けられ、日本人と同じように戦争に駆り出されたにもかかわらず、在日コリアンは「戦後補償」から除外された。やがて経済成長のもと、さまざまな社会保障政策が打ち出され、国民皆年金を目指す国民年金法、児童手当三法などが制定されるが、「国籍条項」によって、在日コリアンはことごとく差別された。勤務者を対象とする厚生年金保険法の「国籍条項」は、前述のようにGHQの指令によって削除された。GHQがいないと、日本では外国人を差別するのが〝当たり前〟になってしまうのであろうか。

こうした自国民中心主義は、しかし、日韓基本条約によってではなく、難民条約などの批准によって大きく修正された。一九七五年は重要な年となった。四月に、ベトナム戦争が終結すると大量の難民が流失し、一一月には、フランスで初の主要国首脳会議(サミット)が開かれ、日本もその一員とされた(三木武夫首相出席)。日本の難民受け入れは、当初の「一時上陸許可」から「定住許可」へ、さらには「定住促進センター」の設置へと進展した。だが、「センター」での生活を終えて、一般の市民生活を始めようと、公営住宅への入居を求めても、児童扶養手当の支給を求めても、すべては「日本国民」のみを対象としており、排除された。

日本政府は、国際人権諸条約の批准を余儀なくされ、一九七九年には国際人権規約を、一九八一年には難民条約を、それぞれ批准した。条約批准に伴い、各社会保障における国籍差別は撤廃された(公営住宅などは「通達」により、児童手当などは「法改正」により)。その結果、在日コリアンに対する差別も、ようやく撤廃されたのである。

日韓条約二五年後の「覚書」

日韓法的地位協定(第二条)にもとづき、二五年後の一九九一年一月、「日韓外相覚書」が交わされた。そこには、①入管法関係では三世以下の子孫に羈束的に永住権を認める、②指紋押捺は廃止する、などと記され、最後に、「地方自治体選挙権については大韓民国政府より要望が表明された」、とあった。これを受けて同年五月、「入管特例法」が制定され、国籍喪失を宣告した平和条約時に遡って、南北朝鮮、台湾の別なく、その出身者及びその子孫は、一括して「特別永住者」とされた。その結果、従前の協定永住者もそこに吸収され、在日コリアンの法的地位に持ち込まれた〝南北分断〟も解消された。

「覚書」は地方参政権に言及していた。地方参政権に関して、在日コリアンが大阪地裁に提訴したのが一九九〇年で、それに対して、最高裁は、九五年二月、請求は棄却したが、「永住者等」について「法律をもって地方公共団体の長、その議会の議員等に対する選挙権を付与する措置を講ずることは、憲法上禁止されているものではない」「右のような措置を講ずるか否かは、もっぱら国の立法政策にかかわる事柄である」と判示した。

国会に永住外国人地方選挙権付与法案が初めて提出されたのは一九九八年一〇月のことであり、当時ともに野党だった民主・公明両党の共同提案だった。その後も、同種の法案の提出・廃案を繰り返していたが、二〇〇九年九月以降は姿を消したままである。

一九九九年三月、金大中大統領は、小渕恵三首相との首脳会談の席上、在日韓国人への地方参政権付与を要請するとともに、韓国でも外国人に同様の措置を検討中であると表明した。盧武鉉大統領になった二〇〇五年六月、韓国では法改正により永住外国人に地方選挙権が付与された（選挙年齢の一九歳への引き下げも）。在韓外国人は、すでに三回の投票を経験しているが、在日コリアンが日本の地方参政権を行使できるのはいつのことだろうか。なお、ＯＥＣＤ加盟国で、外国人に地方参政権を全く認めていないのは日本だけである。

朝鮮学校差別、「日朝平壌宣言」、ヘイトスピーチ

政権交代によって成立した民主党政権は、二〇一〇年四月、高校無償化法を公布施行したが、高等学校だけでなく専修学校、外国人学校をもその対象とする画期的なものだった。その外国人学校は、（イ）外国の高校と同等の課程を有するもの、（ロ）国際教育評価機関の認定を受けたもの、（ハ）その他、に分けられた。そして、（イ）としてブラジル学校八校、中華学校二校、韓国、英国、フランス、ドイツ各一校、計一四校が、（ロ）として北海道から沖縄までのインターナショナル・スクール一七校、合計三一校がまず指定された。（ハ）については、文科省に設けられた専門家による「検討会議」の報告を受けて、文科大臣は、同年一一月、「（ハ）の規定に基づく指定に関する規程」を制定、申請手続きなどを定め、期限を一一月三〇

日とし、朝鮮高校一〇校はいずれも期限内に申請を済ませた。

北朝鮮による延坪島砲撃を受けて、一一月二四日、菅直人首相は朝鮮高校の審査手続の「凍結」を指示した。翌年八月、菅首相は退陣を前に審査の再開を指示したが、次の野田佳彦内閣も結論を先送りした。二〇一二年一二月、総選挙の結果、第二次安倍内閣が発足すると、二日後に下村博文文科相が、高校無償化から朝鮮高校を除外すると表明した。朝鮮学校除外を熱心に求めた団体の一つは「北朝鮮帰国者の生命と人権を守る会」である。その機関誌『光射せ！』一〇号（二〇一二年一二月）所収の「止めた！　朝鮮高校授業料無償化」には、「私たち守る会は、パンフレット『朝鮮学校の秘められた目的・知られざる実態』の原稿を九月にほぼ書き上げ、……一一月初めにはカラー印刷版のパンフレットを印刷して文科省と衆参の全国会議員に届けました。……私たちのこの取り組みが、田中〔真紀子〕大臣・文科省の方針変更に大きくつながったものと思います」とある。

二〇〇二年九月の「日朝平壌宣言」は、それが本来持つ意味は脇に押しやられ、もっぱら拉致問題に収斂してしまった感がある。下村文科相は、朝鮮学校除外の理由について、「拉致問題に進展がないこと、朝鮮総連と密接な関係にあり、教育内容、人事、財政にその影響が及んでいること」を挙げた。要するに、子どもの教育に関することなのに、すべては北朝鮮との関係でものを見ているのである。

日本にある朝鮮学校について、国連の人権機関は従来から関心が高い。二〇一三年四月、社会権規約委員会での日本審査でも、高校無償化からの朝鮮学校除外が問題となった。日本政府代表は、例の「拉致問題に進展がない……」等との答弁を繰り返したが、発表された「総括所見」では、「（パラグラフ二七）締約国〔日本〕の公立高校授業料無償制・高校等就学支援金制度から朝鮮学校が排除されており、そのことが差別を構成している」(外務省訳)とされた。さらに、二〇一四年八月の人種差別撤廃委員会でも取り上げられ、その「総括所見」では、「(パラグラフ一九)委員会は、締約国に対し、その立場を修正し、朝鮮学校に対して高等学校等就学支援金制度による利益が適切に享受されることを認め、地方自治体に朝鮮学校に対する補助金の提供の再開或いは維持を要請することを奨励する」(同)と、初めて地方自治体の補助金カットにも言及した。国際人権法の阿部浩己教授は、「問われているのは、北朝鮮の振る舞いではない。日本の中で生きる子供たちを等しく処遇できない、私たち日本人自身の姿勢である」(『神奈川新聞』二〇一二年三月二五日)という。

朝鮮学校除外が断行されて間もない二〇一三年四月、東京・町田市が、新入生用の「防犯ベル」の配布を朝鮮学校のみ除外する「事件」が伝えられた。さすがに強い抗議を受けて従前どおり配布され、ことなきを得た。この件に関連して、『ジャパンタイムズ』の社説はこう結んでいる。「今回の町田市の問題は、この国全体に吹き荒れる非常に不穏な動きの一部である。いくつかの自治体は朝鮮学校への補助金を停止した。今年二月二〇日、安倍内閣は朝鮮高校を高校無償化制度から除外した。これらの決定は撤回されるべきである。生徒たちを政治的な人質として利用することは間違っている。生徒たちを利用すれば、日本における朝鮮人差別を煽るだけである」(金優綺訳)と。

「在日特権を許さない市民の会(在特会)」が京都朝鮮学校を襲撃したのは二〇〇九年一二月から翌年初めにかけてであり、東京・新大久保、大阪・鶴橋などでのヘイトスピーチも一連の流れである。在日コリアンがいずれも標的にされている。

京都の襲撃事件について、京都地裁は、二〇一三年一〇月、それは人種差別撤廃条約にいう人種差別であると認定し、在特会に対し学校周辺での街頭宣伝を禁止するとともに、約一二〇〇万円の損害賠償の支払いを命じた。大阪高裁、最高裁もそれを支持し判決は確定した。

国連でしばしば指摘されているように、日本には人種差別を規制する法令はなに一つない。日本も批准した人種差別撤廃条約の前文には、「(国連が)植民地主義並びにこれに伴う隔離及び差別のあらゆる慣行……を非難してきたこと……」とある。帝国主義時代の植民地主義をどう克服するかは、依然として大きな課題であり、在日コリアンをめぐる問題は日本にとっての課題である。

文献案内

水野直樹・文京洙『在日朝鮮人　歴史と現在』岩波新書、二〇一五年

戦前を水野が、戦後を文が担当。いずれも、これまでの研究成果や資料などを踏まえ、朝鮮半島と日本にまたがる初の優れた概説書。

梁泰昊・山田貴夫『新　在日韓国・朝鮮人読本』緑風出版、二〇一四年

市民運動の経験を踏まえ、二六のQ&Aを設け、さまざまなテーマについて記述。関連する資料が脚注に加えられ、豊富な統計も役立つ。

田中宏『在日外国人　第三版』岩波新書、二〇一三年

日本における外国人の置かれてきた状況を、「法の壁・心の溝」の視点から記述。そこでは、在日コリアンの存在が中心に置かれることになる。

Ⅱ

加害・被害と補償

原爆と終戦

長谷川　毅

原爆と終戦に関する論争

アメリカによる広島・長崎への原爆投下が日本の終戦決定にいかなる影響をもたらしたかについては激しい論争がある。今に至るアメリカの主流を占める考え方は、①トルーマン政権によってなされた原爆投下は日本の終戦に決定的な影響を与えた。②従って、原爆投下は、戦争終結に必要であったし、正当化されるべきであると主張する原爆投下正当論である。

これに対して一九六〇年代から、アルペローヴィッツに代表される修正主義論が原爆投下正当論に挑戦した。日本は既に戦争に負けていたのであり、原爆を投下したのは日本に戦争を終結する決定を迫るためではなく、ソ連に対してアメリカの力を誇示して、既に始まっていた冷戦において有利な立場に立とうとするためになされたものである。従って日本を降伏させるためには原爆投下は必要ではなかったとする。

この修正主義論は原爆正当論者からの痛烈な批判をよび、この論争は現在に至るまで続いている。原爆投下五〇周年記念に、原爆の被害を強調した、スミソニアン航空宇宙博物館でのエノラゲイの展示が原爆正当論を支持する保守層の反対にあって中止された。これを機会にして、新しい論争がもちあがり、リチャード・フランクや麻田貞雄が新しく原爆投下正当論を展開すると、バートン・バーンシュタインは、ソ連の要素が二次的に存在したことを無視することはできないが、日本を戦争終結に導くためには原爆投下の選択は、不可避であったという折衷論を主張した。

ポツダム会議直前の各国のジレンマ

著者は『暗闘』で、これらの論を批判し、原爆と終戦の問題は、アメリカ、ソ連、日本の三つ巴のインターナショナルヒストリーの文脈で理解されなければならず、トルーマン政権の原爆投下の決定にも、日本の終戦の決定にも、ソ連が決定的な役割を果たしたと論じた。トルーマンは、四五年七月のポツダム会議以前、二つの大きなジレンマに直面していた。第一は、この年の二月にルーズベルト大統領とスターリンの間で合意されたヤルタ秘密協約を踏襲してソ連の参戦を招くべきか、それともソ連の戦争参加以前に戦争を終結させるかのジレンマであり、第二は、無条件降伏を日本に強いるべきか、それともこの要求を緩和して、天皇と皇室の維持を認めるかの選択であった。ポツダム会議直前に、ニューメキシコでの原爆実験の成功のニュースがこの二つのジレンマを一刀両断のもとに解決する手段を提供した。

スターリンもジレンマに陥っていた。ソ連がヤルタ密約で約束された権益を獲得するためには、日本に対する戦争に参加しなければならなかった。ソ連は、四月に日本に対して中立条約の更新はしないことを通告した。しかし、条約が、翌年四月まで有効であることを認め、この口実のもとに「日本をぐっすりと眠らせておきながら」日本に躍りかかる準備を進めていた。スターリンにとっては、いかに中立条約を破棄して対日戦争に参加するかがジレンマであった。スターリンはこのジレンマを来るべきポツダム会議で発信される日本に対する最後通牒に参加することによって解決しようと意図した。

日本は六月に、沖縄戦が敗北に終わると、初めて真剣にいかに戦争を終結させるかを俎上にのせたが、「一撃和平論」を主張する継戦派と「即時和平」を主張する和平派の根本的な対立は解決できなかった。しかし、双方は、戦争終結のためには「国体の維持」が譲ることのできない最小の条件であることでは一致していた。従って、連合国が無条件降伏を要求している限り戦争終結は不可能であるので、天皇の直接の特使として近衛文麿をモスクワに派遣して、ソ連の仲介によって戦争の終結をはかるために、ソ連の斡旋を依頼した。

ポツダム宣言

日本に対する最後通牒であるポツダム宣言の原案はスチムソン陸軍長官からトルーマンに手渡されたが、この原案にはソ連が参戦することが想定され、また「現行の皇室のもとでの君主制の維持」を認めることで無条件降伏を修正することが意図されていた。しかし、七月二六日に発信されたポツダム宣言では、ソ連が除外され、「君主制の維持」が落とされていた。原爆がトルーマンの政策に大きな影響を与えたことは明らかであった。

ポツダム会議のさなかに、トルーマンはスターリンに対して、「巨大な破壊力を持つ新兵器を保持することに成功した」ことをさりげなく明かしたが、これが原爆であることは明確にしなかった。このトルーマンの発言は、スターリンの猜疑心をあおったが、それよりもスターリンにとってショックであったのは、ソ連抜きで発信されたポツダム宣言であった。自己の署名を加える要求がトルーマンに拒否されると、スターリンは、アメリカがソ連が戦争に参加する以前に日本の降伏を勝ち取ろうとする意図を見抜いた。

日本は、ポツダム宣言が発信されると、スターリンの署名がないこと、最後通牒は天皇と皇室の処遇については何も触れていないことに留意し、今まで通りソ連の仲介による戦争の終結をはかる政策を継続し、鈴木貫太郎首相はポツダム宣言を「黙殺する」と言明した。日本は、自己に戦争を仕掛けることを周到に準備していた相手に戦争終結の斡旋を求めることによって有利な条件で戦争が終結できるという甘い幻想に陥っていた。

原爆投下、ソ連参戦と日本降伏

八月六日に最初の原爆が広島に投下された。このニュースは、アメリカが原爆をかくも早く実戦化するとは予想していなかったスターリンを驚愕させた。スターリンは、アメリカがソ連を出し抜いて日本を降伏させることに成功したことを確信し、落胆したに違いない。

原爆投下の報は、日本の為政者にとっても、即刻戦争を終結させなければならないという切迫感を与えたが、広島への原爆が直ちに日本の戦争終結への決定打であったとはいえない。最高の政治決定機関であった最高戦争指導者会議は「都合の悪い人がいたため」三日間開催されず、「ソ連の仲介」によって戦争の終結をはかる政策が継続された。原爆が投下された六日に東郷茂徳外相は、モスクワの佐藤尚武大使に、原爆の投下によって事態は切迫しているから、モロトフ外務人民委員に対して、近衛特使派遣についてのソ連政府の回答を至急求めるよう訓令をおくった。

佐藤大使のモロトフとの会見の要求は日本が広島への原爆投下にも拘らず、未だに降伏の決定をしていないことを意味したので、スターリンは直ちに行動を起こした。まず、スターリンはヴァシレフスキー極東軍管区司令官に対し、日本に対する戦争の開始を二日早めて八月九日零時にすることを命じた。さらにモロトフは佐藤大使を外務省に招き、九日零時をもって、ソ連は日本に対して戦争状態に突入するという宣戦布告を読み上げた。それから一時間もしないうちに、ソ連の戦車と飛行機が満州に雪崩のように突入した。ソ連は日本が降伏する以前に参戦することに成功した。

九日未明のソ連の進撃は、日本の為政者に広島に投下された原爆以上の衝撃を与えた。最高戦争指導者会議が開催され、そこで初めていかなる条件で戦争を終結するかが議論された。しかしこの期に及んでも、国体の維持を条件とすることではー致しても、ほかの条件をつけるかつけるべきではないかで議論がわかれ、日本の政治決定過程の機能不全が露呈された。長崎に二発目の原爆が落とされたとの報がこの議論のまっただ中で伝えられたが、このニュースは最高戦争指導者会議の議論にいかなる影響も与えなかった。

前代未聞の危機に見舞われている土壇場で、前代未聞の方法によって決定がなされた。この日の深夜から開かれた御前会議で天皇が、和平派を支持して、「天皇の国家統治の大権に変更を与えず」という一条件のみで、ポツダム宣言を受諾する決定をおこなった。「聖断」による終戦の決定の第一幕であった。

しかしアメリカ政府は、日本の回答は条件付き降伏でありアメリカの主張する無条件降伏に抵触するとして、バーンズ国務長官の名で、「降伏の時から天皇と日本政府は連合国最高司令官に従属する」とするバーンズ回答を日本に突きつけた。この回答は、継戦派の巻き返しによって、終戦の決定を覆す寸前の危機をもたらした。しかし、かろうじて一四日の午前に和平派の企みによって、第二の御前会議が開かれて、この席で天皇が第二の聖断でポツダム宣言を無条件で受諾する決定をおこなった。この直後、終戦に反対する陸軍の中堅将校によって皇居が占拠される事件がおこったが、陸軍上層部は梅津美治郎参謀総長の素早い指導下で「承詔必謹」のもとに天皇の決定を支持する決定をおこない、態度の煮え切らなかった阿南惟幾陸軍大臣がクーデタに加担する可能性を断ち切った。天皇は八月一五日、異例のラジオ放送で、「終戦の詔書」を読み上げ、ここに日本終戦の決定が最終的になされた。

ソ連による千島・北海道作戦が開始されたのは、

日本が降伏を決定した後であった。

国体の定義と終戦の経緯

国体の維持が日本が守るべき最小条件であることでは、継戦派も和平派も一致していたが、国体とは具体的には何かについては明らかな定義が存在していなかった。外務省や、高木惣吉を中心とする米内光政海相のブレーンは、「皇室の存続」即「国体の維持」という考え方を主張したが、この一条件が最初の御前会議では、「国法上の天皇の地位」と変更された。またこの新たな条件が御前会議で平沼騏一郎枢密院議長の反対にあって、「天皇の国家統治の大権に変更を与えず」という要求に拡大された。この変更はアメリカ政府のバーンズ回答によって拒否されたが、結局天皇は、バーンズ回答にあった「究極の日本の政体は国民の自由に表明せる意思によって定められる」という条項を拡大解釈して、国民の総意は皇室の維持を求めるに決まっていると判断し、国体の維持を皇室の維持とすり替えて国民に終戦の聖断を受け入れることを要求した。

終戦決定の過程で国体の定義がくるくると変わったことは日本の歴史家の間では深く分析されていない。おそらくこれは天皇の戦争責任と関係して、歴史家の間ではタブーなのかもしれない。しかし、この経過のなかで、いかなる意図で、誰がいかに国体の定義をおこなったのか、その過程での天皇の考え方はいかなるものであったかが新しい資料をもって分析されなければならない。

参考文献

長谷川毅『暗闘・スターリン、トルーマンと日本降伏』上下、中公文庫、二〇一一年
麻田貞雄「原爆投下の衝撃と降伏の決定」細谷千博他編『太平洋戦争の終結』柏書房、一九九七年
宮内庁『昭和天皇実録』全一九冊、東京書籍、二〇一五年(刊行中)

日米終戦——天皇の地位と日米関係

東郷和彦

ポツダム宣言受諾と「国体護持」

一九四五年四月に成立した鈴木貫太郎内閣は、終戦を実現することを目的として発足した。最高戦争指導者会議（六巨頭会議）は、当時日本とは中立関係にあったソ連の扱いをめぐって協議を重ね、七月一二日東郷茂徳外務大臣から在モスクワ佐藤尚武大使に対し、天皇の終戦意思を伝えるために近衛文麿特使をモスクワに派遣する意図を伝える電報が発出された。

電報は、ポツダム会談に出発する直前のスターリンに伝えられたが、二月のヤルタ会談によって対独戦勝の後の対日参戦を約束していたスターリンは、トルーマンの同意をえて日本からの申し出について「時間稼ぎをする」こととした。かくて、七月二六日、ポツダム宣言が発出、この宣言への対処をめぐって日本政府で起きた混乱の下、八月六日、広島への原爆投下、九日未明ソ連軍の参戦と長崎への原爆投下にいたったのである。

絶体絶命の立場においこまれた日本政府は、ポツダム宣言を受諾することに決するが、「国体の護持」のみを条件とするという和平派（首相、外相、海相）と、これに加えて日本政府による武装解除、戦争犯罪人の処罰、占領地の限定という三条件を付加すべしという名誉派（陸相、参謀総長、軍令部長）との間で意見を一致させることができず、九日深夜、天皇陛下のご聖断によって一条件によるポツダム宣言の受諾が決まった。

護持すべき「国体」については、この日「皇室の地位」「天皇の国法上の地位」「天皇の国家統治の大権」と三回案がかわった。正に存亡の縁にあった日本で、どんなことをしても戦争はやめねばならないと考え、それを主張した人たちにおいてもなお、万一連合国が最低限「皇室の地位」を保証しないのなら、民族が滅亡する結果になっても戦うと考えた、当時の日本人の皇室に対する思いをかみしめずに、先の大戦の意味を理解することは難しい。

連合国の意向は、「日本国政府の確定的形態は、日本国国民の自由に表明する意思による」というバーンズ国務長官からの回答によって伝えられた。「国民が選択する以上、国体を毀損することはありえない」としてこれにてよしとする和平派と、不十分とする名誉派との間で再び意見が一致せず、一四日午前第二回のご聖断によって和平派の解釈が選択され、ポツダム宣言の受諾が最終的に決せられたのである。

ポツダム宣言の受諾による降伏の過程は、日本の降伏は決して「無条件降伏」ではなかったことを示している。ポツダム宣言自体が、「吾等の条件は左の如し」として条件列挙の形をとり、「無条件降伏」は軍についてのみ使われていたことに加え、国体の護持をめぐるやりとりこそ、皇室の安泰を最小限の条件と考えた和平派がその条件が満たされたと解して降伏したことを示しているのである。

天皇の不訴追

米軍占領の下におかれた日本政府にとって、最初の半年間、戦争犯罪人訴追の中から昭和天皇をはずすこと、新しく採択される日本国憲法の中に天皇制の維持をきちんと書き込むこと、この二つの相互に関連する問題が喫緊の重大事になった。

占領軍統制下の日本政府の関係者は、一丸となって天皇の戦犯除外を働きかけた。占領軍側も、占領行政の円滑化のために天皇訴追には否定的になった。九月二七日の天皇とマッカーサーとの会見でマッカーサーの天皇に対する尊敬の気持ちも強まった。四六年一月二五日、マッカーサーはアイゼンハワー陸軍参謀総長に対し、天皇に犯罪行為の証拠なしという強烈な電報をうった。

憲法問題もほぼ同じ時期に大きな方向性が定まった。一月二四日、幣原首相とマッカーサーとの会見で幣原首相からマッカーサーに、天皇制保持と平和主義を憲法に入れるという提案がなされ、マッカーサーがこれを歓迎したとされる。連合国軍総司令部（GHQ）側で草案が検討された結果、現在の憲法の案文の基礎となる案が提示されたのが二月一三日、これを受け入れた政府案が国民に提示されたのは三月六日、象徴天皇制はここで実質的な形をとったのである。

東京裁判については、四月二九日、二八名のA級戦犯が起訴され、天皇は不訴追。四七年一二月三一日の東条審問で、天皇に責任ありという結論を示唆するような答弁が行われたが、翌四八年一月六日の再答弁で東条元首相はかかる懸念を払拭、裁判中に起きたかもしれない天皇訴追の可能性も、この時をもって終息した。

「無条件降伏」言説の流布

他方において「日本が無条件降伏をした」というパーセプションは占領下で一挙に広まった。ポツダム宣言で無条件降伏という言葉が軍隊のみについて使われ、四五年九月二日の降伏文書にもこの区別が明示されていたにもかかわらず、九月六日トルーマンからマッカーサーに対し「日本との関係は無条件降伏であり、貴官の権力は至上であり、日本側からのいかなる異議もあってはならない」という極秘の電報が発せられている。

日本政府はやがて、この無条件降伏説を受け入れはじめた。四九年一一月二六日の衆議院予算委員会で吉田首相は「日本は無条件降伏をした」と答弁をしている。さらに五一年一〇月二四日の平和条約特別委員会で西村熊雄条約局長は「日本は連合国から提示された条件をいかなる条件もつけずに受諾した。これが無条件降伏の意味することである」という驚くべき答弁をしたのである。

対日平和条約の締結に当たって当時の外務省がなぜこういう答弁をするに至ったかについては若干の内部文書が残っているが、全容の解明とは程遠い。推測を交えて述べれば、「無条件降伏」という概念を日本人に刷り込ませることは、GHQの占領行政の権威を高めるために必要であり、統制下の日本政府も「皇室の安泰」が実質的に確保された後、「無条件降伏」の意義について占領軍と対立し続ける実益を失ったのかもしれない。

けれども、この実益本位の立場に日米両政府が妥協してしまったことによって、戦後の歴史を構成する最も重要なポイントが見えなくなってしまった。それは、崩壊する日本帝国政府が民族の絶滅という危険を冒しても「皇室の安泰」という一つの条件の下で降伏し、占領軍がこの条件をそれなりの形で守ったことが、戦後の日米の信頼関係の最も重要な基礎となったということである。本書がこの歴史の事実を明らかにする契機になれば嬉しいと思う。

文献案内

東郷茂徳『時代の一面』改造社、一九五二年、中公文庫、一九八九年
開戦と終戦時の外務大臣を務めた筆者が巣鴨の獄中で記述したものであり、これ以上の一次資料はみあたらない。

ロバート・ビュートー(大井篤訳)『終戦外史――無条件降伏までの経緯』時事通信社、一九五八年
戦争直後にアメリカ人の手によって書かれた終戦の経緯として、一読に値する。

五百旗頭真『米国の日本占領政策(上下)』中央公論社、一九八五年
米国における占領政策の立案からポツダム宣言の受諾までを詳細に分析。

昭和天皇の戦争責任

保阪正康

曖昧な「天皇の戦争責任」という語

昭和天皇に戦争責任はあるのか、といった質問は、さまざまな講演のあとにしばしば受ける。私の答は明確で、「あるか、ないか」との問いに対しては「ある」であり、むしろ「ない」と考えるのは天皇に非礼ではないかと思われる。その理由を説明することになるのだが、本項でもその説明をくり返したいと思う。

本来、「天皇に戦争責任はあるのか」という問いはきわめてトリックに満ちている。この問いには、天皇制と天皇自身が一体化しているとの前提があり、戦争責任といった語もまたこれと同じ程度の曖昧さがある。要は、「天皇制そのものが戦争責任を負う存在」という答を想定しての質問といっていいように思う。換言すれば、戦後の日本社会の論壇はこのような答のもとに質問が練られてしまったのではないか。「天皇制打倒」という語の政治的用語といってもいいのではなかったかと思うのである。

私は昭和天皇の「戦争の責任」については、まったく独自の考えを持っている。一般的に「天皇の戦争責任」といえば、開戦・継戦・敗戦などそのすべてが包含される。つまり戦争に伴う一切の国策がその語の中には含まれているといっていい。加えてその責任には、法的・政治的・歴史的・道義的(ここに人道的・倫理的といった意味も含めていいのだが)、社会的な一切の責任が重なりあっているように思える。したがって「天皇の戦争責任」という語には、戦争に伴う国策のすべての責任が含まれているとの意味になってしまう。

これほど曖昧かつ模糊とした語はない。その結果どうなるか。天皇にあらゆる責任を押しつけることで、軍事・政治指導者は免責になってしまう。さらに国民は常に「被害者」であり、「騙された存在」として、戦争に対する自らの責任を巧みに回避することになる。そのために政治用語として用いられる場合は、天皇自身を好戦主義者とし、それが軍閥とともに戦争を起こし、そして日本を奈落の底へと追い込んだとの理解をすることになる。天皇と軍閥、さらに戦争を進めた政治勢力とは一体だという論での批判がもっとも受けいれやすい形で、戦後社会の主要な論点になってきたといってよかった。

だがこうした枠組みで、天皇の戦争責任を論じるのは実態に必ずしも即した見方とはいえないのではないか。まず第一に天皇自身の内面心理が分析されないままになっている。第二に、大日本帝国憲法下で統治権・統帥権の総攬者であった天皇は、その大権をそれぞれの責任者に付与した形になっているが、それが十全に機能していたかが検証されないでいる。さらに第三として、戦争責任を自覚するということはどういうことか、それは天皇から一国民まで含めて考え論じるという姿勢の放棄ではないか。こうした点を具体的に検証していかなければ「天皇の戦争責任」を論じたことにはならないのではないか、と私は考えているのである。

「戦争」と「責任」を分けて考える

そこで私は、「戦争責任」を「戦争の責任」と理解し、「戦争」と「責任」を分化すべきではないかと考える。昭和天皇は戦争について、そして責任について具体的にどう考えていたのかを徹底して検証してみるのである。戦争という語を分解していくと、たとえば次のような項目が浮かんでくる(この分解について私は基本的には十項目が挙げられると思うが、ここでは五項目にして論じたい）。

一、開戦とそこに至るまでの責任
二、戦争終結を早期にできなかった責任
三、戦争被害に対する主権者としての責任
四、敗戦とそこに至るまでの責任
五、国民に真実を知らせなかった責任

いわば戦争時の折り折りの政治的失政という国策が天皇にも問われたはずである。そうした責任についてどう考えるべきかを、大項目として整理してみるとこういった項目が挙げられると指摘したいのである。むろんこの責任の中には、五項目には入れていないのだが、天皇自身は皇祖皇宗に対する責任という思いもあったことがわかってくる。この分解に続いて、次に責任という語をより詳細に分化してみることが必要である。

この分化には、さしあたり四つの視座を持ちこんでみたい。

Ⓐ政治的責任
Ⓑ法的責任
Ⓒ道義的（人道的・倫理的）責任
Ⓓ歴史的責任

もとよりこのほかに経済的責任なども考えられる。国民の生命・財産を守るという本来の役割を果たせなかったわけだから、当然それに伴う責任もあったはずだ。しかしともかくこの四つの責任を改めて考えてみるべきであろう。

奇妙な表現になるが、前述の五つの責任をタテ軸にし、四つの視座をヨコ軸に据えて昭和天皇自身が、自らの戦争責任をどのように考えたかの表を私たちは自分で作成してみるべきであろう。昭和史に関する史料、さらには昭和天皇を分析するための数多くの史料や文書・記録に目を通してみてその表を作成するのである。

私の場合はどのような表を作成したか。以下のようになる（◯は責任を自覚、△は責任を自覚していないの意味である)。

		視座			
		Ⓐ	Ⓑ	Ⓒ	Ⓓ
分解	(一)	△	△	○	○
	(二)	△	△	○	△
	(三)	△	△	○	○
	(四)	△	△	○	○
	(五)	△	△	○	○

断っておくが、これは私が分析した昭和天皇の姿で、昭和天皇自身は自らの責任についてどのように考えていたか、それを図で示したものである。具体的に考えてみると容易にわかることだが、昭和天皇は政治的には自らに一切責任はないと考えている。昭和五十年代からの宮内記者会との会見で明らかにしているように、自らは立憲君主制の枠内にとどまり、大権を付与している臣下の者の政策に異は唱えない。その代わりに責任も負わないと考えていたからである。この立憲君主制の意味を昭和天皇は、大正十年の皇太子時代に訪欧したときに、英国のジョージ五世から特別に教授されたと明かしている。

一方で、国際法的には東京裁判で免責になったことなどを挙げつつ、法的には戦争責任は問われないと考えていたことも各種の証言からは容易に推測できる。昭和天皇が東京裁判の結果を真摯に受け止め、そしてその枠組みを逸脱しないように配慮していることは、靖国神社へのA級戦犯合祀が明らかになってから、ただの一度も参拝しなかったことを見てもよく理解できる。サンフランシスコ講和条約の一項に東京裁判の容認が含まれていることを誠実に守っているためであろう。

戦争責任に対する昭和天皇の心理

昭和天皇にとって、「歴史的」に戦争の責任を負うというのは、開戦を臣下の者の決定に従ったが、戦争の推移が思うように進まないことでしだいに戦況の将来が不安になる。つまり「皇統の持続」が難しくなる危険性を実感している。戦時下で天皇は、皇祖皇宗に対して自らの代で皇統が絶えることになりかねないとの恐怖を味わったのではなかったか。戦争終結を急がなかったことへの歴史的責任はかなり重く受けとめていたように思われる。

天皇の心理を理解するには四つのアプローチがある。私の見るところ、その四つとは「詔勅の分析」「御製を読み解く」「側近の回想録解析」、そして「記者会見時の質疑応答」である。これらのアプローチのうち、とくに御製を読み解くことで、天皇は国民には、戦争で多大の迷惑をかけたとの思いを持っていたように理解できる。たとえば戦後の最初の行幸時に戦災地を視察したときに、「わざはひをわすれてわれを出むかふる民の心をうれしとぞ思ふ」とか、戦災孤児の施設を慰問したときには、「よるべなき幼子どももうれしげに遊ぶ声きこゆ松の木の間に」といった歌を幾つも詠んでいる。

昭和六十年代に入っての宮内記者会との記者会見では、在任期間の辛い思い出は、といった問いに、「あの大戦」を必ず挙げ、その目には涙が浮かんでいたとの証言も残されている。こうしたエピソードは幾つもあり、昭和天皇は人道的、あるいは倫理的には戦争という国策を選択したことへの自責をその死までもっていたといっていいように思う。先の表で、私が「道義的責任」を実感している欄に○をつけるのは、それらを含んでである。

このような表で天皇の戦争責任を論じることの是非は別にして、天皇自身は自らの戦争責任について大枠では以上のような形で認識しているように思う。もとより天皇の戦争責任とは、天皇自身が自らの戦争への責任をどのように受け止めたかも重要な指標になるはずで、それを踏まえて国民的枠組みではどう考えるべきなのか、あるいは政治的・法的にはどういう見方で捉えるべきかが重要である。先の表は、私から見て天皇自身がその責任をどう自覚しているかだが、私自身がどのように考えているかも明らかにしておかなければならない。

私は天皇に戦争の責任があるというより、天皇制下の軍事主導体制により軍事指導者が国策、戦況についてまったく偽りの報告を行い、天皇の大権を利用してきわめて無責任な戦時体制をつくりあげていたことが問題だと思う。近年、公然と偽りの報告を続けていたとの証言も明らかになり、天皇制権力はまったく虚構の空白になっていたことが裏づけられている。太平洋戦争が始まってすぐに、陸海軍とも巧みに戦果を偽っていくプロセスを見ると、大日本帝国憲法が抱えていた本来の矛盾が隠しようもなく露呈してきていることがわかる。

戦争末期には、天皇は統帥権を付託したはずの軍事指導者との間には不信感しかもっていなかった。こうしたことを整理しながら、天皇の戦争の責任は、より実証的に検証することで大日本帝国の実像がもつ反国民的性格が明らかになるように思う。

文献案内

この試論のために参考となった文献は、以下のとおり。

ハーバート・ビックス『昭和天皇(上下)』講談社学術文庫
ジョン・ダワー『敗北を抱きしめて』岩波書店、二〇〇四年

日本の著作は丸山眞男、竹内好、橋川文三などの著作に刺激を受けている。

米国の占領政策——検閲と宣伝

加藤哲郎

敗戦から占領へ

一九四六年一一月に制定された日本国憲法は、「第二一条　集会、結社及び言論、出版その他一切の表現の自由は、これを保障する。2　検閲は、これをしてはならない。通信の秘密は、これを侵してはならない」と規定した。それは、新聞紙法、出版法、治安維持法などで縛られ検閲された戦前に比すれば、民衆にとっての言論・思想・表現の自由の獲得であり、民主主義の確立であった。

他方で占領権力は日本の法体系の上位にあり、別のかたちで検閲は続けられた。一九七九—八〇年に米国に滞在した文芸評論家江藤淳は、『閉された言語空間——占領軍の検閲と戦後日本』（文藝春秋、一九八九年）で、自由の保証人と信じられたGHQの政策として検閲と宣伝が実施され、日本人を洗脳してきたと主張した。

一九四五年九月には、「プレス・コード」がつくられて、あらゆる新聞・雑誌・出版物がGHQの統制下におかれた。実際の運用は、「削除と発行禁止のカテゴリーに関する解説」（検閲要綱）において、検閲対象カテゴリー三〇項目が、「SCAP（連合国軍最高司令官）に対する批判」「極東国際軍事裁判批判」「GHQが日本国憲法を起草したことに対する批判」「検閲制度への言及」「アメリカ合衆国への批判」「軍国主義の宣伝」「ナショナリズムの宣伝」「占領軍兵士と日本女性との交渉」「闇市の状況」などと定められた。「プレス・コード」に準じて、ラジオ放送の「ラジオ・コード」、映画や演劇についての「ピクトリアル・コード」も制定された。メディア媒体ばかりでなく、郵便・電報・電話の個人コミュニケーションも秘かに検閲された。

その具体的運用にあたったのは、江藤が米国側占領文書を示し述べたように、ＧＨＱ／ＳＣＡＰ（連合国軍総司令部）のＣＩＥ（民間情報教育局）と、ウィロビー将軍率いるＧ２（参謀二部）の一機関であるＣＣＤ（民間検閲局）であった。

一九四五年九月二二日の「降伏後における米国の初期対日方針」にもとづき一〇月初めに設立されたＣＩＥは、六・三・三・四制など教育と宗教・文化全般を担当し、非軍事化・民主化の基盤作りを進めた。「あらゆる公的情報メディアを通して日本人に民主的思想及び原則を普及する」として、戦時中の「大東亜戦争」の呼称を「太平洋戦争」と改め、ＮＨＫラジオで「眞相はかうだ」「眞相箱」を放送させ、政教分離や新制大学発足にも大きな役割を果たした。江藤淳はそれを「War Guilt Information Program（戦争についての罪悪感を日本人の心に植えつけるための宣伝計画）」とみなし、憲法論議もそれに規定されたとした。

ＣＣＤの検閲とＣＩＥの宣伝

もう一つの江藤の発見、ＣＣＤによる検閲の全貌も、今日では明らかになってきている。山本武利『ＧＨＱの検閲・諜報・宣伝工作』（岩波現代全書、二〇一三年）は、米国国立公文書館とメリーランド大学「プランゲ文庫」（後述）を精査し、ＣＣＤ活動のメカニズムを明らかにした。組織上は、ＣＣＤはＧ２のＣＩＳ（民間情報局）の下で、ＣＩＣ（対敵防諜部隊）と共に、戦犯追及・公職追放や共産主義情報収集にあたった。一九四五年九月一日にフィリピンから日本に上陸し、四九年一〇月末まで検閲を直接担当したＣＣＤは、米国国内での戦時検閲の経験とドイツ占領に準じた基本計画を持っていた。人員・規模・予算からいってもＣ

ISの中核で、一九四七年一月最高時に八七六三人の職員を抱えていた。米国軍人一六三人、文官四六八人で、日本人八一三二人を雇用していた。

CCDには、郵便・電信・電話検閲の通信部門と、新聞・出版・映画・ラジオを扱うプレス・映画・放送部門(PPB)があった。通信部門が中心で、ピーク時には六〇〇〇人以上が郵便検閲に従事し、四年間で郵便二億通、電報一億三六〇〇万通が開封され、電話は八〇万回盗聴された。

通信の検閲対象は、ウォッチ・リストにしたがっていた。東京で作られたマスター・ウォッチ・リストと、各地CCDのローカル・ウォッチ・リストがあり、GHQ各機関からの要請で要監視人名簿が作られた。一九四八年一月には一七四〇人がマスター・ウォッチ・リストに登録されていた。ウォッチ・リストの通信ばかりでなく、一般郵便物も抽出・検閲され、占領政策についての世論調査に用いられた。一九四九年五月の記録では、国内郵便物の二％三五〇万通を四〇〇〇人の日本人検閲者、六〇人の米国人(主に日系二世)監督者が予備調査のため開封した。問題箇所をチェックし英訳したワークシートが作られ、米国人将校・嘱託に精査された。重要案件にはコメントシートが付され、CCD本部専門工作部(TOS)ほか関係部署に送られた。問題ないと判断された郵便物はビニールテープで封印され、郵便局に戻され、検閲済みのスタンプを押されて配達された。

この予備調査に加わった日本人はのべ二万人を超えるが、ほとんど記録や証言を残していない。他人の私信を覗き見る後ろめたさは、記録・証言が少ないことにも現れているが、英語のできる学者や商社員にとっては高給を得る職場だった。有名大学の学生にとっては割のいいアルバイトであった。後のポーランド文学者工藤幸雄は、一九四六年二月からCCDに勤め、「実地に仕事に携わった人間から見れば、そんな怖い機関とは思えない。闇取引の打ち合わせ、進駐軍の施政に関する批判などを郵便物から拾い出して、重要部分を訳出すれば、それで役目は終わった」「ぼくのような貧乏学生が多かった」と回想した(『ぼくの翻訳人生』中公新書、二〇〇四年)。

新聞・雑誌・書籍の活字メディアやラジオ放送、映画・演劇(PPB)の検閲は、当初は事前検閲が原則であったが、徐々に事後検閲へと移行し、一九四九年一〇月三一日、CCDの廃局に伴い終了した。「プレス・コード」と「検閲要綱」三〇項目の他に、「キーログ」という検閲マニュアルが作成され、逐次改訂された。マッカーサーやGHQへの言及は、第一のチェック事項だった。その手法は巧妙なものだった。検閲の痕跡が残らぬよう「公表禁止 suppress」「削除 delete」の箇所を書き直し、埋め合わせることを要求した。PPBは一九四五年九月発足当初から全国主要都市に設けられ、文学・俳句同好会誌、社内誌・労働組合支部機関紙も検閲された。その全容は、GHQ・G2歴史課米国側代表であったゴードン・プランゲ博士が米国に持ち帰り、今日「プランゲ文庫」の名で、メリーランド大学図書館で閲覧できる。

日本語書籍の場合、戦前・戦時二二万タイトル中七七六九点が「没収宣伝用刊行物」にされたほか、一九四七年一一月に事後検閲に移行するまで、刊行前の校正刷り二部をCCDに提出する事前検閲があった。「プランゲ文庫」所蔵図書・パンフレット六万三二八七点中一三一九点が検閲処分を受けた。児童書・漫画や詩集でも、忠臣蔵やチャンバラ場面は「軍国主義的」と削除され、原爆の悲惨や放射能の後遺症を描くことは許されなかった。

雑誌は、一九四七年一〇月の原則事後検閲移行時も、共産党系左翼雑誌など二八誌は事前検閲の対象とされた。例えば一九四六年三月から五七年三月まで刊行された月刊『真相』は、最高時一〇万部を発行した左翼時局雑誌だが、四九年末まで事前検閲が続き、表紙・目次・見出し・広告を含む一六八〇件中約一五％の二四二件が「公表禁止」「削除」で書き換えを余儀なくされた。同誌は日本の独立後、一九五三年一一月から「真相鋏厄史——占領下の検閲とはこんなもの」を連載して具体的手法を明らかにし、今日では貴重な研究資料となっている。

新聞の場合、ＣＣＤが各紙編集幹部を集めて検閲要綱を指示した。締切と印刷・輸送・配達に縛られる日刊紙は、早くから社内に検閲部を設け、トラブルを避ける自主検閲が進んだ。ＣＩＥによるメディア指導が徹底し、米国の科学技術・文化・市民生活を報じる記事はほとんどフリーパスだった。四八年七月に事後検閲に移行しても、自主検閲・自主規制が定着していた。例えば当時の朝日新聞記者は「原爆が書けないことは記者の誰もが知っていた」（上丸洋一『原発とメディア』朝日新聞出版、二〇一二年）。何が禁止されどういう記事ならパスできるかを経験的に学習することによって、自主検閲に慣れていった。ＣＩＥは出版・新聞用紙の統制と割当をも行っていたから、出版社・新聞社は経営面からもＣＩＥの指導に従い、ＣＣＤの検閲を甘受せざるをえなかった。

こうした新聞・雑誌の検閲については、プランゲ文庫中の記事・広告をキーワードで検索可能にしたＮＰＯ法人インテリジェンス研究所の「二〇世紀メディア情報データベース——占領期の雑誌・新聞情報一九四五—一九四九」が今日公開されており、雑誌約一九六万件・新聞約一二八万件総計三二四万件の記事が、検閲の有無を含め参照可能になった。具体的事例を研究した『占領期雑誌資料大系』（大衆文化編・文学編各五巻、岩波書店、二〇〇八—二〇一〇年）なども刊行されている。

総じて占領期の言説空間は、戦勝者アメリカ合衆国の世界戦略に大きく枠付けられ、ＣＣＤの検閲とＣＩＥの指導・宣伝に規制された「閉された言語空間」であった。山本武利によると、占領期を通じて米軍が敏感だったのは、第一にマッカーサー及びＧＨＱへの批判、第二に米軍兵士の婦女暴行や男女関係（フラタニゼーション）で、占領権力そのものを隠蔽した。主たる規制の対象は、当初の軍国主義・ナショナリズムや天皇制・原爆報道から、東西冷戦が始まるとソ連・共産党報道へと転換した。「逆コース」の言論・思想版である。

ただしＧＨＱに関説しない限りでは、戦争・戦場の悲惨、日本国憲法や民主主義・平和を自由に論じることができた。書き手のジャーナリスト・知識人、受け手の読者大衆も、それを歓迎した。雑誌『真相』のような検閲逃れの手練手管や、ジャーナリストの「奴隷の言葉」での抵抗もあった。生活のためと割りきり他人の信書を開封する日本人検閲官、マッカーサーへの手紙やラジオ「真相箱」への投書で戦争犯罪人を告発する日本人も多かった。「日本人の頭の切り換えと再教育」のための「閉された」枠内で、「開かれた」新しい学問・思想や文学・芸術を展開することは可能であった。総じてジョン・ダワー『敗北を抱きしめて』（岩波書店、二〇〇四年）の言う日米合作で、戦後七〇年への継承と断絶は、具体的テーマ、言説と事例に即して、評価されるべきだろう。

文献案内

江藤淳『閉された言語空間――占領軍の検閲と戦後日本』文藝春秋、一九八九年、文春文庫、一九九五年
米国国内の軍事検閲やドイツなど第二次世界大戦の敗戦・占領地域での経験を踏まえて実施されたＣＣＤの検閲とＣＩＥの宣伝を発掘した。
山本武利『ＧＨＱの検閲・諜報・宣伝工作』岩波現代全書、二〇一三年
ＧＨＱの機構の中でのＣＩＥの宣伝、ＣＣＤの検閲メカニズムを、日本人検閲官の証言を含め詳述した。

強制連行・強制労働

外村　大

強制連行・強制労働の事実

強制連行・強制労働とは、本人の意思に反する連行・使役を意味し、特に日本政府の決定に基づき朝鮮人や中国人を日本内地に動員したことを指すことが多い。

一九三九年度以降、戦争終結まで毎年、日本政府は総力戦遂行のため、労働力動員計画を閣議決定、朝鮮半島在住の朝鮮人の日本内地への「集団移入」を行った。その後、一九四二年に次官会議で中国大陸からの労働者導入が決定され、翌年以降実行された。閣議決定された動員計画でも一九四四年度には中国人の項目が設けられた。動員先は、朝鮮人については軍需工場のケースもあったが、大部分は炭鉱・鉱山、土木建設工事現場、港湾荷役労働で、劣悪な待遇で知られ、労働力確保が困難となっていた部門の事業所であった。性別は軍需工場に動員された朝鮮人の女子挺身隊員を除き男性である。

強制連行された人数は、朝鮮人が七二万四八七一人とされている（朝鮮からの送出数で樺太および南洋群島への動員の二万二〇四四人を含む。大蔵省管理局『日本人の海外活動に関する歴史的調査』）。中国人については戦後、外務省が取りまとめた「華人労務者就労調査報告書」から約四万人と言われている（戦争中の帰国者が一一六九人、戦後直後の一〇―一二月までの帰国者が三万七三七人、連行先での死亡者が六七三二人でこれを合計すれば三万八六三八人となるが、これ以外にも遅れて帰国した者等が存在する）。

朝鮮人強制連行は、当初、企業の募集の形式をとったが、一九四二年以降は行政当局が取りまとめを行うことになり、さらに一九四四年九月以降は国民徴用令も発動された。いずれの段階でも脅しや物理的暴力が用いられることが多かった。中国人については、いわゆる傀儡政府の外郭団体である華北労工協会が主に担当し、企業との「契約」によって労働を強いた。動員されたのは日本軍らによって拘束された俘虜・一般の中国人であった。

労働現場では、一般の労働者・住民とは隔離され、逃亡阻止のための監視、賃金の強制貯蓄などが行われ、危険な現場での長時間の使役、暴力的な制裁、虐待が日常化していた。戦争末期は契約期間満了後も帰国が許されず使役された。中国人の場合、憲兵による監視のもとでの労働もあった。死亡率も高く、中国人の場合は、被連行者の約一七パーセントにのぼる。また、朝鮮人は制度的には援護施策(困窮する家族への手当支給等)の対象となったが、実際にそれを受給した者はほとんどいなかった。

虐待に耐えかねた被連行者が現場からの逃走や抵抗を試みるケースも多発した。戦争末期には秋田県花岡で中国人の蜂起が起きた。この花岡事件は憲兵の出動で鎮圧されたが、七九二人の中国人が逮捕され、うち一一三人が拷問などによって死亡した。

被強制連行者の大部分、とりわけ中国人のほとんどは帰国した。ただし、朝鮮人のうち数千人程度は継続して日本にとどまったと見られる。また、北海道の炭鉱に連行され、敗戦前に逃亡していた中国人の劉連仁は、戦争終結を知らないまま山中で暮らし、一九五八年に「発見」されて、帰国している。

戦後処理

戦争終結後に結成された在日本朝鮮人連盟(朝連)は、関係企業や日本政府に対して強制連行・

強制労働の被害者の朝鮮人への未払い賃金支給などを求めた。しかしそれは認められず、冷戦の影響で朝連が解散させられたこともあって、実態調査や、在日朝鮮人団体との交渉に基づく戦後処理は行われなかった。

一方、戦勝国民である中国人については外務省が強制連行・強制労働の調査を行い、報告をまとめた。また、花岡事件に関連して中国人虐待を行った日本人企業関係者らが戦争犯罪に問われ、死刑を含む有罪判決が下されている。しかし国共内戦での中国共産党の勝利という情勢の中で、そのほかの中国人強制連行・強制労働に関わる戦犯訴追はなく、花岡事件関連で有罪判決を受けた日本人も後に減刑されている。

その後、一九六五年の日韓の請求権協定によって両国間では朝鮮人被連行者の補償問題が処理された。これは日本による経済援助によって請求権に関する諸問題を解決するというものであった。韓国政府は日本から受け取った無償三億ドルの一部をもとに、一九七四年に請求権に関する法律を施行したが、補償対象は被強制連行の死亡者の遺族に限られ、額も多くはなかった(八五五二人に一人あたり三〇万ウォン)。中国人については、一九五二年の日華平和条約で中華民国の請求権放棄、一九七二年の日中共同声明で戦争賠償の放棄がうたわれ、問題にされない状態が長く続いた。

しかし、未払い賃金等個人の請求権については消滅させることはできず、前述のように韓国でも補償は限定的であった。このため一九九〇年代以降、関連企業や日本政府を相手にして謝罪や補償を求める訴訟が相次いだ。だが、日本の裁判所は、除斥期間経過や国家無答責、日中共同声明を理由に訴えを退けた。ただし、中国人強制連行・強制労働については企業の謝罪、基金設立をもとにした救済等を内容とする和解が成立したケースもある。また、韓国では民主化が進む中で、被害者とその遺族らの運動が活発となった。そして、二〇〇四年以降、日帝強占下強制動員被害真相究明等に関する特別法などが制定施行され、国務総理直属の機関による被害の調査と、事実認定を受けた被害者の遺族に対する韓国政府からの各種の支援が行われている。対象となるのは、国家総動員法施行以降一九四五年八月一五日までの強制動員で、一般の労務動員のほか、軍人・軍属、慰安婦が含まれる。被害が認定された遺族に対して支給されるのは、慰労金（二〇〇〇万ウォン）、未収金（企業等から受け取れずにいるお金、一円を二〇〇〇ウォンに換算）、医療支援金であり、これは一九六五年の日韓間の請求権協定に関連し、人道的次元から行うものとされている。

なお、国交のない北朝鮮の在住者や在日朝鮮人の被害者との間では、被害についての処理はなされていない。

現在にいたる問題

日本では、強制連行・強制動員に対する補償要求を退ける判断が判例として確立しているが、日本国外ではこの問題をめぐる訴訟は続いている。二〇一二年には韓国大法院（最高裁）が反人道的不法行為・植民地支配に直結した不法行為による賠償請求権は日韓間の協定の適用対象に含まれないとする判断を示した。これを受けて翌年には、高等法院（高裁）が日本企業に対する被害補償を命じたが、日本企業側の上告で係争中である。また、中国においても日本企業を相手にした被害者の訴訟が始まっている。

日本で死亡した被害者の遺骨の返還も引き続き課題となっている。日本の各地の寺院に保管されている、日本敗戦前に死亡した朝鮮人の遺骨はなお多数あり、その身元調査は困難となっている。韓国政府は、日本政府に対して調査と返還についての協力を求めている。

市民社会におけるこの問題についての認識も危惧される点がある。強制連行・強制労働の史実否定の主張が一部政治家や文化人の発言、書籍、インターネット等を通じて流布され、各地に建てられた記念碑の文言修正や撤去要求が右派市民運動によって行われている。

今後の取り組み

日本政府も、個人の補償請求権は消滅していないとの見解であり（原爆被害やシベリア抑留者についての国会での政府答弁がある）、日本の裁判所の判決でも強制連行・強制労働の事実認定自体は行っている。そうしたなかで何らかの形で被害者に対する補償措置が必要という主張があり、立法による解決を目指す法律家・政治家・市民らの運動が展開されている。具体的な構想としては関係企業と日本政府の出資による財団を設立し、被害者への補償を行うというものである。

強制連行・強制労働の歴史を後世に伝えるための歴史教育・追悼の活動や遺骨の発掘に取り組むグループもある。花岡事件に関してはＮＰＯ法人によって花岡平和記念館が設立され、事件を後世に伝えるとともに慰霊、遺族との交流が進められている。強制連行された朝鮮人らが就労した松代大本営建設工事についても、現場の一部が公開され、その近くに市民が運営する歴史館が設置され、当時の状況を伝えている。このほか、各地で調査活動を進める団体、個人が加盟する全国的な団体として朝鮮人強制連行真相究明ネットワークや朝鮮人強制連行真相調査団が活動を続けている。

強制連行という語が適切であるのか、当時は使われていない語なのではないかという質問や批判がしばしばなされている。しかし後世になってから、ある歴史事象に用語を与えるのはごく普通のことである。そして、同時代の史料でも「強制的に連行」、「拉致同様」という表現があり、強制連行の語は実態をよく示すと言える。
　日本人も戦時動員の対象となったのであり、当時、「帝国臣民」であった朝鮮人の被害は特殊ではないという主張もよくなされる。しかし、炭鉱・土建工事現場・港湾荷役等の劣悪な労働現場に対しては、通常、日本人は動員されなかったこと、軍人・軍属、被徴用者の日本人に対しては戦時中も戦後も援護措置が完備されていたのに対して朝鮮人にはそれがないこと、そして朝鮮人に対しては剝き出しの暴力が恒常化していたことが大きく異なっている。

文献案内

朴慶植『朝鮮人強制連行の記録』未来社、一九六五年
　強制連行・強制労働のみならず、過去の歴史に向き合うべきことを鋭く告発した著書として影響が大きい。
杉原達『中国人強制連行』岩波新書、二〇〇二年
外村大『朝鮮人強制連行』岩波新書、二〇一二年

花岡和解

戦時中、秋田県花岡町（現・大館市）の鹿島組（のち鹿島建設）花岡出張所に強制連行され、苛酷な労働を強いられた中国人労工が一九四五年六月三〇日深夜、一斉暴動を起こし、現場指導員ら五名を殺害し、逃亡した。この花岡事件では、一〇〇〇人近い労工のうち七九二人が逮捕され、うち一一三人が拷問などで死亡した。

日本降伏後の九月、秋田地裁は、蜂起の指導者・耿諄ら一一人に対し、無期懲役以下の判決を下した。中国人生存者中の五三一人は一一月に帰国したが、配属以来の死亡者は四一八人に達した。一〇月中旬、戦勝国である中華民国の要求もあり、現場責任者ら七名の事件関係者の戦犯裁判が行われ、四八年三月、横浜の米軍法廷は、三名の死刑を含む有罪判決を下したが、国共内戦のなかで減刑されている。

その後、生存者と遺族は鹿島建設と自主交渉を進め、九〇年七月、鹿島側が、労工の受難は「閣議決定に基づく強制連行・強制労働に起因する歴史的事実」として認め、謝罪の意を表明し、協議継続を約束する「共同発表」を行った。だが、協議は進まず、被害者側は九五年に東京地裁に提訴したが棄却され、九七年、東京高裁に控訴した。二〇〇〇年に入って東京高裁は和解を提案し、同年一一月、九〇年の「共同発表」の再確認、被害者全員のための五億円の基金設立で和解が成立した。和解条項では、中国紅十字会に基金管理を委ね、全ての犠牲者及び遺族が一切の請求権を放棄する、とされた。花岡和解条項は、二〇〇九年の西松建設安野発電所和解のように、強制連行・強制労働に関する企業の和解モデルとなった。

（波多野澄雄）

細菌・化学兵器の被害・大量遺棄・処理

松村高夫

細菌兵器開発と細菌戦実施

細菌兵器の被害は、七三一部隊（関東軍防疫給水部）における人体実験の犠牲者と、同部隊で製造した細菌兵器を中国の十数地域で使用したことによる犠牲者の双方から成る。東京の陸軍軍医学校防疫研究室の石井四郎の主導の下に、一九三六年からハルビン郊外の平房に七三一部隊の建設が開始され、細菌実験と製造のためのロ号棟と呼ばれる一〇〇メートル四方三階建の冷暖房完備の近代的ビルを中心に、毒ガス実験室、動物飼育室、死体焼却炉、発電所、専用飛行場などが建設され、一九四〇年にはほぼ完成。関東憲兵隊は反満抗日運動家やソ連のスパイとみなした中国人らを捕らえ、ハルビン駅経由で平房まで「特移扱」し、ロ号棟の中庭の特設監獄（七棟・八棟）に収容した。被収容者は氏名を奪われ三桁か四桁の番号を付され、「マルタ」（丸太）と呼ばれ、日本人医師により人体実験の対象とされ、全員が死亡。敗戦直前、証拠隠滅のために特設監獄の「マルタ」全員（約四〇〇人）もガスで殺害したので、生存者はゼロ。殺害された「マルタ」は三〇〇〇人以上と推定されるが、そのうち現在約三〇〇人の氏名・住所などが判明している。十数種類の細菌が研究されたが、細菌兵器として効率的なのはペストと炭疽との結果を得た。ペスト菌を生菌ではなく蚤に感染させ、感染蚤（ＰＸ）を地上や空中から撒布してペスト患者を生み出すのは、七三一部隊独自の発明で、日本は世界で最初に細菌兵器を実戦使用した国となった。

細菌戦実施は、一九四〇―四二年に主にＰＸを中国十数地域に撒布し、多数のペスト患者を生み出した。まず、一九四〇年六月四日、吉林省農安でＰＸが地上で撒布され、同年末までに三〇〇人近いペスト患者が発生・死亡。同年九月下旬、農安から六〇キロほど離れた「満州国」首都新京に伝播した（「一九四〇年新京ペスト」）。続いて七三一部隊と南京一六四四部隊の共同作戦による四一年一〇月と一一月の浙江省の三都市へのペスト菌空中投下、即ち衢県（一〇月四日）、寧波（一〇月二七日）、金華（一一月二七日と二八日）へのペスト菌投下があり、四一年一一月四日には湖南省常徳に空中からＰＸを投下した。常徳への一発のＰＸの投下は、市内から周辺地域に伝播し、計七〇〇〇人以上がペストで死亡した。一九四二年には浙贛作戦において日本軍は浙贛鉄道打通後、撤退する際に広信、広豊、玉山でＰＸを地上撒布（八月一九—二一日）。さらに衢県、麗水両地域ではチフス菌とＰＸを撒布（八月二七日）し、江山と常山では井戸にコレラ菌を投入した。

以上のような七三一部隊における人体実験による殺害、および、細菌戦による死亡・傷害に関して、被害者ないし遺族はそれぞれ日本政府の謝罪と補償を求めて提訴した。人体実験の被害者遺族の敬蘭芝、王亦兵らは一九九五年八月東京地裁に提訴（「七三一裁判」）。細菌戦の被害者と遺族一八〇名は一九九七年八月と九九年一二月に東京地裁に提訴（「細菌戦裁判」）。裁判では七三一部隊における人体実験の事実は認定され、細菌戦による被害も認定されたが、法律論で原告敗訴とする最高裁判決が、それぞれ二〇〇七年五月に下された。

細菌撒布による犠牲者数は、未調査地域が多数あるので未だ確定できないが、前記「細菌戦裁判」では、四カ所への細菌戦の事実と被害八地域（衢県、義烏、東陽市、崇山村、義烏市塔下洲、寧波、常徳、江山）における死者数合計一万六九四人が認定されている。また、七三一部隊所属の医師・金子順一の論文(一九四三年)によると、PX撒布の被害八地域(農安、大賚、衢県、寧波、常徳、広信、広豊、玉山)の死者数は一次感染、二次感染の合計で一万九六四六人である。

公開された七三一部隊・細菌戦関連資料にはソ連のハバロフスク裁判(一九四九年)の『公判書類』、アメリカの戦後一九四五―四七年の四次の報告書(特にフェルとヒルの報告書が重要)、中国の『細菌戦と毒ガス戦』(一九八九年)などがあるが、肝腎の日本が資料を公開していない。戦後七三一部隊幹部の戦犯免責と引き換えにアメリカに渡された七三一・細菌戦関連資料は、一九八六年九月一日、米下院復員軍人委補償問題小委員会の公聴会におけるハッチャー国防省記録管理部長の証言によると、一九五〇年代末までに日本に返還されている。

毒ガス研究・製造と毒ガス戦

第一次世界大戦中の独、英・仏による化学兵器の使用でその威力を知った日本は、大戦後、東京戸山ケ原の科研(陸軍科学研究所)において久村種樹の指導の下、毒ガス研究を本格的に開始した。一九二三年にはホスゲンとイペリットの合成に、翌年にはルイサイトの合成に成功。日本軍は一〇種類の毒ガスを正式採用した。一九二九年から広島県大久野島の忠海兵器製造所で秘密裏にイペリットとルイサイト(きい剤)など日本軍が装備する全ての種類の毒ガスを製造した。そこで製造された毒ガスの一部は福岡県の陸軍造兵廠曽根兵器製造所に送られ充塡され、中国戦線に輸送された。海軍も一九二三年から毒ガス研究を開始し、一九四三年には相模海軍工廠が独立し、本部を神奈川県寒川町に置き、イペリットなどを製造した。吉見義明の推計によると、日本の毒ガス製造量は合計七三七六トンであり、一九三一―四四年の忠海兵器製造所での毒ガス製造は六六一六トンであるから、日本の毒ガスの九〇％が忠海製造所で生産されていた。この忠海の製造量に海軍の七六〇トンと民間工場の生産を加えたのが、日本の毒ガス製造の合計となる。その約半分が中国に運ばれた。毒ガス戦実行のための教育訓練は、千葉県の陸軍習志野学校(一九三三年設立)でなされ、中国戦線に送られた将校下士官は敗戦までに約一万人。満州のチチハルには五一六部隊(関東軍化学部)が一九三九年に新設され、毒ガス戦の実験研究や日本軍の各部隊を巡回する毒ガス戦教育を行なった。

中国戦線で毒ガスは武漢攻略作戦(一九三八年六―一一月)、宜昌攻防戦(一九四一年一〇月七―一一日)をはじめとする一六の作戦に使用された。東京裁判に国際検事局が提出したマーラー報告書によれば、一九三七―四五年に、日本軍は中国で一三一二回化学兵器を使用し、被害者は三万六六九六八人、そのうち二〇八六人が死亡(死亡率五・六四％)。その後、紀学仁は日本軍による一九三七―四五年の正面戦場での化学兵器使用数は一六六八回以上とし、中国軍民のガス中毒による死傷は九万人以上と推定している。

毒ガス兵器の大量遺棄と被害

日本軍は敗戦時に未使用化学兵器を埋蔵場所、投棄場所を中国側に知らせずに大量に遺棄してきたので、戦後毒ガス弾などに接触した中国人の被害が頻発した。一九五二年中国政府は「遺棄弾処理委員会」を設置し、吉林省の敦化や黒竜江省の孫呉など東北各地に散在していた毒ガス兵器を集積して処理を試みた。敦化では約一八〇万発(日本側推定は三〇―四〇万発)の毒ガス弾を集め、応急処置として市郊外のハルバ嶺に埋めた。一九九二年、国連軍縮会議において、中国代表は旧日本軍が遺棄した未処理の化学兵器は二〇〇万発、化学剤は一〇〇トン、被害者は二〇〇〇人以上と発表し、遺棄国（日本）の毒ガス廃棄義務を規定した条項を「化学兵器禁止条約」に入れることを要求。一九九七年四月二九日、同条約（正式名は「化学兵器の開発、生産、貯蔵及び使用の禁止ならびに廃棄に関する条約」）が発効し、その規定により日本政府は一〇年以内に中国における遺棄化学兵器を処理する義務を負った。だが、遺棄弾処理は遅々として進まず、「同条約」で規定された「一〇年以内の廃棄処理」は二〇〇七年までに実行できず五年延長され、さらに二〇一二年に一〇年延長を申請した。それにより二〇二二年までのハルバ嶺など中国各地の旧日本軍の遺棄化学兵器の処理が義務付けられた。二〇一四年現在、遺棄化学兵器が発見された地域は五二カ所。日本政府が「化学兵器禁止機関」（ＯＰＣＷ）に申告した総数は五万八〇〇発（ハルバ嶺を含まず）である。

中国の遺棄毒ガス被害に関しては、その被害者と遺族一三人が、一九九六年一二月に原告となり日本政府に謝罪と賠償を求めて東京地方裁判所に提訴した（第一次訴訟・ジャムス市（一九七四年）、牡丹江市（一九八二年）、双城市（一九九五年）の毒ガス弾等の事故被害者）。続いて一九九七年一〇月、五人の被害者が同様に提訴（第二次訴訟・チチハル、依蘭、拝泉の事故被害者）。二〇〇三年九月第一次訴訟判決は原告勝訴したが、第二次訴訟は原告敗訴。二〇〇九年五月の最高裁判決で両訴訟とも原告敗訴が決定した。さらに「化学兵器禁止条約」発効後、二〇〇三年八月四日、チチハル市の工事現場（五一六部隊の弾薬庫跡）で地中の五つの容器から毒ガス剤が流出し、死亡一人、負傷四三人の大事故が発生。二〇〇七年一月被害者と遺族四八人が医療保障、生活保障を日本政府に求めて東京地裁に提訴。続いて二〇〇四年七月二三日、敦化市郊外で二人の少年が毒ガス弾の被害を受ける事故が発生し、二〇〇八年一月被害者の少年二人が同じく医療保障、生活保障を日本政府に求めて東京地裁に提訴。最高裁は二〇一四年一〇月、チチハル事故、敦化事故とも原告敗訴を決定した。

日本国内の毒ガス被害

敗戦後、忠海兵器製造所、曽根兵器製造所、習志野学校、相模海軍工廠、そのほかの軍各部隊が備蓄し残存していた毒ガスは、焼却、埋没、海洋投棄の処置がとられたが、日本全国で死亡、傷害事故が発生した。日本政府の調査（一九七二年）によると、敗戦時日本各地に遺棄された旧日本軍の毒ガス弾は合計三八七一・五トン（大久野島三二五三トンを含む）、弾薬箱五万箱、ガス弾一万八〇〇〇発であった。二〇〇〇—〇三年に、福岡県苅田港、神奈川県寒川町や平塚市、茨城県神栖市などで毒ガス事件が相次ぎ、環境省は二〇〇三年一一月に一九七二年調査を再点検する「フォローアップ調査」（「旧軍毒ガス弾等の全国調査」）を発表。その調査には八二三件の戦後の毒ガス弾などの発見・被災・掃海の処理状況が記載されている。

文献案内

シェルダン・H・ハリス（近藤昭二訳）『死の工場——隠蔽された７３１部隊』柏書房、一九九九年（原著は一九九四年）
七三一部隊について包括的に著述。

松村高夫、解学詩他『戦争と疫病——七三一部隊のもたらしたもの』本の友社、一九九七年
七三一部隊による細菌作戦、実施、被害の実態、防疫活動についての中国の一次史料にもとづく日中共同研究の成果。

吉見義明『毒ガス戦と日本軍』岩波書店、二〇〇四年
化学兵器について、毒ガスの開発と毒ガス戦の展開、戦後の免責や日本と中国における毒ガス遺棄・廃棄問題など全般にわたり解明。

重慶大爆撃

前田哲男

日中戦争期の一九三八年一二月から四三年八月にかけて、中国四川省重慶市市街に対し日本陸海軍航空隊が連続・反復実施した、もっぱら継戦意志の破壊を意図する空中爆撃を指す。とくに「百号作戦」(一九三九年)、「百一号作戦」(四〇年)、「百二号作戦」(四一年)は、爆撃機の集中・大量使用と焼夷弾攻撃が特徴で、都市無差別爆撃の戦史に先鞭をつけた例として知られる。同種爆撃は第二次世界大戦のなかで、一九四〇年以降、英国・ドイツ・米国に模倣・拡大され、英では地域爆撃(area bombing)、独＝恐怖爆撃(terrorangriff)、米＝戦略爆撃(strategic bombing)と呼ばれた。日本軍による重慶爆撃は、「敵ノ戦略及政略中枢ヲ攻撃」すると作戦書に明記、「戦政略攻撃」と称した。

重慶市への空爆作戦

爆撃対象となった重慶市は、抗日政権の臨時首都(陪都)であった。国民党・蔣介石、共産党・周恩来により代表された「国共合作政権」は、上海、南京、武漢における地上戦闘に敗退したのち、長江(揚子江)を遡江しつつ重慶に拠点を移し、なお日本軍と対峙する姿勢を崩さなかった。日本軍は、大巴山脈の高峰と「長江三峡」の激流に遮られ、地上、水上からの重慶攻略は不可能と判断、そこで、のちにブラケットが定義した「都市を徹底的に破壊することによって、敵を敗北させようとする企図」「空軍だけを使用して決定的成果を得ようとする意図」(『恐怖・戦争・爆弾』一九四八年)のもと、陸海軍航空隊を基幹とする部隊が、重慶東方七八〇キロにある漢口(武漢市)と周辺航空基地から出撃、空爆することとした。

天皇が裁可した「大陸命第二百四十一号」(三八年一二月二日付)には、「派遣軍司令官ハ、航空進攻作戦ニ任ジ、特ニ敵ノ戦略及政略中枢ヲ制圧擾乱スル」とあり、作戦方針として「戦政略的航空戦ヲ敢行シ、敵ノ継戦意志を挫折ス」と明記された。陸軍飛行団が行なった最初の重慶爆撃の命令書(三八年一二月二五日)は、「飛行団ハ主力ヲ以テ重慶市街ヲ攻撃シ、蔣政権ノ上下ヲ震撼セントス。攻撃日時ヲ明二六日一三時トス」、「目標ハ両戦隊共《とも》重慶市街中央公園、公安局、県政府ヲ連ヌル地区内トシ副目標ヲ重慶飛行場トス」と指示した。当時、商都・重慶には、狭隘な旧城壁市街を中心に五二万八七九三人(三八年)の人が住み、人口は、抗戦首都となって以降は七八万一七七二人(四二年)へと急増していた。

無差別爆撃の実態

最初の空襲は陸軍航空隊により実行されたが、空爆はほぼ全期間、海軍航空隊(連合空襲部隊)が主導した。攻撃の主力となったのは、開発されたばかりの九六式陸上攻撃機(通称・中攻)で、爆弾搭載量は八〇〇キロ、航続距離五〇〇〇キロに達し、重慶まで往復して十分な余力があった。中攻機はすぐに一〇〇機以上に増強され空爆の主戦力となった。爆撃機護衛用として新型戦闘機・零式艦上戦闘機(ゼロ戦)が制式化を待たず投入され、上空制圧に任じた。初期攻撃の指揮をとったのは、山口多聞少将(一連空司令官)・大西瀧治郎少将(二連空司令官)で、作戦全体の立案統制者である支那方面艦隊参謀長・井上成美中将は、重慶爆撃の意義を強調して「この作戦は、日露戦争の日本海海戦に匹敵する」と将兵を鼓舞した。

一九三九年五月三日と四日が最初の本格的な空襲で、全期間を通じ最大の被害をもたらした。四五機と二七機の爆撃機が市街地に破片爆弾と焼夷弾を投下し、死者は四四〇〇人にのぼった。三七年四月、ドイツ空軍による「ゲルニカ爆撃」は死者一六五四人。この時期における空前の被害である。次のピーク、一九四〇年の「百一号作戦」は、一一二日間七二回におよぶ連続空爆であった。

「百一号作戦ノ概要」統計表によれば、

・攻撃日数：海軍五〇日(五四回)、陸軍二一日

・攻撃延べ機数：海軍爆撃機三六二七、陸軍爆撃機七二七、戦闘機など二〇一

・使用爆弾：二万七一〇七発・二九五七トン

右のうち重慶市内軍事施設に対する攻撃(航空基地を除く)は、

・攻撃日数：海軍二九日、陸軍八日

・攻撃延べ機数：海軍一七三七、陸軍二八六

・使用爆弾：一万二一発・一四〇五トン

とされる。爆撃の実態は——飛行分隊長の一人・巌谷二三男大尉の手記に、「作戦指導部は、ついに市街地域の徹底した破壊を決意した。すなわち市街東端から順次、A、B、C、D地区に区分して、地区別に絨毯爆撃をかけることになった」とあるように、仮借ない無差別爆撃となった。

空爆は、翌四一年の「百二号作戦」にも引き継がれ、新たに「一式陸攻」が加わり最高潮に達した。七日間連続して一〇〇機から一三〇機の爆撃機が上空を覆い、一日の大半を防空洞で過ごすことを強いられた重慶市民は、これを「疲労爆撃」と呼んだ。避難した防空洞で多くの住民が窒息・圧死した「六・五隧道惨案」(死者数は諸説あるが最低一〇〇〇人)が起こったのもこの年である。また、長江上に錨泊していた米砲艦「ツツイラ」に近弾が投下され、駐日米大使ジョセフ・グルーが「日米両国、戦争の八ヤード前まできた」と日記に記す(『滞日十年』)など、日米関係を緊張、悪化させる要因ともなった。「百二号作戦」は八月三一日に終了、陸海軍航空隊は対米戦準備のため撤収す

るが、散発的な空襲はその後もつづいた。

進む新たな調査と訴訟

重慶大爆撃の全体像はいまだ明らかでない。初期の研究書『重慶抗戦紀事』(八五年)には、二一八回、死者一万一八八九人、負傷者一万五九八九人とあるが、その後の調査により死傷者数は増えつづけている。理由のひとつに、重慶政権が実質的に「蔣介石政権」であったため、内戦に勝利した共産党政権の意向により八〇年代まで調査研究がなされなかったことがあげられる。しかし二〇〇六年、空襲被害者の一部が「謝罪と補償」を求め東京地裁に提訴したことから、西南師範大学を中心に本格的な資料発掘が始まり、多くの研究、ドキュメンタリー映画が発表されるようになった。「重慶裁判」には「幸存者」原告一八八人が参加し、一四年一〇月の結審まで三一人の原告が意見陳述し、中国側専門家証人五人も出廷・証言した。

一五年二月二五日判決が言い渡され、村田斉志裁判長は、爆撃の事実を認定しつつも、国際法および国家賠償法にもとづく補償請求については「失当である」「理由がない」などとして棄却した。原告はただちに控訴した。

文献案内

戦争と空爆問題研究会編『重慶爆撃とは何だったのか』高文研、二〇〇九年
荒井信一、伊香俊哉らによる「空からの中国侵略」の概説書。
東京大空襲・戦災資料センター編『東京・ゲルニカ・重慶』岩波書店、二〇〇九年
ゲルニカ爆撃から重慶、そして東京など日本諸都市への無差別爆撃の実相を、ＤＶＤと写真によりわかりやすく解説。
前田哲男『戦略爆撃の思想』(新訂版)凱風社、二〇〇六年
重慶爆撃の全体像を、日本軍「戦闘詳報」と中国人空襲体験者からの聞き取りと当時の新聞、雑誌、米大使公電、などを照合し再構成。

華僑粛清（シンガポール、マレー戦線）

高嶋伸欣

軍命による計画的組織的虐殺

日本陸軍は、対英米開戦に際して、中国戦線から引き抜いた第五師団（広島・山口）と第一八師団（久留米）をマレー半島からの攻略の先頭に据えた。両師団は予想より速く侵攻し、英国の東南アジア支配の拠点シンガポールを、開戦後約二カ月の一九四二年二月一五日に占領した。中国戦線での戦略を生かした進撃だった。

両師団がマレー戦線に持ち込んだ中国戦線での戦略は、それだけではなかった。その一つがシンガポール攻防戦の段階からの無差別な住民殺害だった。英軍からの砲撃で日本軍に被害が出たのは、近くにいた中国系住民が英軍に日本軍の居場所を教えたためであると推測した。さらに、逃げずに残っているのはスパイに違いないとして、日本軍が殺害をしたと、戦友会の体験記などに残されている。中国で抗日活動に悩まされた経験ゆえの推測だった。日本軍は、英領マラヤがマレー系、インド系、中国系と混血の人という多民族社会のところで、中国系を特に敵視した。日本軍に侵略されている母国の支援を目的とする「南洋華僑籌《ちゅう》賑《しん》祖国難民総会（南僑総会）」の活動が、中国の予想外の抵抗を支えていたからだった。

さらに、シンガポール島上陸作戦の少し前、マレー半島南端のジョホール州クルアンで、第二野戦憲兵隊長大石正幸中佐に軍参謀長の鈴木宗作中将から「軍はシンガポール占領後、華僑の粛清を考えているから相応の憲兵を用意せよ」との指示がされた、と憲兵隊戦友会の『日本憲兵正史』にある。上陸戦での甚大な被害に激高したため、とする説は当たらない。

英軍の降伏で戦闘が終了した後、「掃蕩作戦命令」によって「敵性華僑狩り(大検証)」が実行された。担当した憲兵隊は最低でも一〇日間が必要と主張したが、二月二一日からの三日間で、華僑男子一八歳から五〇歳までのおよそ六〇万人を対象に、強行させられた。市街地五カ所に集合させてから敵性かどうかを見極める根拠は、曖昧なまだった。知的な容貌であれば抗日的のはず、反抗的な者も同様、という程度だった。『日本憲兵正史』も杜撰だったとしている。

「敵性華僑」とされた者はトラックで島内の人目のない谷間や島端の海岸に運ばれ、機関銃で殺害された。取り調べや裁判なしの住民虐殺だった。郊外の地域での粛清は、二八日から実行された。

次いで、英領マレー半島内の各地域が第五師団と第一八師団の部隊に割り当てられ、三月の一カ月をかけた「敵性華僑狩り」が実行された。その実態は、ある偶然(『偽装病院船事件』参照)によって残された公式記録『第五師団歩兵第一一連隊第七中隊日誌』などで明らかにされている。ネグリセンビラン州の中央部での活動を記録した『第七中隊日誌』の三月四日の記録には「本日不偵分子刺殺数五五名」とある。三月一六日には「不偵分子一五六ヲ刺殺」とある。さらに「歩兵第一一連隊第一大隊」による三月二日付の「第一大隊命令」には「鉄道線路及道路ノ両側五百米以外ノ支那人及英国人ハ老若男女ヲ問ハズ徹底的ニ掃蕩ス」との指示がある。日本軍は、山地に籠った英軍ゲリラによる幹線道路や鉄道線路の破壊工作を、敵性華僑の仕業とみなしていた。また「華僑は商売上手で町に住むはず」との固定観念によって、幹線道路などから五〇〇メートル以上の奥まった人目を避ける場所に一軒家などで暮らしているのは「ゲリラかその協力者であるからだ」として、見つけ次第殺害していた。

マレー半島の華僑は、スズ鉱山やゴム園の低賃金労働者として英国が導入したのであって、子供を含めた家族単位でゴム園の一軒家に暮らすのが普通だった。ゴム園は奥が深いのも当然だった。

日本軍は奥まったゴム園の一軒家にいた華僑一家を次々とその場で殺害したのだった。こうして軍命による組織的計画的な虐殺が実行された。

決着のついていない犠牲者数と補償

これら「陣中日誌」は一九八七年秋に、防衛庁研修所図書館(当時)の所蔵史料の中から発見され、同年一二月八日にNHKと各地の地方紙によって報道された。第五師団の地元広島でも報道された。戦友会などは住民殺害の事実を認めた上で、「殺害は手柄とされていたので実際よりも多めに記載した」と主張し、事件の地元側は逆に「実際の被害者数はもっと多い」としている。地元側の根拠は、「戦中の仮埋葬地から戦後に墓を建立して改葬した際、頭蓋骨で数えた」ことだという。犠牲者数の論争は決着がついていない。

シンガポールの場合、一九六一年末に島内の工事現場から大量の遺骨が見つかり、「大検証」の事実が「幸存者(重傷を負いながら生きながらえた人)」などによって思い起こされて、日本に対する補償請求の声があがった。一九六三年八月には「向日本追討血債群衆大会」が開催された。しかし日本政府は一九五二年発効の講和条約で英国が対日請求権を放棄したことで解決済みとした。地元では怒りの声が高まり、日本商品排斥運動も始まる気配となった。在留邦人の強い要望を受けてようやく日本政府は五〇〇〇万ドルの無償・有償援助をする「日本国とシンガポール共和国との間の一九六七年九月二一日の協定(血債協定)」を締結した。この時の日本からの資金が、犠牲者の遺骨を埋葬した追悼碑「日本占領時期死難人民紀念碑」の建立費用の一部に当てられたとの説がある。だが同碑の完成除幕式が一九六七年二月一五日であるのに対し、「血債協定」は正式名称にある通りその七カ月後に結ばれている。

　また犠牲者数についても、日本側は多くても五〇〇〇人前後としているのに対し、地元では約五万人という声が強いが、どちらも明確な根拠を示せていない。犠牲者数論争が戦後七〇年も続いている最大の原因は、日本側が氏名どころか人数の記録さえ残さずに人命を奪ったということにある。しかもこうした非人道的な事柄の原因の所在を研究者や報道人が、これまで正面から指摘して日本側の非を明確にした気配がない。一九一一年一一月に日本が批准したハーグ陸戦条約では、現行犯逮捕したスパイでも、裁判の死刑判決なしでの処刑を禁じている。戦時国際法の中の人道主義的規定の一つだ。規定通りに裁判を実施していれば、記録が残り、人数の論争が続くことはない。今も続く犠牲者数論争は、日本軍による殺害の違法性を証明している。同時に、その弁解無用の事実を認めず地元側との論争で対等さを装う姿は、今の日本社会の志の低さの証明でもある。

文献案内

原不二夫「書評・中島みち著『日中戦争いまだ終らず――マレー「虐殺」の謎』」『アジア経済』三三―五、一九九二年五月

　林博史氏と高嶋によるマレーシアでの住民虐殺調査は事実無根や歪曲の集積とした中島氏の著作への実証的反論。

林博史『シンガポール華僑粛清』高文研、二〇〇七年

　戦犯裁判の記録など各種史料を織り込みながら現地調査に基づいてまとめられた啓蒙書。

高嶋伸欣ほか『旅行ガイドにないアジアを歩く・マレーシア』梨の木舎、二〇一〇年

　東マレーシアを含めたマレーシア全土にある虐殺犠牲者の追悼碑・墓についての現地案内と解説。

ロームシャ（労務者）動員

中原道子

東南アジアにおける「ロームシャ」

一九四一年一二月八日から一九四五年八月一五日までの三年八カ月の間に、日本軍に占領されその軍政下におかれた東南アジアの国々で、日本軍によって動員され、農業、鉱山、滑走路、鉄道建設等で肉体労働をさせられた人々がいる。これらの人々の呼び方は様々である。タイでは中国語の苦力からくるクーリーが一般的で、インドネシア、マレーシアでは、日本語の「ロームシャ」という言葉が使われた。日本軍に占領された東南アジア全域で日本軍主導の大きなプロジェクトには強制的にロームシャが動員され、時には自国から遠く離れた外国での労働を強いられ、敗戦後その多くが放置された。これらのロームシャは過酷な労働、食料の不足、医療施設の欠如など人権意識を欠いた日本軍の非人間的な労働環境に苦しめられた。この間の最大のロームシャ動員はタイとビルマをつなぐ泰緬鉄道建設の為の一八万から二八万に及ぶロームシャの動員であった。この時動員されたロームシャは、一説では四一％にのぼる死者を出した。

マラヤ占領と「ロームシャ」

一九四一年一二月八日未明、日本軍はマレー半島東海岸コタ・バルに侵略開始、翌年二月にはシンガポールを占領、英領マラヤに軍政をしいた。英領マラヤにおける主要な産業であったゴムのプランテーションと錫の鉱山は経営者の多くを失い一時的に閉鎖された。日本軍政下で、これらの生産物は国際市場へのアクセスを失い、軍政の初期には多くの失業者を輩出した。一九四二年六月のミッドウェイの海戦で、日本は大敗し、四隻の航空母艦、空母搭載機二八五機を失った。このことは、日本軍の作戦に重大な打撃を与えた。ことに米をはじめとする食料をタイやビルマからの輸入に依存していたマラヤにおいて、海上の輸送路確保は死活の問題であった。占領地における食料自給は日本軍の重要な方針であったが、マレー半島の主要な米の産地北部四州をタイに移譲したマラヤにおいて米の自給は不可能であった。さらにビルマ全土で作戦を展開していた日本軍への補給は、シンガポール経由の海上輸送に依存していたが、それは日増しに危険なものになってきていた。安全な輸送路の確保は戦略上焦眉のものであったが、当時、タイとビルマをつなぐ陸上補給路は存在しなかった。そのため、一九四二年に、日本軍は泰緬鉄道建設を企画した。その計画はタイとビルマの既存の鉄道をつなぎ、孤立しつつあるビルマへの陸上輸送を可能にする計画であった。この計画が開始されると、建設予定地のビルマ、タイ、さらに、周辺のマラヤ、インドネシア、ベトナムからも泰緬鉄道建設の為のロームシャが大量に動員され、これらの地域は労働力の枯渇に苦しめられるようになった。

泰緬鉄道建設とロームシャ

ビルマとタイを結ぶ鉄道の建設は一九世紀の頃から英国の技術者によって論議されているが、その鉄道の建設地域は人跡未踏の深いジャングルに覆われ、世界有数の多雨地域であり、マラリア等風土病の発生の可能性も高い。運搬、補給の為の道路の建設から始めなければならず、工事の為の膨大な労働力、莫大な工費を考えると実際には不可能であるとされていた。

一九四二年六月七日、南方軍は泰緬鉄道建設準備の命令を下し、六月二八日、全長四一五キロに及ぶ泰緬鉄道の建設が開始された。この鉄道の建設に動員されたのは、タイ側を受け持った鉄道第九連隊、ビルマ側を受け持った鉄道第五連隊の日本兵一万三〇〇〇人、英国、オーストラリア、オランダ、アメリカ等連合国戦時捕虜六万一八〇六人と、アジア人ロームシャ一八万二四九六人だった。アジア人ロームシャは主として、ビルマ、マラヤから集められたが、そのほかタイ、インドネシア、ベトナムからも集められた。

ビルマとマラヤではロームシャの徴集の方法は異なっていた。ビルマは一九四三年に日本によって独立が認められていた。その初代首相バー・モウは一九四二年、日本軍から、泰緬鉄道建設計画を聞き、労働力提供を求められた。バー・モウは労働力の提供に同意し、労働者を建設現場に送り込んだ。一九四二年七月から一九四三年一月までに集められた労働者は、正規軍「血の軍隊」とならび「汗の軍隊」とよばれた。ビルマ政府はさらに勤労奉仕隊を一九四三年三月から翌年八月にかけて全国に割り当てた。総労働者数は一七万七三〇〇人に及ぶ。しかし、モルメーンに着くまでに半数近くが逃亡し、さらにタンビュザヤに到着するまでにも逃亡者が続出し、半数は確実に逃亡していた。鉄道建設現場に送り込まれたビルマ人労働者は過酷な労働条件、劣悪な生活環境、病気の発生、医療施設の不備等が原因でジャングルの中で、「蝿のように死んでいった」。ビルマ政府はこの状況を調査し、日本軍に改善を要求している。しかし日本軍は、多発する逃亡者に対処する為に労働条件を改善する事もなくさらに、町で「浮浪者」を狩りだし、強制連行するようになった。バー・モウは日本軍の要求にしたがってビルマ人を労働者として泰緬鉄道に送り込んだ事の責任は自分にあり、「あのような恐ろしい大量犯罪を未然に防げなかった事の償いとして私は非難を甘受した」と回想している。ビルマ人労働者にとって、建設現場がジャングルの中にあったとしても自国内であり、逃亡は困難を極めたであろうが、可能であった。

しかし、軍政下のマラヤの場合状況は異なる。はじめは、広告を出してロームシャを募集した。タイでの鉄道建設現場で、高賃金、宿舎完備、一日三食の無料提供、交通費支給という日本軍ロームシャの好条件を信じて子供や老人を含む一家をあげて、応募するインド人ロームシャも少なくなかった。泰緬鉄道建設の記録映画を撮った井上寿夫はタンビュザヤの駅で、そこからトラックで奥地に送られるビルマ人やインド人のロームシャの中に「子供や女も混ざっていた」のを見ている（井上寿夫「死の泰緬鉄道」『雄鶏通信』雄鶏社、一九五四年、九六頁）。やがて、その過酷な労働、劣悪な環境がマラヤに伝わるとロームシャの徴集は困難になった。タイのバーンポンでマラヤから送られてくるロームシャの検疫をしていた池田正一郎は、ある日、一人の中国人苦力から、「奥地に連れて行かれたら二度と娑婆には帰れないという噂があるがそれはほんとうか」と尋ねられた（池田正一郎「パゴダの丘に坐して」一九八九年、一二〇頁）。ジャングルの中の建築現場で長時間にわたる過酷な労働、劣悪な生活環境の中、屋根も満足に葺く材料も不足し、竹をはっただけの床に寝具もなく、また蚊帳もなく、食料不足に加え、医療施設もなく、各所で蔓延するマラリア、コレラの猖獗のため多数の死者が出ていた。募集だけでは、割当られたロームシャを集める事は不可能だった。日本兵は町で映画館から出てきた人々、帰宅途中の人々、買い物に出た人々を捕まえては強制的にタイへ送り込んだ。

日本軍はロームシャを集める事に苦慮し、やがてゴムのプランテーションを襲うようになる。一九三〇年代のプランテーション産業で働く労働者は圧倒的にインド系が多く全体の七〇%を占めていた。インドでリクルートされたインド人は、直接プランテーションに送り込まれる。広大なプランテーションの中には、居住区があり、会社の経営する商店があり、ヒンドゥー寺院があり、小学校もあった。交通手段を持たないインド人労働者はプランテーションの外に出る事もなく、プランテーションの中で生活していた。毎朝の点呼に労働者が集まるときを狙って、日本兵はトラックでやってきて点呼に集まったインド人を無差別にトラックに追い込むようになった。プランテーションでは子供たちも働くので、十代の子供たちも積み込まれた。マニカムはヌグリ・スンビランのラバー・エステイトで働いていた。エステイトから二五人が日本軍のトラックにのせられた。「エステイトの事務員は三カ月で帰れると言った。この時貨車に積み込まれたのは六〇〇人、私の番号は一九〇五だった。タイのカンチャナブリから六日間歩いてタマカンに着いた。そこで道路をつくる仕事をして、次にニーケに移動した。……戦争が終わったら英国兵が来て、日本軍がしたことを尋問した。一九四六年九月二三日にマラヤにもどった」(Manikam s/o Gengan, Negri Sembilan Estate)。

その後のロームシャ

ビルマ、タイの建築現場の労働は過酷なもので、約束された生活条件は現実とはかけ離れていた。突然町で連行された人々は満足な服も着ておらず、夜間は気温がさがり、雨が降り続くジャングルで、寝具の供給もなかった。飲料水は河の水にたより、河で体を洗い、排泄した。蚊帳もないジャングルの中で、マラリアを防ぐ事も出来ず、ロームシャは栄養失調、マラリア、熱帯性潰瘍、工事現場での怪我に苦しめられた。コレラが発生すると、薬もなく大量の死者を穴に埋める事しか出来なかった。コレラによる死者は、建設に着手して一年の一九四三年七月には約一万名に達していた。敗戦の翌年、一九四六年二月にシンガポールで出版された劉抗の『チョプスイ』にも泰緬鉄道の絵が「泰緬鉄道の悲劇」として描かれているが、医療施設の欠如が指摘され、死の鉄路として表わされている。

泰緬鉄道建設に動員されたアジア人ロームシャは、英国の調査では、死者七万四〇二五人、逃亡者は九万二二二〇人、帰国者二万一四一六人、日本の降伏時の残存ロームシャ数は二万六六一六人で合計二一万四二七七人である。泰緬鉄道に動員されたロームシャの死亡率は日本側の主張では二三％だが、英国側は四一％に上ると報告している。英領マラヤのロームシャに関しては、英国側は死亡率五一％としている。これは、異常に高い死亡率と言わなければならない。戦後、ロームシャは、死者も生存者も何の補償を受ける事もなかった。幸い帰国できた半数にも満たないマラヤのロームシャは、その後も、三年八カ月の日本軍政の歴史の記憶の中に生き続けた。

文献案内

Kratoska, Paul H. ed., *Asian Labor in the Wartime Japanese Empire*, M. E. Sharpe, 2005

一九三〇年代から四〇年代における帝国日本のアジア侵略に伴う労働者動員について一六の研究論文を集めた。

『岩波講座　近代日本と植民地　第5巻　膨張する帝国の人流』岩波書店、一九九三年

戦前戦後、アジア全域にわたり、植民地、東南アジア、女性という枠組みで人の移動を論じた一一の論文集。

倉沢愛子編『東南アジア史のなかの日本占領』早稲田大学出版部、二〇〇一年

東南アジアにおける日本占領の総括的な研究論文集。第二部「人的・物的資源の動員と現地社会の対応」がある。

英軍俘虜・抑留者

小菅信子

事実認定

赤十字国際委員会が一九四八年に発表した第二次世界大戦期の救護活動についての報告書によれば、四七年六月末の段階で、同委員会の捕虜中央情報局に登録されている捕虜カードの数は、約三五〇〇万であった。日本軍が俘虜にした欧米連合軍のなかで、最も多数の捕獲者を出したのは英国軍であった。一九四二年二月の日本軍によるシンガポール陥落を中心に、約五万の英軍将兵が俘虜となった。一九三九年の欧州戦線の開幕から、一九四五年のベルリン陥落の翌月までのあいだに、英国（連合王国）から参戦した将兵は、総勢で四六八万三四四三にのぼった。このうち、戦死者は二六万六四四三であった。つまり、全軍の死亡率は、五・七%となる。これ対して、ドイツ軍とイタリア軍に捕らえられた英軍俘虜の死亡率も、おおむね五%にとどまったが、日本軍の俘虜となった者の死亡率は、約二五%にもなった。二五%という死亡率は、英軍が第二次世界大戦中に経験したノルマンディー上陸作戦やビルマ戦のような過酷な戦闘と比較しても、はるかに高い数値である。つまり、第二次世界大戦で英軍が被った最悪の損失は、日本軍の俘虜収容所で引き起こされたことになる。

日本軍が俘虜とした英軍将兵およそ五万のうち、約三万が、映画『戦場にかける橋』『レイルウェイ 運命の旅路』等で知られる泰緬鉄道建設に従事させられた。泰緬鉄道で作業に従事させられた英軍三万は、連合軍俘虜のなかでは最大の集団であった。このうち六三〇〇余が落命した。

戦後処理

東京裁判の判決によれば、日本軍の戦争法規違反が国際法を蹂躙する最も悪質な戦争犯罪であり、組織的かつ一貫してなされた人権の侵害であると断定された。東京裁判では、東条英機元首相をはじめ七被告が死刑判決を受けたが、彼らはいずれにせよ平和に対する罪ではなく、俘虜への虐待を含む日本軍の問題行為を問われて処刑された。BC級戦犯裁判では、俘虜を取り扱った俘虜収容所関係の事件がきわめて大きな比率を占めた(総起訴件数の一六%、総起訴人員数の一七%、全有罪者数の二七%、死刑全数の一一%)。

サンフランシスコ講和条約の締結にあたり、元英軍俘虜を中心に対日補償請求キャンペーンが展開され、日本から補償金を得るために在英日本資産を処分するよう政府に要望し、十分な調査と議論がなされるまで英国政府は講和条約の署名を拒否すべきだと主張した。英国では、講和条約第一六条による「償い」に加えて、在外日本資産の接収で得た約三〇〇万五〇〇〇ポンドと、泰緬鉄道建設における強制労働への償い金約一七万五〇〇〇ポンド、総額三一八万ポンドが、約五万の元俘虜(一人あたり平均七六・五ポンド)と元民間抑留者約八八〇〇(同四八・五ポンド)に分配された。

現在の問題

元俘虜らは、一九四六年から毎年のように商業出版と自費出版とを問わず手記・体験記を出版してきた。P・トウルはこれらの手記類を「奴隷」の記録と呼んだ。すなわち、奴隷は古代にも中世にも存在したし、彼らの生活は過酷なものであったに違いないが、古代の奴隷や中世の農奴に手記を残すことなどできなかった。これに対して、第二次世界大戦で九死に一生を得た「奴隷」らは、生還後、自らの体験を語り、綴り、描き続けた。

日本軍の管理下での過酷な体験は、戦後一貫して英国の国民感情を揺り動かし、苛立たせ、疼かせつづけた。戦後まもない時期、英国でも屈指の知日家であったジョージ・サンソムは、当時首相であった幣原喜重郎に、「日本軍は、戦争に負けたことによるよりも、おそらくその残虐行為によって、日本にいっそう大きな打撃を与えた」と述べた。講和条約の発効後、日本人戦争犯罪人の早期釈放を求めて訪英した日本政府のミッションに対して、英国政府は、国民の対日感情の悪さを理由に、慎重な姿勢をくずさなかった。

英国は大戦後新たに形成されつつあったGATTのような国際経済秩序への日本の編入を執拗に阻止する側にまわった。そうした反対論の心理的な歴史的根拠となったのが、一九三〇年代の日英貿易摩擦の記憶、そして第二次世界大戦下の日本軍による英軍俘虜処遇であった。

七一年秋、昭和天皇が英国を公式訪問した。この天皇訪英は概して冷淡で辛辣な反応をもって迎えられた。昭和天皇が植えた記念樹がのちに何者かによって引き抜かれた。昭和天皇が病重く床についたとき、英国大衆紙も激しい昭和天皇批判を展開した。

九五年、英国は第二次世界大戦の戦勝五〇周年記念を祝うべく、旧敵国ドイツを式典に招きながら日本代表は招待せず、英メディアは日本批判報道を繰り返した。「もしあと数週間戦争が続行していたならば、俘虜のうち、誰一人として生存するものはなかった」という、アメリカの原爆投下を肯定するコメントに多くの英国人があらためて首肯した。

対日戦後補償請求や謝罪請求の声が再びあがる一九八〇年代の後半は、元俘虜やビルマ戦従軍者の多くが「定年」を迎えた時期であった。老年にさしかかり、心身ともに過去に受けた傷がいっそう痛み出す。敗者であったはずの日本が勝者であったはずの英国よりも経済的に発展し、日本人はもとより英国人すら自分たちの支払った犠牲を忘れかけている。忘却こそ、彼らが何よりも恐れたものであった。

九四年、アーサー・ティザリントンの率いる「日本軍強制労働収容所生存者協会」が日本政府に対して戦後補償要求裁判を起こした。日本政府は補償請求にいっさい応じないという姿勢をつらぬいた。英国政府が、元俘虜を含む対日戦争従軍者も対象として、「和解を促進し、元俘虜によって支払われた犠牲を認知するあらゆるイニシアチヴ」を推進していく方針を打ち出したのは、九五年五月のことであった(House of Commons. *Hansard*. 10 May 1995)。

「謝罪と補償」は、一九九八年五月に計画された天皇の英国公式訪問にさいして、日英政府にとっても、避けては通れないものとなった。同年一月、橋本龍太郎首相(当時)は英大衆紙『ザ・サン』に投書し、元俘虜や一般の英国人に直接語りかけた。同紙は、公表直後は「侮蔑(an insult)」と切り捨てた橋本謝罪を、一転して日本政府の「公式な後ろ盾のある」「心のこもった謝罪(a heartfelt apology)」と評価し、さらに、「読者の判決」として謝罪歓迎の投書を紹介し、「橋本首相の謝罪を受け入れよう」「日本を憎み続けていてはいけない」と態度を変えた。橋本謝罪を受けて、補償請求に関して強い関心を寄せてきた全国に六四の地方組織をもつ英国最大の元俘虜組織「極東捕虜協会」は、日本に対して補償を要求しない、天皇訪英にあたって抗議活動をしない、天皇の公式謝罪を求める、の三点を統一見解として英外務省に伝えた。ブレア首相は、天皇歓迎を訴えつづけたことで元俘虜から激しい批判を受けた。

天皇訪英を直前に控えた時期になされた橋本謝罪は、問題を「天皇による謝罪」に集約させた。このことは、極東捕虜協会が、「妥協」とひきかえに、「天皇による女王への公式謝罪」を要求したことからも見てとれる。一九九八年五月二六日、ロンドン市街を行く天皇の歓迎パレードに、数百人の元俘虜と関係者が、背を向けたり、口笛を吹いたり、日本国旗を焼いたりして抗議の意を表明した。

和解への道

泰緬鉄道などで多くの郷土兵の犠牲者を出したケンブリッジの地方紙『ケンブリッジ・ニュース』は、二〇〇八年一二月四日付で、「日本では、多くの人々が和解は達成され、元俘虜はもう満足していると信じこまされているが、私はそうは思わない」と主張する日本人研究者のコメントと、「赦して忘れるべきとき」がきたと語り日本から謝罪を求めることに反対する元俘虜のコメントを並べて紹介し、記事の文末で「日本は謝罪するべきか」についてのインターネット投票を呼びかけた。この世論調査の結果は、ケンブリッジ市立図書館が保管している。「謝罪すべき」が六五％、「謝罪すべきでない（あるいは、しなくてよい）」が三五％である。

現在の課題は、英軍元俘虜で画家のジャック・チョーカーが述べているように、「事実を意図的に無視することで、曖昧さや不誠実な表象、憶測や敵意の継続が助長されてしまう」ことである。現在、日本政府が計画している「ジャパン・ハウス」構想に知日派はがいして懐疑的だ。

また、英国では今まで知られていなかった日本軍の元俘虜らの手記や語りが、第二世代の手によって出されるようになった。英国政府は、二〇〇〇年に、元俘虜らと未亡人に「特別慰労金」を支給したが、日本政府への不満は残ったし、支給処理の問題から英国人が自国政府に対して英国国籍を争うという場面もあった。支給処理の問題が解決したのは最近のことだ。戦争・植民地支配はそれらを経験した世代が亡くなっても人々の記憶のなかでまだ終わってはいない。

さらに、「文民抑留者(civilian internee/CI)」らについての研究はいまだ少ない。当時、日本軍は彼(女)らを「軍抑留者」と呼んだ。とくに中国における英米人抑留者の取り扱いについて言及している研究文献は少ない。

日英学者間の歴史論争としてもっとも早い時期におこなわれ、おそらくはもっとも激しく、しかしながら両国の和解プロセスと実証研究について考えるうえで重要なものに、『アーロン収容所』をめぐる論争があった。同書の著者であるルネサンス研究者の会田雄次と、日本研究者のルイ・アレンのあいだの論争である。この論争は、英国からみた「歴史問題」である大戦中の日本軍による英軍俘虜処遇ではなく、日本からみた「歴史問題」である戦後の英軍による日本降伏軍人(JSP)処遇が主たるテーマであった。JSPであった会田とビルマ戦従事者であったアレンの論争は、史料にもとづく歴史的事実の解明という同じ土俵のうえに立つことの難しさを物語る一方で、『アーロン収容所』の英訳出版という成果へと結びついた。アレンは昔の敵同士が邂逅し「偏見を述べ合う」のではなく、史実を共に検討して解釈し理解しあうことに和解への道は求められると述べた。

文献案内

小菅信子、ヒューゴ・ドブソン編『戦争と和解の日英関係史』法政大学出版局、二〇一一年
日英間の歴史問題の基本文献。
馬場公彦『『ビルマの竪琴』をめぐる戦後史』法政大学出版局、二〇〇四年
小菅信子『ポピーと桜――日英和解を紡ぎなおす』岩波書店、二〇〇八年
いずれも「日英和解」の問題点を描いたアクチュアルな著作。

BC級戦犯裁判

戸谷由麻

概要

連合諸国は日本降伏後、極東国際軍事裁判所に加えてアジア太平洋各地に各国特別戦犯法廷を設置し、多くの戦争犯罪人容疑者を対象とした裁判を実施した。被疑者の大半は、大日本帝国陸・海軍の将兵や憲兵隊員および占領地軍政の官吏だったが、なかには外地出身の軍属や民間人(朝鮮、台湾、南樺太、第一次大戦以降の日本統治領だった南洋群島の住人)、満州国在住者(政府関係者や警察官、開拓団員、企業や炭坑の経営者・雇用者)も含まれた。これらの裁判は「BC級戦犯裁判」として知られるが、それは法廷の受理した証拠が戦争法規・慣習を犯して実行された戦時下残虐行為を中心としたからであって、この類型の国際犯罪は、当時アジア太平洋地域の戦犯政策関係者のあいだで「BC級犯罪」あるいは「通例の戦争犯罪」と称された。

成文化された戦時国際法で連合諸国の戦犯法廷が依拠したものは、主に一九〇七年改定の「陸戦の法規慣例に関する条約」(一八九九年に採択、通称「ハーグ陸戦条約」)と一九二九年ジュネーヴで締結された「俘虜の待遇に関する条約」(通称「ジュネーヴ条約」)である。戦前の日本政府は両条約に署名していたが、ジュネーヴ条約は批准に至っておらず、ただ太平洋戦争勃発後これを「準用する」旨を外務省から英米諸国に伝えていた。この問題について極東国際軍事裁判所は、「すべての文明国が承認した戦争に関する慣習法規によれば、捕虜と一般抑留者には、すべて人道的な取扱いを与えなければならないということは、動かすことのできない事実」であり、「法の一般原則は、上記の諸条約には関係なく存在」するものであると述べ、「条約は単に既存の法を再確認し、それを適用するための詳細な規程を定めるものにすぎない」とした。つまり、人道主義に基づく捕虜と一般市民の取扱いという戦時国際法の法規・慣習が日本にも適用される、との見解をあきらかにしたのである。ＢＣ級戦犯裁判を実施した連合国は、アメリカ、イギリス、オーストラリア、フィリピン、オランダ、中華民国、ソヴィエト連邦、フランスであるが、いずれも同様の法見解を原則としてＢＣ級裁判を実施したとみてよい。ただし後者四カ国では、それぞれの国内刑法で認められている犯罪類型も適用された。

ＢＣ級戦犯裁判が実施されたのは一九四五年一〇月から一九五一年四月までだったが、米海軍の場合、奪回したグアムで終戦前から戦犯裁判を実施したことが近年わかっている。これまでの国内研究者による実績から、特別法廷の設置箇所は全部で五一、実施された裁判は二二四四件、裁かれた戦犯容疑者数は五七〇〇名であったと知られる。このデータには、実態のわかっていないソ連裁判は含まれず（本書「ハバロフスク裁判」の項目参照）、中国共産党軍および中華人民共和国の裁判データも入っていない。中共軍は戦後すぐ「人民裁判」を独自に実行したとされるが、全貌は解明されていない。中華人民共和国は、国家成立後にソ連から引き渡しのあった戦犯容疑者のうち四五名を一九五六年に裁いており、その記録は公開されている。英・米・豪・比・仏・蘭・中華民国当局に裁かれた被告人五七〇〇名のうち、無罪は一〇一八名、有罪は四四〇三名である（朝鮮・台湾出身者それぞれ一四八名・一七三名を含む）。有罪者のうち九八四名は死刑宣告をうけたが、のちに死刑が承認されなかったり減刑になったり、脱獄や自殺のケースもあり、実際に処刑されたのは九三四名に満たない。なお、国内データと各国の記録とは一致しないところもある。裁判記録のさらなる整理と未公開資料の開示が今現在進行中であることから、今後データが若干修正されると予想される。

裁判の実情

ＢＣ級戦犯法廷では、公開裁判の原則や被告人が弁護人に代理される権利など、手続き上ある程度の公平性が保たれた。しかし、被告人の通訳に関する権利については保障が不十分で、証拠法でも裁判の迅速性を重視した緩やかな規定が適用されたため、裁判の公平性が損なわれた事例は少なくないと考えられる。ただ、法廷で実現される正義の質は、実際の裁判に当たった個々の検察官・弁護人・法廷通訳人・判事等の資質や、それぞれの裁判が実施された政治的文脈・世論・タイミングといった要素にも影響され、「ＢＣ級戦犯裁判」と一口にいっても実情は多様である。かつての被告人や弁護人により、その他の問題も指摘されている。主なものは、①人違いで犯罪に関係していない者が誤って裁かれた事例がある、②被告人は法廷審理に関する適切な助言を受けられなかったばかりか、毎日の飲食をまともに与えられず弁護能力を著しく弱められた、③拘留所で連合国兵士による虐待が恒常化し、戦犯容疑者も受刑者も非人道的扱いを受けた、④被疑者自身による虚偽の証言や証拠のでっちあげが多く、その結果無罪となった者もあれば、罪のない被疑者が誤って有罪宣告された場合もある、である。朝鮮人軍属をはじめ、植民支配下の者が裁かれたことにも批判や疑問の声が上がっている。これらの問題は、裁判の記憶を記述した各種回顧録や、法務大臣官房司法法制調査部が裁判後に受刑者や旧弁護人を対象として実施した面接調書などに指摘されている。

他方、門松正一『絞首刑』（ジープ社、一九五〇年）のように、告発を逃れようとする日本人同胞により罪を着せられ有罪・絞首刑を宣告され、しかし法と正義の実現に徹するアメリカ人弁護人や検察官に命を救われたという事例もある。これらのさまざまな指摘は、いずれも裁判の公平性如何を決定する重大要件であり、今後は各国裁判記録と旧連合国側の内部資料とも合わせた徹底究明が望まれよう。

BC級法廷における責任論

裁判手続きや証拠法、被疑者の取扱いについて諸問題が指摘される一方、BC級戦犯裁判は戦争犯罪に関するさまざまな責任論を深化させ、国際刑事法の発展に寄与した画期的な歴史事件でもあった(東京裁判にも同様の評価が可能である)。その功績のひとつは、BC級法廷において特定の類型の残虐行為が戦時国際法に違反する「戦争犯罪」と認められ、口頭および文書証拠が受理され、検察側が立証義務を果たしたと判断された場合には有罪判決が下されたという点である。戦争犯罪の類型と認められた行為には、①強制売春や強姦をはじめ女性に対する戦時下性暴力、②水責め、電気ショック、膝割り、殴打など憲兵隊が恒常的に敢行した数々の拷問、③中国人を含む敵国戦闘員・民間人の強制連行や強制労働、が含まれる。これらの残虐行為が戦争犯罪とみなされるというBC級各国法廷の見解は、きわめて今日的な意義をもつ。とくに戦時下性暴力の犯罪性は、従軍慰安婦問題に取り組むうえで共通理解とされるべき基本原則であり、中国人の強制連行や強制労働の犯罪性も、歴史和解を前進させるうえで共通認識が求められる。戦時下性暴力については、近年旧ユーゴ・ルワンダ特別国際刑事裁判所で法理学上のさらなる発展がみられ、この種の残虐行為が戦時国際法違反の「戦争犯罪」のみならず「人道に対する罪」や「ジェノサイド」の範疇でも裁かれる国際犯罪とされた。こうした近年の法理学的実績は、内外の慰安婦問題調査に生かされている。今日法曹界では、自国民・敵国民を問わず女性に対して組織的ないし広範囲に軍隊への性的隷属を強要した従軍慰安婦制度を、「戦争犯罪」ならびに「人道に対する罪」とすることに異論はない。拷問の犯罪性については、9・11テロ攻撃以来、米国中央情報局（CIA）が大統領公認でテロ容疑者に拷問を適用した事実が露呈し、大きな政治問題に発展したが、かつて米軍がBC級法廷で拷問について日本人を裁き有罪に至らせた事実も関連して報道された。この先例に従ってブッシュ政権一派を裁くべきではないか、と論じた米国新聞や知識人も存在する。

BC級裁判の功績でもうひとつ重要なのは、個人責任論の発展である。なかでも注目される論は、①軍司令官が部下の犯した戦争犯罪について個人責任を問われる「コマンド責任論」（command responsibility, ここでは「指令統制責任論」と訳する）、②上官からの命令を無罪の根拠とする「上官命令の抗弁論」、そして、③被告人の個人刑事責任の有無を決定するうえで検証されなくてはならないその他の法理論（「軍事上の必要性」や「報復」の権利を根拠とした捕虜や市民虐殺行為の正当化、あるいはそのような行為の「明白な犯罪性」から被疑者の無罪論を反駁することなど）が挙げられる。これらのうち、米マニラ法廷で一九四五年末に裁かれた山下奉文大将に適用された指令統制責任論は、きわめて重要である。山下裁判では、被告人が部下による犯罪実行を知っていたとも犯罪実行を命令したとも立証されず、ただ軍司令官という地位に着任していたという事実のみで有罪判決が下された。これは、「厳格責任論」と呼ばれる。米軍事委員会の下した決定は、のちに人身保護令発給の訴願をめぐる判決で連邦最高裁判所の判事二名に酷評された。二十余年後ヴェトナム戦争のソンミ村虐殺事件で、現場にいなかった上官の刑事責任が不問となると、山下大将をかつて厳格責任論で断罪したダブル・スタンダードに対して米国内で批判の声が挙がり、反戦運動で大きなうねりをみせる米国の世論に影響を及ぼした。今日の国際刑事裁判では山下先例の是非が問われ、指令統制責任論を扱った他の歴史的先例についても新たな実証的研究が求められている。国内における歴史問題の観点からすると、ＢＣ級戦犯裁判が提供する責任論は、戦争責任の所在を理念的だけでなく実践的な法理学の見地からあきらかにするものでもあり、今後の責任問題解明の取り組みにも寄与すると期待される。

文献案内

林博史『ＢＣ級戦犯裁判』岩波新書、二〇〇五年

ＢＣ級戦犯裁判が実施された経緯・手続き・結果および裁判の特徴を体系的かつ簡潔に説明した有用な概説書。

巣鴨法務委員会編『戦犯裁判の実相』一九五二年。一九八一年に槇書房より復刻版、一九八七年に不二出版から再版

裁判直後に受刑者自身が提供した裁判体験の回顧を収録。拘留中連合軍兵士から受けた虐待問題にくわしい。

内海愛子『キムはなぜ裁かれたのか――朝鮮人ＢＣ級戦犯の軌跡』朝日選書、二〇〇八年

朝鮮人軍属のうち戦犯容疑者として裁かれた者の裁判体験と戦後責任・戦争責任の取り組みをたどる研究書。

永井均『フィリピンＢＣ級戦犯裁判』講談社、二〇一三年

同著者によるフィリピン戦犯に関する本格的な研究書『フィリピンと対日戦犯裁判　一九四五―一九五三年』(岩波書店、二〇一〇年)に基づき、ＢＣ級戦犯たちの実像に再度迫る。両者とも各国裁判研究の模範的書。

サハリン残留韓国・朝鮮人問題

髙木健一

歴史を見るといずれの国にも過ちがある。自らの過ちにどのように向き合い、取り組むかで、その国の品格が決まると言ってよい。その意味で、サハリン残留韓国・朝鮮人問題は明らかに日本に責任のある戦後未処理問題である。これを私たちは、日本の戦後責任のひとつとした。原状回復、家族再会、そして永住帰国、この望みを達成するために、彼ら被害者はどう声を挙げ、その望みを達成したのか。私たち日本人は、何ができ、また何をしてきたか。これらを整理する必要がある。

問題の核心

日本による樺太(サハリン)領有(一九〇五年)と韓国併合(一九一〇年)が、サハリン残留韓国・朝鮮人問題の起点である。第二次世界大戦がはじまり、戦争が進行する過程で、サハリンの労働力不足を補うために、日本は朝鮮半島から多くの朝鮮人を、企業による集団募集や国による徴用の名目でサハリンへ連れて行って働かせた。サハリンには、最多数の時で六万人ぐらいの朝鮮人がいたが、日本本土への石炭輸送が困難になったことから、いくつかの炭坑が閉鎖された一九四四年には、サハリンの朝鮮人労働者の一部が転換あるいは「再徴用」で日本本土に移動させられた。

戦争が終わり、ソ連支配下に入ったサハリンでは民族別人口調査が行われ、四万三〇〇〇人の朝鮮人が登録された。戦後まもなく、ソ連地区引揚米ソ協定や日ソ共同宣言による集団引揚げが実施され、三〇万人いた日本人のほとんどが帰還した。

それに対し、日本人妻の同伴家族として帰還した一〇〇〇人余りの朝鮮人を除いて、四万三〇〇〇人の朝鮮人は、その大半が残された。この半世紀以上も続いた離散家族問題がサハリン残留韓国・朝鮮人問題なのである。

一九五八年ころ、日本人妻と日本に帰還した朴魯学氏らが結成した樺太帰還在日韓国人会が残された同胞の帰還を関係機関や日本社会に訴え、サハリンと韓国の家族を手紙で繋ぐパイプ役となった。しかしながら、当時の日本社会はこの訴えに無関心で、マスコミにもほとんど取り上げられなかった。一九七五年、同会は、日本弁護士連合会に人権救済の申立を行い、また、サハリンの四名の原告によって樺太残留者帰還請求裁判が提起され、ようやくサハリン残留者問題が、日本社会のなかで報道されるようになるのである。

これ以降、サハリン問題は日本の国会でも取り上げられ、田渕哲也、栂野泰二、草川昭三ら多くの国会議員が問題解決を熱心に訴えた。これに対し、一九七八年に園田直外務大臣（当時）は、「これを事務当局は人道的見地からといいましたが、人道的さらに法律的以上の道義的責任、政治的責任があ」るのだと言い切ったこともある（衆議院内閣委員会）。一九六五年の日韓請求権協定によって解決済みとする他の戦後補償問題と大きく違うのがこの点である。

ところで、上記樺太残留者帰還請求裁判は、韓国・朝鮮人の強制連行の立証のため、精力的な情報収集と弁論活動がなされるなど、貴重な歴史的役割を果したが、三名が裁判中に死亡し、一名は永住帰国をし、原告がいなくなったことで、一九八八年取下げにより終了した。

一時帰国への道

一九七〇年代は日ソ関係の悪化も影響し、ソ連からの出国は厳しく、親族再会のための渡航も困難であった。前述の「樺太残留者帰還請求裁判」が進行する中で、一九八三年「アジアに対する戦後責任を考える会」(代表・大沼保昭東京大学教授)が発足した。サハリン残留者問題を、日本の戦後責任の問題とした市民団体を立ち上げることによって、世論喚起と責任問題の追及、そして、問題解決への方途を求めようとしたのである。そして、この会の働きで、一九八七年七月に超党派の「サハリン残留韓国・朝鮮人問題議員懇談会」が設立された。

一七〇名の国会議員が参加したこの懇談会の発会式には、九八名の議員本人あるいは秘書が出席した。利権や選挙のからまない、問題解決のみが目的であるこの会に、多くの議員が参加したことは画期的なことであった。会長には自民党の原文兵衛議員、事務局長には社会党の五十嵐広三議員、そして以前から熱心に活動してきた草川昭三議員や白川勝彦議員(その後鳩山由紀夫議員に交替)も事務局次長に選出された。裁判による日本政府の追及と世論喚起から議員懇談会を通じた政府による具体的措置へと運動の場が大きくシフトしていったということがいえる。

この議員懇談会は、発足直後から活発に活動した。まずソ連側と頻繁に接触し、出国緩和を働きかけた。当時、訪ソする日本の国会議員のほとんど全員が、サハリンの韓国・朝鮮人問題を訴えるので、ソ連当局も驚いたという。運動を始めた当初、反ソ、反共運動だというレッテルを貼られたこともあったが、家族再結合という人道上の基本的問題であるとして、誠実に人道的解決を求めたことで、ソ連政府の理解を得ていった。また、朝鮮半島の北と南それぞれの政府にサハリン残留者問題への理解を求める働きかけも行った。

そしてなによりも日本政府の積極的な取り組みを引き出した。入国手続緩和や、家族再会支援のための予算計上である。当時、私たち民間ボランティアは、サハリン、韓国双方の家族を日本に招待し、再会を果たすという運動を行っていた。私名義の招待状で八八年から二年間で約一〇〇〇人が来日し、四〇年ぶりの家族再会が実現できたのである。私の法律事務所を事務局にし、アパートなどの三軒を確保し、一度に五〇人も来た時は、私の自宅に受け入れたこともあった。

一九八八年のソウルオリンピック開催、ソ連のペレストロイカとユダヤ人の出国など、国際情勢の変化も追い風となり、日本経由での韓国への一時帰国も実現するようになった。さらに一九八九年、日韓両赤十字社による「在サハリン韓国人支援共同事業体」が発足した。この団体の活動と日本政府の資金提供により、ユジノサハリンスク―ソウル間に直行チャーター便が就航することになったのである。この共同事業体による「集団渡航」が月一回のペースで始まったのが一九九〇年のことである。ここに至る一連の進展に、議員懇の活動が果たした役割は極めて大きなものであった。この家族再会・一時帰国のためのチャーター便は、現在までも継続されており、延べ二万人以上の人がこの飛行機で故郷訪問を行った。これで一時帰国の目標はほぼ達成できたということになる。

永住帰国への模索

次に、サハリン残留者が当初から切望していた永住帰国へと課題は移っていった。九〇年代に入り親族や韓国の宗教団体の受け入れにより二〇〇名余りの永住帰国が実現していたが、さらに多くの永住帰国希望者を受け入れる条件が韓国側にはなかった。しかし、高齢となった一世には緊急な要望であり、永住帰国事業への早急な取組みと支援が求められた。そこで、五十嵐議員が村山内閣の官房長官を務めていた一九九四年、日本政府の補正予算より、韓国内に永住帰国者用の療養院とアパートを建設する費用として三二億円が拠出された。韓国政府が提供することになっていた土地の選定に時間がかかり、結局、仁川市に一〇〇名収容の療養院ができたのが九九年三月、安山市に五〇〇世帯（一〇〇〇人）のアパート「故郷の村」が完成したのは二〇〇〇年二月であった。六年の歳月を費やしたのである。さらに、安山市内に五〇名分の療養院が建設された。そして二〇〇七年からは韓国政府が地方都市に借り上げたアパートへの永住帰国が進み、現在までサハリンから約四〇〇〇名の韓国永住帰国が実現した。

以上のとおり、療養院、アパート、民間の養老院などへ生存する希望者のほぼ全員が永住帰国を実現できたことになる。日本政府は渡航費とアパートでの家財道具類を負担し、韓国政府は入居後のアパート代の半額と生活保護費（二人で約八〇万ウォン、日本円で八万円）などの生活支援金を負担している。韓国内の約二〇カ所に分散し、地域住民によるボランティア支援も活発である。しかし、一世の高齢者だけでなく、二世、三世も含めて家族で移住できるようにして欲しいという希望も強い。受け入れるのは夫婦二人だけという原則は、新たな離散を生むという点からも問題がある。永住帰国者がサハリンに残してきた家族と再会するためのサハリンへの一時帰国（逆訪問）などのためにも日本政府の定期的な事業化が望まれる。また、帰国者はほとんどが高齢で、医療、介護に関する不安が大きく、療養院のような施設の拡充も緊要である。

補償と未払金問題

ロシア領のサハリンに残留する人たちに対する補償問題に関しては、一九九八年に外務省が、サハリン交流文化センター建設費用として約六億円の予算を共同事業体へ拠出した。それから七年が過ぎ、二〇〇五年、ユジノサハリンスク市にセンターが建設され、落成式には私も近衛忠煇日赤社長と共に参席した。集会場やホテル、食堂が韓国語や伝統芸能の習得の場としてサハリンの韓国人二世・三世たち(現在二―三万人いるとされている)にも利用されている。

最後に、賃金・預貯金の未払金問題がある。戦時中、多くの朝鮮人労働者には賃金が支給されていない。企業は、強制的に貯金させた上、通帳を保管し、戦後、未精算のまま日本に引揚げた。郵便貯金に関しては、郵政省の調べで、最近でも樺太関係で五九万口座、額面一億八〇〇〇万円が未精算であることがわかっている。台湾人の元軍人・軍属の軍事郵便貯金に関しては、宮沢首相が「現在の価値による解決」を約束し、一九九五年に一二〇倍による払戻しで決着をみている。一二〇倍は十分な数字ではないが、サハリン残留者の支払請求に対する、郵政事業庁の「法定利息を付した額『四―五』倍」という回答はあまりに出鱈目である。

このように未解決の問題もあるが、遅まきながら故郷・家族への一時訪問と一世の帰国希望者の永住帰国で大きな成果があげられたことは事実である。日本と韓国間の歴史問題のモデルケースとして大きな役割を果たしたというべきであろう。

文献案内

角田房子『悲しみの島サハリン――戦後責任の背景』新潮文庫、一九九七年
　サハリン島に置き去りにされた人々の望郷の念。五〇年の癒し難い思いと現状を伝える。
大沼保昭『サハリン棄民――戦後責任の点景』中公新書、一九九二年
　辺境の地に残された韓国・朝鮮の人々が問う、「国家とは何か」。
高木健一『サハリンと日本の戦後責任』(増補改訂版)凱風社、一九九二年
　韓国・朝鮮人を棄民した日本は問題解決の責任を負っている。

在外被爆者問題

市場淳子

在外被爆者とは

日本では一九五七年に原爆医療法（健康診断と医療費支給）、一九六八年に原爆特別措置法（手当と葬祭料の支給）（以下、原爆二法）が制定され、日本政府による被爆者援護が行われてきた。原爆二法には、法の適用を日本国籍者や日本国内居住者に限定する規定はなかったが、日本政府は日本国外居住の被爆者にその適用を認めなかった。

これに対し、韓国、アメリカ、ブラジル在住の被爆者は、各々、日本政府に適用を求めていた。一九九〇年代に入り、日本で在韓被爆者支援に取り組んできた市民団体（「韓国の原爆被害者を救援する市民の会」一九七一年発足・「在韓被爆者渡日治療委員会」一九八四年発足・「在韓被爆者問題市民会議」一九八八年発足）が、原爆二法の適用問題は在韓被爆者に固有のものではなく、すべての日本国外居住被爆者の問題であるとの認識を共有するようになり、問題解決の方策を「在外被爆者」という観点から模索しはじめた。

すなわち、「在外被爆者」とは、「居住地が日本国外であることを理由に、日本政府による被爆者法から不当に排除されている被爆者」を総称する言葉として創出されたものである。

在外被爆者の前史

（1）在韓被爆者の対日補償請求闘争

日本の朝鮮植民地支配により、生活を破壊されて生きのびるために、あるいは「徴兵」「徴用」という名の強制連行により、多くの朝鮮人が広島、長崎への移住を余儀なくされ、アメリカの投下した原爆の犠牲となった。その数は約七万人(日本人被爆者六九万人の一割以上)にも達し、うち四万人は祖国に帰れぬまま被爆死し、二万三〇〇〇人が独立を果たした祖国に帰還し、七〇〇〇人が日本に残留したと推定されている。

帰還者の多くは現在の大韓民国の地に帰還した。韓国と日本の間には一九六五年に日韓基本条約が締結され国交が回復し、同時に締結された請求権協定で韓国人の原爆被害に対する補償も行われるはずであった。しかし、補償も援護措置もいっさいなく、在韓被爆者は原爆後障害と貧困の悪循環のなかに放置された。

大きな失望と憤怒を抱いた在韓被爆者は一九六七年に「社団法人・韓国原爆被害者援護協会」(以下、韓国協会。一九七一年に援護の二文字を削除。二〇一五年三月現在の生存会員数は二六六〇人)を結成し、対日補償要求に立ち上がった。だが、日本政府は「請求権協定で補償はすべて解決済み」の一点張りで、日本に渡って原爆二法の適用を求める在韓被爆者にも「適用は居住の本拠が日本にあることが前提」として適用を拒否した。

これに対し、日本に治療を求めて密入国した在韓被爆者の孫振斗《ソンジンドゥ》さんが、一九七二年に原爆医療法の適用を求める裁判を提訴し、一九七八年に最高裁が「医療法は戦争遂行主体の国の責任で原爆被害の救済を図るもので、国家補償的配慮が制度の根底にある」と判示し、孫さんが完全勝訴した。だが、日本政府が「原爆二法の適用は日本滞在中に限る」としたため、韓国での無援護は続いた。

韓国協会は対日補償要求を継続し、一九九〇年に日本政府が「在韓被爆者人道医療支援金四〇億円」の拠出を表明した。これを基金にして韓国における医療費支援が始まったが、日本政府が四〇億円を手当支給に用いることを禁じたため、韓国で原爆二法の適用を求める声は一段と高まった。

（2）在米被爆者の対米政府活動

一八〇〇年代末に始まった日本人のアメリカ移民において、広島県は最大の送り出し県となった。一九三〇年代に入ると多くの移民二世が広島に里帰りするようになり、原爆の犠牲となった。日本の敗戦後、アメリカ政府はアメリカ国籍を持つ移民二世の帰国を受け入れた。

アメリカでは一九七一年に「在米被爆者協会」（以下、米国協会。現在は三つの被爆者団体がある）が結成され、被爆者支援法の制定を目指した。一九七三年に連邦議会、一九七四年にカリフォルニア州議会、一九七七年に連邦議会下院に支援法案が提出されたが、いずれも廃案となった。一九七五年と一九七七年には大統領に医療援護を求める嘆願書を提出したが、返答は「正当な戦争の被害者への援助はできない」であった。

アメリカでの活動に挫折した在米被爆者は日本政府による支援の拡大を求めた。日本政府は在韓被爆者に原爆二法の適用を拒否する一方で、日本に里帰りした在米被爆者には適用していたからだ。しかし、在米被爆者がアメリカでの原爆二法適用を求めると、日本政府は「アメリカに適用したら韓国にも適用しなければならなくなる」という理由で拒絶した。

（3）棄民された在ブラジル被爆者

日本政府が敗戦後の人口過剰対策として行った移民奨励策（一九五二―一九七三年）に応じて多くの被爆者がブラジルに移民した。ブラジルでは一九八四年に「在ブラジル原爆被爆者協会」（以下、ブラジル協会。二〇〇八年に「ブラジル被爆者平和協会」に改称。二〇一四年の生存会員数は一一一人）が結成され、日本政府に対する援護要請が始まった。被爆者のほぼ全員が日本国籍者だったが、日本政府は「日本を出た人は税金を払っていないのだから援護できない。ブラジル政府に頼め」と被爆者を棄民扱いした。

被爆者援護法と在外被爆者裁判

日本では一九九四年に被爆者援護法(以下、援護法)が制定されたが、在外被爆者はまたしても適用外とされた。これを機に、韓国・アメリカ・ブラジルの被爆者の共闘が始まった。毎年東京に集まり共同で日本政府に援護法の適用を要請した。

在韓被爆者の郭貴勲《クァククィフン》さんが一九九八年に「被爆者はどこにいても被爆者」と訴えて提訴した「韓国における手当受給を求める裁判」では、米国協会の倉本寛司会長、ブラジル協会の森田隆会長が証言に立ち、勝訴に大きく貢献した。その後も三カ国の被爆者は、援護法の適用範囲を拡大させるための裁判を次々と提訴し、勝訴を重ねていった。司法は「在外被爆者への適用を排除する規定はなく、適用は国家補償的性格を有する援護法の趣旨にも適合する」と判断した。

その結果、援護法の被爆者健康手帳(以下、手帳)交付・原爆症認定・手当支給・葬祭料支給が、在外被爆者にも適用されるようになった。だが、日本政府は健康診断・医療費支給・介護手当支給の適用を認めず、今も韓国とアメリカの被爆者が医療費支給を求める裁判を闘っている。

日本政府の用いる「在外被爆者」とは

在外被爆者の裁判において被告である日本政府は「在外被爆者」という言葉を「被爆者であって国内に居住地及び現在地を有しないもの」と自ら定義して使用している。さらに、敗訴で援護法の一部適用を余儀なくされると、全面適用を未然に防ごうと、「国外に居住している被爆者は、援護法に基づく援護を国内の被爆者と同様に受けることができない部分もあるため、それを補うための事業を予算事業として実施する」として、二〇〇二年に「在外被爆者渡日等支援事業」、二〇〇四年に「在外被爆者保健医療助成事業」という法外措置をスタートさせた。

こうして「在外被爆者」という言葉は日本政府の行政用語となり、「被爆者法から不当に排除されている被爆者」という意味を捨象され、援護法の一部しか適用されない被爆者の存在、すなわち「法の下の不平等」を容認する言葉へとすり替えられてしまった。そのために被害当事者からは「在外被爆者」という言葉に不快感を訴える声が聞かれるようになった。

在韓被爆者と損害賠償請求権

韓国協会は発足と同時に、原爆を投下したアメリカ政府に医療援護を、植民地支配によって被爆に至らせた日本政府に損害賠償を求める陳情書を何度も送った。しかし、アメリカ政府は在韓被爆者を完全に無視した。日本政府の「補償は請求権協定で解決済み」という厚い壁を崩すこともできなかった。

在韓被爆者は次善の策として被爆者法適用の道を切り開いてきたが、全面適用には至っていない。未だに「旧宗主国の被爆者並みの援護」も受けられず、植民地下で日本から受けたのと同様の差別を受け続けているのである。

しかし、植民地支配で苦しめられ、四万人もの被爆死者を出し、遺骨も祖国に持ち帰れず、九死に一生を得て帰還した祖国で放置され続けた在韓被爆者の対日賠償請求権は、「旧宗主国の被爆者並みの援護」に留まるものではない。

二〇〇五年、この対日請求権問題について、韓国政府が「韓国人原爆被害者への賠償は請求権協定の対象外だった」と結論付けた。さらに二〇一一年には韓国憲法裁判所が「韓国政府には、在韓被爆者の対日賠償請求権の実現・人権回復のために積極的に努力すべき憲法的責任がある」と決定した。二〇一二年には韓国大法院も、三菱重工業に対する元韓国人徴用工被爆者の損害賠償請求権は請求権協定では消滅していないと判決した。

だが、その後の韓国政府の取り組みに進展はなく、韓国協会は二〇一三年に韓国政府に不作為の損害賠償を求める裁判を起こした。

在外被爆者からも除外された在朝被爆者

厚生労働省は二〇一一年三月現在の在外被爆者数(手帳交付件数、部分的に死亡者も含む)を「三七カ国・四四二四人、内訳は韓国三〇四八人・アメリカ九七四人・ブラジル一五八人・中国六〇人・台湾一八人(二〇一一年に「台湾の被爆者の会」結成)・北朝鮮一人」と公表した。ここで注目すべきは「北朝鮮一人」である。

日本と未だに国交のない朝鮮民主主義人民共和国に暮らす被爆者(在朝被爆者)は、一九九五年に日本政府による補償実現を目的として「反核平和のための朝鮮被爆者協会」(以下、朝鮮協会。二〇一〇年に「朝鮮被爆者協会」に改称)を結成した。しかし、補償はおろか、援護法の適用さえ受けられずにいる。「北朝鮮一人」とは、二〇〇八年の朝鮮協会生存会員三八二人中、副会長の朴文淑《パクムンスク》さん一人がかつて長崎を訪問した際に手帳を取得したことを示すものであるが、朴さんは援護法の適用は受けていない。

在外被爆者のなかでも、在朝被爆者や、被爆死も含めて手帳が取れずに亡くなった被爆者、長年放置された結果、被爆の事実を証明する術を失い手帳が取れない生存被爆者は、日本政府の言う「在外被爆者」からも排除されたままである。

参考文献

市場淳子『ヒロシマを持ちかえった人々――「韓国の広島」はなぜ生まれたのか』(新装増補版)凱風社、二〇〇五年
平野伸人『海の向こうの被爆者たち――在外被爆者問題の理解のために』八月書館、二〇〇九年

被爆者援護法

被爆五〇周年を期して、原爆医療法と原爆特別措置法を一本化し、被爆に対する日本国の責任を明記し、高齢化した被爆者への援護を充実させることを目的に、一九九四年に日本で制定された法律。国費により、被爆者健康手帳を交付された被爆者に、健康診断・医療費支給・(医療特別・特別・健康管理・保健)手当支給・葬祭料支給・介護手当支給を実施し、平和祈念事業を行うことが規定されている。民間人の戦争被害に対する援護を定めた唯一の法律である。軍人・軍属に対する補償立法には設けられている国籍条項がないので、外国人被爆者にも適用される。日本国外居住者への適用を排除する規定もないが、日本政府は違法な通達で適用を認めてこなかった。

(市場淳子)

ハバロフスク裁判

一九四九年一二月末にハバロフスク市で行われた軍事裁判で、被告の山田乙三・元関東軍総司令官以下一二名に自由剝奪二五年等の有罪判決が下された。訴因は「細菌戦兵器の準備及び使用」で、山田を除く被告は関東軍防疫給水部(七三一、一〇〇部隊)の幹部及び要員として、細菌兵器の開発と人体実験に当った責任を問われた(山田は最高責任者)。この裁判は極東国際軍事裁判(一九四六年五月—四八年一一月)には協力的だったソ連が、冷戦の亢進とともに米国とGHQ占領下の日本に対決的になった端的な現れであり、日本の細菌戦準備を米国による隠蔽、石井四郎中将の免責の中で世界に暴露した意義はあるものの、天皇批判を含むキャンペーンの一手段に過ぎなかった。

(富田武)

朝鮮人・台湾人元日本兵の補償
――皇軍兵士にされた植民地出身者

光信一宏

　戦前、台湾人は一八九五年の日清講和条約、朝鮮人は一九一〇年の日韓併合条約により、日本臣民にされたが、「外地人」(外地に本籍を有する者)である彼らは当初、兵役義務を負わなかった。大日本帝国に対する忠誠心が疑われたためであるが、一九三七年七月に日中戦争が勃発し戦線が拡大すると、兵力の確保のため特別志願兵制が実施された。そして、戦争の激化を背景に一九四三年三月二日の改正兵役法で朝鮮人の兵役義務が明記され、同年一一月一日には、徴兵の対象が「内地人」「外地人」の別なく、すべての日本臣民に拡大された。軍人・軍属として召集された朝鮮人および台湾人の総数は約四五万人であり、五万二千人余りが戦死したとされる(厚生省)。

援護年金・恩給における国籍差別

　一九四五年八月一四日に日本がポツダム宣言を受諾し、連合国の占領下に置かれると、軍隊は解体させられ、重度戦傷病者に係る傷病恩給を除き軍人恩給が廃止された(一九四六年二月一日の勅令第六八号)。しかし、一九五二年四月二八日に対日平和条約が発効し日本が主権を回復した二日後に、元軍人・軍属およびその遺族への年金等の支給を内容とする戦傷病者戦没者遺族等援護法(援護法)が公布・施行され、次いで翌年八月一日施行の改正恩給法により勅令第六八号が廃止され、軍人恩給が復活した。

　しかし、援護年金および軍人恩給の受給権者は日本人に限られ、対日平和条約の発効日にその意思にかかわりなく日本国籍を「喪失」した(民事甲四三八号法務府民事局長通達）とされた朝鮮人・台湾人は、支給の対象から排除されてきた（帰化を理由に支給が認められた例はある）。なお、援護法の適用開始日は彼らがまだ日本国籍を保有していた一九五二年四月一日であったため、附則に、「戸籍法の適用を受けない者」を除外する戸籍条項を置いている。一方、軍人恩給については、「国籍ヲ失ヒタルトキ」受給権が消滅するとの恩給法の国籍条項が適用された。

このように旧植民地出身者が援護法および恩給法の適用対象外とされたのは、彼らに対する補償問題の解決が朝鮮の施政当局や中華民国政府との「特別取極」の主題とされた（対日平和条約第四条（a）、日華平和条約第三条）ためである。

そして、「特別取極」の一つとして一九六五年六月二二日、日本から韓国への無償三億ドル、有償二億ドルの供与を定める日韓請求権協定が締結され、日本政府は補償問題が「完全かつ最終的に解決された」（同協定第二条第一項）としたが、韓国政府が異なる見解をとったため、在日韓国人は両国政府から何らの補償も受けられなかった（韓国政府は戦死者の韓国人遺族に対日民間請求権の補償を行ったが、在日韓国人は除外された）。また、北朝鮮出身者の処遇も未解決のまま残された。一方、台湾人については、一九七二年九月二九日の日中共同声明により中華人民共和国政府が中国の唯一の合法政府であると日本政府が承認したことで、中華民国政府との協議が事実上不可能になった。

差別を許容した裁判所

こうしたなか、一九七四年末にインドネシアのモロタイ島で台湾人元日本兵が発見、救出されたことを契機に、日本に補償を要求する運動が高まり、一九七七年、台湾在住の元日本兵および遺族ら一三名が東京地裁に一人当たり補償金五〇〇〇万円の支払いを求める訴えを起こした。そして、一九九〇年代に入ると韓国人元兵士らからも相次いで提訴がなされた（鄭商根《チョンサングン》訴訟、姜富中《カンブジュン》訴訟、石成《ソクソン》基《ギ》・陳石一《チンソギル》訴訟、金成寿《キムソンス》訴訟、李昌錫《イチャンソク》訴訟等）。

これらの裁判では、外国人を排除する戸籍・国籍条項が憲法第一四条や市民的及び政治的権利に関する国際規約（自由権規約）第二六条の平等原則に違反しないかが争われたが、原告らの主張どおり違反と断じた判決はない（違反の疑いがあるとしたものはある）。最高裁は、中華民国政府との協議が事実上不可能な状態にあるとしても違憲となるべき理由はなく、台湾住民である元兵士らにいかなる措置を講ずべきかは「立法政策」の問題であるとし（一九九二年四月二八日判決）、在日韓国人の元兵士らに何らかの措置を講ずるかは韓国その他の国々との「高度な政治、外交上の問題」であり、戸籍・国籍条項を存置したとしても立法裁量を逸脱したとはいえないとしている（二〇〇一年四月五日判決、二〇〇二年七月一八日判決等）。

また、原告らは、フランスにおける軍人退職年金に係る国籍差別（セネガル人元兵士への支給額を一九七五年の水準に凍結）は合理的かつ客観的な基準にもとづいておらず自由権規約第二六条違反であると認定した一九八九年四月三日の自由権規約委員会の見解を援用したが、委員会の見解には法的拘束力がないなどとして一蹴されている（二〇〇〇年二月二三日大阪高裁判決等）。

特別立法の問題点

旧植民地出身の元日本兵らの戦後補償裁判はすべて原告の敗訴に終わったが、一部の下級審判決が国会等に差別是正勧告を行ったことなどを受け、一九八七年に「台湾住民である戦没者の遺族等に対する弔慰金等に関する法律」、一九八八年に「特定弔慰金等の支給の実施に関する法律」、そして二〇〇〇年に「平和条約国籍離脱者等である戦没者遺族等に対する弔慰金等の支給に関する法律」が制定され、台湾住民または平和条約国籍離脱者等（第二次世界大戦終了前から日本に在留する朝鮮半島・台湾出身者で、対日平和条約の発効日に日本国籍を離脱した者、および、日本で出生したその子孫で出生後も日本に在留する者）である戦没者の遺族や重度戦傷病者およびその遺族に対し、本人の請求にもとづき弔慰金等が支給された（台湾住民約三万人、平和条約国籍離脱者等四一四人が受給）。

ただ、弔慰金等の趣旨は「人道的精神」にもとづき弔慰の意を表するというものであり、戦争犠牲に対する国家補償ではない。しかも、弔慰金等は一時金であり（台湾住民が二〇〇万円、平和条約国籍離脱者等である重度戦傷病者と遺族がそれぞれ四〇〇万円と二六〇万円）、年金を支給される日本人との格差が歴然としている。フランスでは二〇一一年に軍人退職年金等の支給額における内外人平等が実現しており、日本でも差別の撤廃が求められる。

文献案内

金成寿著・藤田博雄編集『傷痍軍人金成寿の「戦争」――戦後補償を求める韓国人元日本兵』社会批評社、一九九五年

戦地で右腕切断等の重傷を負い、一九九二年に提訴した韓国在住の元特別志願兵の手記。国籍差別の不当性を訴える。

日朝歴史問題

和田春樹

日本と朝鮮北部――侵略の歴史

日朝歴史問題の基礎は日本の朝鮮北部に対する侵略の歴史である。まず豊臣秀吉の朝鮮侵略のさい、小西行長の先鋒軍は一五九二年、六カ月間平壌を占領した。咸鏡道には加藤清正の軍が侵入した。翌年明と朝鮮の連合軍は平壌を奪還し、加藤軍も撃退された。

近代の日清戦争も朝鮮ではじまった。この戦争の最大の陸上戦闘は一八九四年九月一五日の平壌の戦いであった。玄武門やぶりの武勲を立てた兵卒原田重吉は近代日本国家最初の軍人英雄となった。日露戦争の際も、日本軍は一九〇四年二月二四日、平壌を占領した。朝鮮全土を占領する勢いで、大韓帝国に保護国化の第一歩となる日韓議定書に調印させたのは平壌占領の前日だった。日露戦争を優勢勝ちした日本は、一九〇五年一一月、大韓帝国を完全なる保護国にし、一九一〇年八月二九日には併合した。

植民地支配は朝鮮社会を大きく変えた。朝鮮は日本の大陸侵略のための拠点となり、兵站基地となった。朝鮮北部は戦争のための重化学工業の中心地となった。そこからはじまった日本の大企業も知られている。小野田セメントのおこりは平壌工場であり、水俣公害で知られるチッソは朝鮮窒素興南工場の建設によって飛躍した企業である。

植民地支配は多くの苦痛と損害を朝鮮の人々に与えた。その犠牲者の典型は慰安婦とされた女性たちである。朝鮮の北部からも慰安婦とされた人々が多くいる。一九九一年にはじめて慰安婦として名乗り出た金学順ハルモニは平壌出身である。戦争の時期に労働者として動員され、日本や満州に送られ、使役された男子も少なくない。

第二次世界大戦の末期、ソ連は一九四五年八月九日、日本に宣戦を布告し、満州の日本軍を攻撃し、ついで朝鮮北部に攻め込んだ。日本の降伏後、植民地支配から解放された朝鮮北部(三八度線以北)はソ連軍の占領地域となり、一九四八年九月九日、民族的共産主義者金日成を指導者とする朝鮮民主主義人民共和国が建国された。一九五〇年六月二五日、北朝鮮は武力統一をめざして戦争をはじめたが、成功せず、戦争は米中戦争に転化した。アメリカ軍の占領下にあった日本は米軍の戦争の基地となり、横田から飛び立ったB29は北朝鮮を空襲し、その全域を焦土と化した。

日韓会談の開始と日朝交渉拒否

一九五一年一〇月、日本は、朝鮮戦争のさなか、アメリカの勧めで、北朝鮮と敵対する大韓民国と国交交渉の予備会談を開始した。講和条約締結後、一九五二年二月、日韓会談が正式にはじまるが、久保田発言で五三年一〇月、決裂してしまう。事態をみていた北朝鮮は一九五五年二月二五日、南日外相の声明で、日本に貿易文化交流を提案した。もとより日本政府は反応しなかった。一九五八年九月、金日成首相は、在日朝鮮人の「帰国」を受け入れることを表明した。これに呼応して、在日朝鮮人の「帰国」運動が起こり、日本政府は日本赤十字を通じて交渉し、在日朝鮮人の集団移住を可能にした。一九五九年一二月帰国第一船が出て、一九八四年七月の第一八七次船までで、九万三三四〇人が海を渡ったのである。このさい朝鮮人の夫に同行した日本人の妻は一八三一人と言われている。帰国した朝鮮人も日本に家族を遺している人が多く、日本人妻と同様に、日本への旅行をのぞんでいるが、それが許される状況ではない。

日朝交渉の開始

一九八〇年代末になって、植民地支配清算という課題をかかげて、北朝鮮との政府間交渉をひらくという考えが主張された。ここから一九九〇年九月、金丸・田辺訪朝団が生まれた。金丸自民党副総裁は海部首相の親書をもって訪朝し、平壌の地ではじめて植民地支配について謝罪した。自社両党と朝鮮労働党の三党共同声明が九月二八日に発表され、日朝国交交渉の開始をめざして進むことが明らかにされたのである。

日朝交渉は、一九九一年一月平壌ではじまった。会談の冒頭、中平立日本全権は、日本と北朝鮮は戦争状態になかったので、賠償、補償をおこなうことは受け入れられないと表明した。これに対して、北朝鮮全権田仁徹は、日本は併合条約が不法、無効であったと認めよ、補償問題解決には交戦国間の賠償と財産請求権を適用する、戦後四五年の被害と損失に対しても補償せよ、と表明した。とくに日本と朝鮮が交戦関係にあったという主張と関連して、金日成の朝鮮人民革命軍が一五年間、日本軍と戦ったと述べたことが注目される。第二回会談(三月、東京)では、中平全権が、併合条約は合法的に締結実施された、朝鮮人パルチザンは中国共産党の東北人民革命軍の一部隊として東北地方で活動していたものだ、と主張した。北朝鮮側はこの主張に反発した。併合条約をめぐる応酬は日韓会談での応酬をくりかえすものであった。政治家は謝罪し、償うと表明したが、外務官僚の論理は少しも変わっていなかった。交渉が行き詰まるのは当然であった。

このあとは、アメリカの介入を受けて、五月の第三回会談では、日本側は、北朝鮮にＩＡＥＡの査察の受け入れを「国交正常化の前提条件」だとして求めた。朝鮮側は、まず外交関係を樹立して、補償問題はのちに交渉するという譲歩案を提案した。日本側は、大韓航空機爆破事件の犯人金賢姫の教育係、拉致された日本女性「李恩恵」の問題の調査を求めた。北朝鮮側は強く反発し発言を撤回し謝罪せよと求め、要求が満たされない限り、会談をつづけられないと表明した。以後交渉は進まず、一九九二年一一月第八次会談で決裂した。

拉致問題の極大化

北朝鮮は一九七〇年代半ばになって、韓国内に強力な反政府運動がおこったことに驚き、そこに影響力を行使するために、エイジェントを南派しようとした。そのための準備工作の一環として日本人拉致を七〇年代末から実行した。エイジェントが使用する日本人パスポートをつくること、エイジェントが日本人になりきるための教育係を獲得することが考えられたが、その他、亡命外国人の結婚相手を日本から拉致することも考えられた。

拉致問題は、一九九七年に北朝鮮からもたらされた情報が新潟で行方不明となった中学生横田めぐみと合致し、本格的に取り上げられるようになった。一九九七年五月には、拉致の疑いがある事件は七件、一〇人と発表された。この問題を日本政府は二〇〇〇年、八年ぶりに再開された日朝交渉でとりあげた。交渉はすぐに打ち切りになった。

二〇〇一年に北朝鮮は秘密交渉を提案し、日本側はこれに応じた。一年以上秘密交渉を続けた上、二〇〇二年九月の小泉首相の訪朝、日朝首脳会談となった。共同の努力で日朝平壌宣言が出された。この宣言で、両国は国交正常化を早期に実現するために努力することを誓った。そして、日本側は、植民地支配のもたらした損害と苦痛について反省謝罪し、その謝罪に基づいて国交正常化後、経済協力をすることを約束した。双方は財産請求権についてはは放棄することを原則として協議することで合意した。拉致問題については、金正日国防委員長は口頭で「遺憾なことであったとお詫びしたい」と表明し、宣言では「日本国民の生命と安全にかかわる懸案問題」については「遺憾な問題が今後再び生じることがないよう適切な措置をとる」ことを確認した。そして北東アジアの平和と安定についての地域協力をのぞみ、核問題は関係国間の対話で解決すること、ミサイル発射のモラトリアムを延長することも約束された。なお北朝鮮側は拉致したのは一三人であるとリストを示し、うち五名のみが生存していると明らかにし、のち五名とその家族を日本に返した。

平壌宣言は極めて重要な合意であったが、日朝交渉の前進に否定的な勢力の工作により、北朝鮮バッシングの気分が醸成され、合意は守られなかった。日朝交渉はふたたび中断された。二〇〇六年からは安倍首相の三原則（①拉致問題は我が国の最重要課題である、②拉致問題の解決なくして国交正常化なし、③拉致された人は全員生きている、全員を日本に返せ）が打ち出され、制裁がおこなわれ、拉致問題が日朝交渉の唯一の主題となった。日本が負う歴史的責任は忘れられている。

いまは北朝鮮は安倍第二次内閣と結んだ二〇一四年五月のストックホルム合意を重視し、在朝日本人問題の全面調査を進めている。北朝鮮の側からも歴史問題には触れないように努力している。しかし、それが消えるはずはない。日朝交渉担当者の宋日昊大使は二〇〇五年三月に「拉致も植民地支配も二〇世紀に起こったことであり、二五年くらいしか差がない」と語った。日朝歴史問題を忘れては、日朝国交正常化はありえないのである。

文献案内

高崎宗司『検証　日朝交渉』平凡社新書、二〇〇四年
　唯一の日朝交渉の概観。
和田春樹・高崎宗司『検証　日朝関係六〇年史』明石書店、二〇〇五年
　交渉のプレーヤーごとに、日朝関係史に切り込む。
和田春樹『これだけは知っておきたい日本と朝鮮の一〇〇年史』平凡社新書、二〇一〇年

在外財産補償問題

浅野豊美

敗戦後、置き去りにされた在外財産

第二次大戦後のサンフランシスコ講和条約によって、帝国としての日本は名実ともに終焉を迎えた。正確な緯度と経度による地理的範囲は確定されず、その移転先も不明確であったものの、朝鮮・台湾・南樺太・千島・南沙諸島・南極の一部が、その条約第二条で分離され、日清戦争以来の周辺地域に拡大した領土、及び、平和的取得ではあったものの将来の紛争を招きかねない領土への主権を、日本が放棄したからである。しかし、この終焉は島嶼をめぐる領土紛争を生み出したのみならず、分離された地域に所在したままで、アメリカ軍が主導した強制引揚に伴って実質的に放棄され、賠償総額からの天引きを予定していた在外財産(工場設備と宅地、強制的に差し押さえられた預金、株券、公債、保険証書等)と債権・債務関係の清算というもう一つの問題を生み出した。

これについて講和条約は、第一四条で連合国所在の在外財産の接収を定め、第四条で分離地域に残された財産と分離地域に所属する人間の債権や他の請求権全てを、日本に所在する財産や日本人の請求権・債権等と合わせ、政府間の「特別取極」を結んで清算すべきと定めたのみであった。

第四条の特別取極交渉は、連合国との間での講和条約第一四条の賠償と在外財産処理枠組みに左右された。第一四条で日本はアメリカ等の連合国にあった預金や農地等の日本政府・法人・民間人の在外資産で戦中に資産凍結等されたものの処理を、相手国の国内法に全て委ね日本政府としては異議を唱えない。その代わりに連合国は日本に在外財産取得以上の賠償を、間接占領経費を除き要求しないという枠組みが作られた。東南アジアの旧欧州植民地に所在した日本の在外資産にもこの枠組みは適用されたが、新興独立国が賠償を要求する時、日本は必ずそれに応じる代わりに、賠償は生産物と役務によることも、この一四条は定めた。

しかし、日本の在外財産が集中したのは、講和条約の一部の利益を受けながらも、直接それには係わらない地域、すなわち、現在の北朝鮮・韓国・中国・台湾・ロシアであった。さらに、このドル建ての計算は、大蔵省と連合国軍総司令部が行ったが、マイナスの資産としての負債を除外し、しかも自己申告により財産を集計する形で見積もられた。これらの矛盾が、日本の賠償、ひいては在外財産処理、及び、それと絡まった戦争被害補償問題に複雑な影を落とした。

在外財産補償要求運動の発生

何より重要であったのは、日本周辺地域から引き揚げてきた民間人三四〇万人が何らかの形で保有していた在外私有財産が、本来であれば日本政府が公費で支払うべき賠償の一環とみなされ、これに伴って、日本政府が私有財産を喪失した日本人引揚者に対して財産補償を行うべきか否かの問題が発生したことである。また、在外財産放棄を実質的に認める代わりに、金銭を中核とする賠償が免除され、終戦以前の事件に由来する請求権、いわゆる戦争被害補償が在外財産と実質的に相殺されたことにより、戦争賠償や請求権という枠に収まりきれない問題が発生した（本書「戦争賠償」と「平和条約体制と戦後補償」の項目参照）。

何より個人の私有財産が日本政府の支払うべき公的な賠償に使われたことをもって、旧所有者である引揚者からは、日本政府に向けてその正当な補償を求める運動が展開された。その中心となったのは一九四六年一一月に発足した引揚者団体全国連合会(全連)であり、一九八〇年代に至るまで運動は継続された。役員には、朝鮮総督府関係者の穂積真六郎と田中武雄が就任した。全連には、大野伴睦、川島正次郎等、後に自民党有力者となる人員も加わって、「在外財産法的処理促進議員連盟」(長谷川峻会長)も結成された。

この全連は、講和条約締結に際して、在外財産の補償を日本政府の責任とする条項をイタリア講和条約同様に盛り込むことを要求し、ダレス特使とアチソン国務長官宛てに血判要望書を送付したが、アメリカ側からの回答はあくまで日本の国内問題として善処することを期待するという素っ気ないものであった。失望した全連は講和条約締結に際して東京事務所に弔旗を掲げ、トラックに「私有財産之霊位」と書かれた位牌を積んで、祝祭気分に浸っている都民に冷水を浴びせ、国会議員に告別式挙行通知を送りつける程であった。

運動の中核となったのは、引揚者中、その三分の一以上を占めた(準)公務員をのぞいた、商工、貿易、建設業等に従事した民間人であった。彼等は日中戦争以前から公式の帝国領土や満州等に居住し、且つ、公務員としての恩給年限加算等の救済措置にも浴せなかったため、在外私有財産問題の帰趨に生活は大きく左右された。のみならず、戦後日本社会にとってはある種の「よそ者」であったため、補償運動は単なる生活救済の手段という意味を超えて、「引揚日本人の政治的性格」ひいては帝国の政治的性格を政府は明らかにせよとする一種の踏み絵としての性格を強めた。引揚者は「日本帝国主義の走狗」、あるいは戦争協力者として憎悪されるべき存在ではなく、「封建制」の強い日本社会に飽きたらず自由を求めた「開拓者」であり、海外に雄飛し外地を墳墓の地とすべしとした「国策」に殉じた存在であったことを確認せよとの要求が掲げられ、それが政府の植民地支配と戦争への責任についての態度に大きな影響を与えることになった。引揚者が「裸」と「はだし」で引揚げ、定住援護の対象とされている中、肉親の帰還促進や国内での援護以上に大切なものとして要求された政治的性格の確認は、これらの事業を推進していくための大前提として確認されなければならないとされた。

引揚者特別交付金支給法の制定

引揚者の在外財産補償要求は、鳩山内閣が成立すると政策課題として検討され、一九五六年の在外財産問題審議会の復活、翌年の引揚者給付金等支給法の成立、生活再建のための資金総額五〇〇億円の支給となった。鳩山は「引揚者を一〇年も放っておいたことは残酷である」と述べた。この審議会委員には、遠藤柳作と田中武雄という元朝鮮総督府政務総監も加わった。しかし、答申をもとに法案が国会で審議されると、野党の側からは「侵略戦争の露払いをした反動分子さえも犠牲者として補償し、これを鼓舞激励している」との批判や、あるいは、引揚者中の「反動的、侵略的勢力を温存し、激励し、軍国主義復活の推進者に育成」せんとしているとの批判が浴びせられた。

一九六五年六月の日韓国交正常化により、「財産及び請求権に関する問題の解決並びに経済協力に関する日本国と大韓民国との間の協定第二条の実施に伴う大韓民国等の財産権に対する措置に関する法律」が制定された。これにより、「通常の接触」のもとで対馬海峡を横断する機帆船によって八月一五日から数週間の間に日本に持ち込まれた文化財等への日本の管轄権や、朝鮮人帰還者が朝鮮人連盟等に寄託した財産の所有権が確定され、米軍軍政令三三号(一九四五年一二月)という日本人財産全部の実質的没収を八月九日に遡及して定めた軍政令の効果はここに喪失した。終戦から二年近くの引揚過程で日本に持ち込まれた財産、送金された金銭、及び朝鮮に本社を置いた会社が日本本土に所有した財産・株券・債権、（さらに最高裁判決では労務者への未払金要求等の「権利」も含まれることが確定）への韓国側の請求権も、経済協力資金と実質的に相殺された。

　これを契機に日本側で制定されたのが、一九六七年の引揚者特別交付金支給法であった。これは朝鮮からの引揚者のみならず、その他全ての約三四九万人の引揚者に対して、総額一九二五億円（約五億ドル強）を外地で引揚者が所有した「特別な意味と価値をもった財産」の喪失に「報いる」ために「交付」したもので補償ではなかった。実際、「内地」に居住しながらかつて旧植民地に財産を有していた個人・法人への補償は行われなかった。

　在外私有財産が特別な意味と価値を有していると認められたのは、引揚者が「当時の国策に沿って海外の第一線で働き、生活を営んでいたところ」に日本軍の降伏により「住み慣れた社会から遮断され」退去を迫られ、全く変わり果てた戦後日本で「生活を再建しなければならなかった」上に、引揚者にとっての私有財産は「長い間つちかわれた人間関係、生活利益、誇り、安らぎ等、人間としての生活の最も基本となる支え」であったと認識されたからであった。引揚者の要求した「政治的性格」までは確認されなかったものの、財産形成の基盤となる「人間関係」と「誇り」の喪失に対する実質的な補償が交付金支給によって行われたといえる。

　実際の交付金は一〇年償還の無利子記名国債によって支払われ、これにより在外財産処理は一切終結という覚書が全連と自民党との間に交わされた。しかし、一九七九年度予算で旧陸海軍看護婦への「慰労金」という形を取った補償が実現すると、在外財産補償要求は再び活発化した。一九八二年から総理府総務長官の私的諮問機関として戦後処理問題懇談会が発足、同年秋の中曽根内閣成立の際には、戦後処理を再検討するという公約で自民党員中の抑留者、引揚者から組織票が集められた。懇談会は一九八四年以後総務庁の管轄となり、その報告書に基づき一九八八年には平和祈念事業特別基金等に関する法律が成立、総務庁認可法人平和祈念事業特別基金の設置が行われ、引揚者、シベリア抑留者、恩給欠格者の「労苦」に関した資料の収集、展示、調査研究、記録作成、及び、「書状・銀杯の贈呈」が行われた。しかし、個人補償が行われることはついになく、二〇一三年四月に基金は解散した。

文献案内

大蔵省財政史室編『昭和財政史――終戦から講和まで第1巻　総説　賠償・終戦処理』東洋経済新報社、一九八四年

連合国の賠償方針が、日本と連合国の旧植民地へ在外財産を移転させることを核としたものであったこと、実際の調査内容の結果や、方針転換がわかる。

北条秀一・城戸忠愛『私有財産論――在外財産補償要求運動史』構造社、一九七一年

二男・三男には「海外雄飛」し「引揚」げるしか道がなかったという情念と、国際法を根拠とした運動の軌跡がわかる。

総理府『在外財産問題の処理記録――引揚者特別交付金の支給』一九七三年

実際の在外財産喪失に伴う政府の対応と、国内補償を回避した処理の詳細。

浅野豊美『帝国日本の植民地法制』名古屋大学出版会、二〇〇八年

引揚者の陳情中、定住援護や未帰還家族救済以上に政治的性格を鮮明にせよとの要求が優先されたことの意味を論じる。

大蔵省管理局『日本人の海外活動に関する歴史的調査』一九四八―一九五〇年

各地域に残された「日本人」の在外財産の種類と金額、財産形成過程を歴史と共にまとめ上げたもの。

復員・引揚げ(留用・残留日本人・遺骨収集を含む)

浜井和史

アジア・太平洋戦争の終結にともなう日本陸海軍の復員は、連合国の管理のもとに行われた敗戦国家としての「総復員」であり、復員の完結は日本軍そのものの終焉を意味した。また、旧帝国圏に居住した民間人(一般邦人)も在外資産を現地に残してすべて本土に引揚げることを余儀なくされ、復員・引揚げのプロセスはそのまま大日本帝国崩壊のプロセスというべきものとなった。

軍人・軍属の復員

終戦時、日本軍が展開していた総兵力数は陸海軍あわせて約七八九万人(陸軍:約五四七万人、海軍:約二四二万人)であり、このうち日本本土以外に所在していた軍人・軍属は約三五三万人(陸軍:約三〇八万人、海軍:約四五万人)で全兵力の約四五パーセントにあたっていた。

これら陸海軍の軍人・軍属は、ポツダム宣言第九項(「日本国軍隊ハ完全ニ武装ヲ解除セラレタル後各自ノ家庭ニ復帰シ平和的且生産的ノ生活ヲ営ムノ機会ヲ得シメラルベシ」)に基づいて一九四五年八月二五日より復員(海軍では「解員」という)を開始した。

国内部隊に関しては、陸軍は一〇月一五日にほぼ復員を完結し、海軍やその他の陸軍諸機関も陸海軍省が廃止された一一月三〇日までに完了した。旧陸海軍省は、第一・第二復員省に改組されて復員関係に限定した業務を担当することとなった(その後、復員庁・引揚援護庁に改編されるなどした後、厚生省に吸収された)。

海外部隊に関しては、連合国軍最高司令官による「指令第一号」(一九四五年九月二日)で示された中国・ソ連・豪州・英国・米国の各連合国軍の管理地域でそれぞれ降伏文書調印と武装解除が行われた。そして帰還までの間、指定の収容所に集結し、各種の労務に従事して待機することとなった。

復員を待つ海外部隊では多くの場合、秩序維持のために軍隊としての建制が維持されていた。海外部隊における最上級部隊(総軍)であった支那派遣軍(中国大陸方面)と南方軍(東南アジア方面)の総司令部は、規模を縮小しつつもその機能を存続させ、復員完結まで軍隊組織と指揮官の権限が維持された。一九四七年五月に日本国憲法が施行されると、法令上、日本において軍隊や軍人・軍属の存在が許されない状況となったが、未帰還の海外部隊に所属する者は便宜的に「未復員者」という身分が与えられ、公務員に準ずる取扱いを受けることとなった。

海外部隊のうち中部太平洋地域のように環境が劣悪で孤立した部隊は、一九四五年九月から一〇月にかけて早期集中的に国内に送還された。それ以外の地域に関しても同年一一月頃から復員輸送が開始されて、一九四八年一月頃までにおおむね完了した。

特に一九四六年一月以降、米軍のＬＳＴ(大型揚陸艦)や輸送船、病院船などが輸送に使用されることとなり、当初の予想以上に急速に復員・引揚げが進展した。しかし、英国軍管理地域では一九四六年末までに南方軍の主力が帰還したのに対し、ビルマ(ミャンマー)・タイ・マレー・スマトラ・ジャワ地区においては、約一三万二〇〇〇人の作業隊が約一年間の残留延長を余儀なくされた。

また、中国東北部(満洲)を中心とするソ連軍管理地域では、武装解除された各部隊が作業隊に編成されてシベリア等へ移送される事態が生じた(シベリア抑留)。その帰還は米ソ協定に基づいて一九四六年一二月以降に開始され、一九五〇年四月にいったん打ち切られた。一九五三年一二月の再開後、日ソ共同宣言によりソ連との国交回復が実現した一九五六年の一二月に送還が終了した。

一般邦人の引揚げ

一方、終戦時、海外には三〇〇万人を超える一般邦人が居住していた。ポツダム宣言第八項によって日本の主権は本州・北海道・九州・四国および連合国が決定する諸小島に局限されることとなったが、軍人・軍属の場合とは異なり、一般邦人に関してはその引揚げを規定する連合国の包括的命令がなかったため、日本政府の初期対応も混乱に満ちたものとなった。

日本政府は終戦当初、輸送力不足と食糧難などの社会事情を背景に、海外に残留する一般邦人に対しては原則として「現地定着」の方針をとった。一九四五年八月一四日発の在外公館宛の電報ではすでに「居留民ハ出来得ル限リ定着ノ方針ヲ執ル」ことを訓令している。この方針は、最大の居留民（約一五五万人）を抱えていた満洲の情勢悪化が伝えられてからも転換されなかった。

その後、南朝鮮や太平洋諸島などからの復員・引揚げが開始され、国内の受入体制が整備されるとともに、厚生省が引揚げを主管する中央責任官庁に指定されたが、一〇月二五日に日本の外交権が全面的に停止されると、引揚げに関して日本政府が主体的に連合国軍総司令部（ＧＨＱ）と交渉することが不可能となった。以後、引揚げに関する方針の策定はＧＨＱに委ねられることとなり、一九四六年一月にＧＨＱのほか米軍関係機関が東京で開催した「引揚げに関する会議」において全地域からの一般邦人の本国送還が基本方針として確認された。そして三月の「引揚げに関する基本指令」に基づいてソ連軍管理以外の地域からの引揚げが急速に実現することとなり、同年中に大部分の一般邦人が引揚げた。

留用と残留日本人

しかし、こうした復員・引揚げのプロセスですべての日本人が順調に帰還できたわけではなく、様々な事情により現地に残留することを余儀なくされたものも少なくなかった。

中国における国共内戦にともない技術者や医療関係者を中心に多くの日本人が国民党軍や共産党軍によって終戦後も「留用」された。国民党軍の敗退後は逐次留用を解除されて日本に帰国したが、共産党軍に留用されていた日本人は中華人民共和国成立後も引き続き留用され、その人数は家族も含めて三万五〇〇〇人以上と推定された。また、中国山西省では約二六〇〇人の日本軍人が現地に残留して内戦に参加し、約五五〇人がそこで命を落とした。中国以外にもインドネシアやベトナムなどで残留日本兵が独立戦争にかかわった。

また、満洲をめぐる状況は様々な悲劇を生んだ。一九四五年八月九日にソ連軍が対日参戦すると、開拓団を含む満洲の一般邦人は混乱のうちに避難を開始した。戦前、日本の国策によって満ソ国境付近を中心に満洲全域に入植していた開拓団約二七万人中、壮年男子約五万人が関東軍に召集されていた。残された老人や婦女子らは過酷な退避行を強いられ、途中、戦闘や飢餓、集団自決などによって多くの人が犠牲になった。混乱は一〇月頃に沈静化したが、収容所に到着後も劣悪な環境下で多くの命が失われた。ソ連軍の撤退後、一九四六年五月以降に満洲からの引揚げが開始され、葫蘆島から佐世保・博多・舞鶴などの各港に続々と引揚船が到着した。一九四八年八月にいったん打ち切られるまでの前期集団引揚げにおいて約一〇五万人が帰国し、一九五三年三月の再開後、一九五八年七月までの後期集団引揚げにおいては留用者や陸海軍人を含む三万二五〇六人が帰国した。

集団引揚げ終了後、中国残留日本人に関して政府は一九五九年に成立した「未帰還者に関する特別措置法」を適用し、約一万四〇〇〇人に対して「戦時死亡宣告」を行い、また約一〇〇〇人については自らの意思で残留したものと認定した。その中には、混乱と厳しい状況の中で肉親と離別して孤児となり中国人の養父母に育てられた「残留孤児」や、生活の手段を失って中国人の妻となった「残留婦人」が含まれていた。政府は「残留孤児」を約二五〇〇人、「残留婦人」を約四〇〇〇人と推定していた。

これら残留日本人に関して政府は、日中国交正常化後になって改めて戦時死亡宣告者等に関する調査を進め、一九八一年からは「残留孤児」の訪日調査が実施された。訪日調査は一九九九年度まで行われ、二一一六人の孤児が参加し、六七三人の身元が確認された（現在も情報公開調査を継続中）。また当初、中国残留日本人の帰国は私費が原則とされ、国費による帰国の申請は日本の親族に限定されるなど問題が多かった。その後「身元引受人」制度等の措置がとられたが、帰国が進展しない状況の中、一九九三年には「残留婦人」が「強行帰国」する事態が発生した。これを機に政府は一九九四年に帰国促進や自立支援を国の「責務」とする「中国残留邦人支援法」を制定したが、政府の対応が不十分であったとして二〇〇一年以降、「残留孤児」や「残留婦人」らによる国家賠償訴訟が各地で相次いだ。それらはいずれも原告側の敗訴となったが、二〇〇七年に「支援法」が改正されるとともに、福田康夫首相が従来の政府の対応を陳謝した。

遺骨収容の取組み

帰還が困難なのは「死者」も同様であった。アジア・太平洋戦争における全戦没者は約三一〇万人でこのうち日本本土以外の海外戦没者（沖縄を含む）は約二四〇万人（軍人・軍属は約二一〇万人）とされる。戦前期において戦没者は現地にて火葬のうえ、遺骨を本国に送還することとなっていたが、戦局の悪化にともない規定に則った戦没者処理は困難となり、復員時に戦友たちが少なからぬ遺骨を持ち帰ったものの、戦後、多数の遺体・遺骨が現地に取り残された。

一九五一年九月のサンフランシスコ講和条約調印後にこれら戦没者の遺骨収容の気運が高まり、一九五〇年代には太平洋諸島や東部ニューギニア・ソロモン諸島、ビルマ（ミャンマー）・インド、西部ニューギニア・北ボルネオ、フィリピンの各方面に遺骨収集団が派遣された。日本政府はこの時に収容された約一万二〇〇〇柱の「象徴遺骨」をもって海外戦没者の遺骨収容は「概了」したとの認識を示した。しかし、一九六四年の海外渡航の自由化以降、戦友や遺族たちが旧戦場を訪問した際に現地に多数の遺骨が放置されている現状を目の当たりにしたことにより、一九六七年度以降に政府は遺骨収集団の派遣を再開することとなった。

以後、今日に至るまで遺骨収容の取組みは継続しているが、二〇一四年の時点で約一一三万柱の遺骨が未収容であり、なお約六〇万柱もの遺骨が収容可能と推計されている。収容された遺骨についても氏名が判別できない場合が多く、遺族に引渡すことのできない遺骨は一九五九年に設立された千鳥ヶ淵戦没者墓苑に納められている。また、引揚げの最中に北朝鮮で死亡した一般邦人の遺骨も現地に多数残されており、民間人を含めた適切な遺骨処理が今日的な課題となっている。

参考文献

増田弘編著『大日本帝国の崩壊と引揚・復員』慶應義塾大学出版会、二〇一二年
浜井和史『海外戦没者の戦後史――遺骨帰還と慰霊』吉川弘文館、二〇一四年

戦災被害補償問題と「受忍論」

波多野澄雄

一九四五年三月一〇日の東京大空襲による被害は、死者一〇万人以上、負傷者四万人以上、被災家屋二七万戸、被災者は一〇〇万人以上と推計されている。空襲は名古屋、大阪、神戸などの主要都市から地方都市にも広がり、前年秋から八月一五日までの大小の空襲は、約四〇〇の市町村に及び、総計約四一万人が犠牲となった(広島・長崎の原爆犠牲者約二一万人を含む)。戦災被害者が国の補償を求めて動きだすのは七〇年代であり、「全国戦災傷害者連絡会」を中心に、被害調査と援護措置を政府に求める運動が展開される。戦災傷害者の窮状は地方議会でも頻繁に取り上げられ、援護対策を要望する意見書等が各地で採択される。国会では、七二―七三年の第七一国会に、空襲などの戦時災害による死亡者に対し、戦傷病者戦没者遺族等援護法(遺族援護法)にならって「国家補償の精神」に基づく補償を求める「戦時災害援護法案」が議員立法として提出され、八八―八九年の第一一四国会まで一四回に及ぶが、すべて審議未了あるいは継続審議となっている。

国会審議が進まなかったのは、日本国民に対する戦争被害の補償は、基本的に軍人・軍属や国の役務を遂行していた場合、換言すれば、国と契約(雇用)関係にあった場合に限られる、という援護立法の考え方にあった。実際、空襲被害など一般市民の戦争被害に対する国の補償は行われていない。欧米の戦争犠牲者補償制度は、一般市民と軍人・軍属を区別することなく平等に扱うという「国民平等主義」が標準的である。もう一つは、自国民と外国人を区別することなく、すべての戦争犠牲者に平等な補償と待遇を与えるという「内外人平等主義」である。日本の補償制度の中心である遺族援護法は、一般市民と軍人・軍属を区別し、旧植民地出身者を除外している点で、これら二つの国際標準からは逸脱した特異なものである。

ただし、その犠牲が「特別」であることに着目して特別立法によって補償措置がとられた場合がある。被爆者の要求に応えた原爆二法(五七年の原爆医療法、六八年の原爆特別措置法)、引揚者に対する補償立法(引揚者給付金、未帰還者留守家族への帰国旅費・手当、シベリア抑留による被害・在外財産の損失補償に代る給付など)である。しかし、これらの措置は、恩給法や遺族援護法のように「国家補償の精神」による補償ではない。多くは人道的な見地からする一時的支給であった。

この間、七六年には名古屋市在住の三人の戦災傷害者が、七九年には東京大空襲で妻子を失った遺族が、それぞれ補償と謝罪を求めて名古屋地裁と東京地裁に提訴した。いずれも敗訴に終わったが、とくに八〇年の東京地裁判決は、次の三つの判断を示した点で重要であった。①戦争災害は、戦争という非常事態における「受忍義務」の範囲内のことであり、国の損害賠償責任は生じない。②戦争災害は、戦争の遂行過程で生じた国民全般の平等な負担による国家的存立のための寄与犠牲であり、「特別の犠牲」ではない。③戦争災害について国が何らかの支給をなすべきか否かは立法政策の問題である。

「受忍」とは、国民すべてが程度の違いこそあれ、耐え忍ばざるを得ない被害や損害があるという考え方である。戦争被害裁判における「受忍論」は、六八年の在外財産補償に関する最高裁判決がその最初であるが、八七年の名古屋空襲裁判の最高裁判決でも展開される。原告は、援護法は旧軍人・軍属のみを援護対象者とし、被災者を除外している点で、憲法一四条、一七条などに違反しており、立法を怠った国会の不作為が国家賠償法の適用違反である、と主張した。これに対し最高裁は以下の理由で請求を退けている。立法不作為を含む立法行為は、立法内容が「容易に想定し難いような例外的な場合でない限り」国家賠償法の適用上、違法の評価を受けない。この見地からすれば、戦争損害は、国家の存亡にかかわる非常事態のもとでは、「国民のひとしく受忍しなければならなかったところであって、これに対する補償は憲法の全く予想しないところというべき」であり、したがって、立法措置を講ずるか否かは国会の「裁量的権限」の範囲である。

二〇〇七年三月、空襲による一般民間人被災者と遺族一一二名が原告となり、何らかの援護措置をせず放置した国の法的責任を問う初の集団提訴が東京地裁になされた(東京大空襲訴訟)。原告の主な主張は、①明治憲法下でも一九四二年制定の戦時災害保護法(四六年廃止)があり救済責任が存在し、戦後の政府は、被災者救済の必要性を認識していたにもかかわらず救済措置を怠ったのは立法不作為。②戦後の戦争被害補償制度において一部の例外を除き、軍人・軍属のみを対象とし、一般民間人の被害者を補償対象としなかったのは憲法一四条の法の下の平等に違反する。③無差別空襲により生存の基盤が奪われ、被害回復措置がとられず放置されたことは、重大な人権侵害である。

これらの主張はいずれも退けられ、二〇一三年五月には最高裁における上告棄却で確定した。集団提訴は、東京大空襲訴訟のあと、〇九年一二月の大阪空襲訴訟が続いたが、一四年九月に最高裁は上告を棄却して終結した。一連の裁判の過程では、立法不作為の違法性を広く解釈する傾向がみられるものの、近年の多くの戦後補償裁判のように、積極的に立法を促すという判断はみられない。

戦没者追悼・慰霊

中野　聡

問題の設定

戦没者追悼・慰霊を「歴史問題」の視点から捉えるとき、まず問われるのは、「先の大戦」における日本人戦没者三一〇万人の追悼・慰霊と、アジアにおける日本による侵略・戦争の被害者・犠牲者との関係性であろう。靖国神社首相参拝が中国・韓国との間で外交問題化してきた経緯は、言うまでもなくそのひとつの焦点であった。本項ではこの問題のもうひとつの側面として、概数で二四〇万人にのぼるとされる海外戦没日本人を対象とする慰霊を、主としてフィリピンの事例に注目して紹介する。アジアに対する戦争加害との関係性が問われざるを得ない条件のもとで、海外戦没日本人慰霊はどのように営まれてきたのだろうか。

海外日本人戦没者慰霊の戦後史

戦没者慰霊の基底にあるのは、自己の不幸な死に恨みをもつ死者の霊魂を慰め鎮めることで祟りを避けようとする生者の営みとしての鎮魂の観念である。故郷を遠く離れたアジア・太平洋の山野や深海で「草むす屍」「水漬く屍」と化した海外戦没者(英霊)は、自らの死に強い恨みをもち、遺骨とともにその不幸な魂が戦没地に留まる者たち(留魂)として想像される存在であった。その慰霊と鎮魂は、遺族・生還者(海外戦地から生還した旧軍人・軍属)にとって――戦没の悲惨と戦後日本社会の豊かさとの乖離が大きくなればなるほど――彼ら自身が戦後を生きるうえで強い関心事とならざるを得なかった。

このような関心を背景として、海外戦没日本人の慰霊は、多数の日本人が長期にわたって海外戦跡の現地訪問を繰り返すという、世界史的に見ても稀な営みを生み出してきた。その柱となったのは、①「留魂の英霊」としての遺骨を祖国に迎える象徴事業としての遺骨収集、②遺族が戦没地に出向いて「留魂の英霊」と再会し故郷に迎える象徴事業としての慰霊巡拝、③慰霊巡拝に必要な装置としての現地慰霊碑建立の三つの営みである。

起点は、サンフランシスコ講和条約発効後の一九五二年に始まった政府による遺骨収集事業にさかのぼる。一九五四年から五八年にかけては、ソロモン諸島、ビスマーク諸島、東部ニューギニア、マラヤ、シンガポール、ビルマ、インド、西部ニューギニア、ボルネオ、フィリピンの順に本格的な海外遺骨収集政府派遣団が各地を訪れ、遺骨収集・慰霊行事を実施した。

海外戦没者慰霊の営みが爆発的に拡大したのは、経済の高度成長や旅客航空機利用の普及などを背景として海外渡航が自由化され（一九六四年）、遺族・生還者による戦跡巡拝旅行が急速に普及しはじめた一九六〇年代半ばのことである。ちょうど同じ時期、靖国神社の国家護持運動を展開していた日本遺族会は、政府に対して遺骨収集の徹底的実施、戦没者慰霊塔の建立、墓地の整備、戦没者遺族の戦跡巡拝・墓参等の実施への協力と助成を要求し、一九六六年以降、自ら大規模な慰霊巡拝団を組織して、フィリピン・ビルマなどへの戦跡訪問を開始した（『日本遺族通信』一七四、一九六五年六月）。これらの要求に応えて、一九六八年、政府は遺骨収集の本格的再開を決定、一九七二年からは遺骨収集に「日本遺族会等民間団体」が協力することになった。一九七三年には日本政府による海外で初めての戦没者慰霊碑としてフィリピンに「比島戦没者の碑」が建立され、政府建立慰霊碑は二〇〇一年（モンゴル日本人死亡者慰霊碑）までに一四棟を数えた。一九七六年からは政府主催の慰霊巡拝事業も始まった。二〇一五年四月に天皇皇后が訪れたパラオ共和国ペリリュー島の「西太平洋戦没者の碑」もそのひとつである。

政府主催の遺骨収集・慰霊巡拝事業は、その規模と形式を縮小・変化させながら二一世紀の現在もなお厚労省管轄の事業として継続している。算定の根拠は必ずしも明らかではないが、二〇一五年二月現在において国内に送還された遺骨の概数は約一二七万柱（未収容一一三万柱）で、うち政府遺骨収集事業により送還された遺骨は約三四万柱とされている。ただし、慰霊事業の対象地域には大きな偏りがある。最大の海外戦没地である中国（戦没者総数七一万一一〇〇人）は、東北部をのぞく「中国本土」の戦没者（四六万五七〇〇人）の遺骨の大半が敗戦以前に国内に還送されていた一方で、戦後は「先の大戦に係る中国の国民感情に鑑み」遺骨収集事業は実施されておらず、今日でも約二三万柱が東北部を中心に未送還とされている。慰霊巡拝事業の規模も戦没者数と比べるときわめて限られている。

一方、中国に次ぐ海外戦没地のフィリピン（戦没者総数五一万八〇〇〇人）は、戦争末期に山野で斃れた戦没者が大半を占めるために未収容遺骨が最多の約三七万柱にのぼることも手伝って、一九五八年以来二〇一〇年までに五八回を数える遺骨収集事業が実施されている。このほか、遺骨収集は東部ニューギニア（同二五回）、ビスマーク・ソロモン諸島（四〇回）、インドネシア（四〇回）などでも頻繁に実施されてきた。政府・遺族会に頼らない民間による慰霊事業も含めて、海外戦没者慰霊の営みでは、東南アジア・太平洋地域が圧倒的な比重を占めてきたと言ってよい（慰霊事業の概要は下記など厚労省ウェブサイトを参照。「戦没者慰霊事業の実施」http://www.mhlw.go.jp/stf/seisakunitsuite/bunya/hokabunya/senbotsusha/seido01/）。

慰霊と和解

言うまでもなく、「先の大戦」では、中国はもちろんのことアジア・太平洋の多くの地域で、日本人戦没者をはるかに上回る現地の人々が戦争の犠牲となった。フィリピン政府が戦後一九四六年に発表した戦争犠牲者の総数は、フィリピンでの日本人戦没者総数の二倍以上の一一一万人余りにのぼる。フィリピン全土で展開した日本軍の虐殺・残虐行為は、東京裁判やBC級戦犯裁判の大きな焦点となった。戦没者の遺骨収集と慰霊を行うには、当然のことながらこのような戦争被害国の政府と国民の同意が必要である。それゆえ海外戦没者慰霊の営みでは被害国の国民感情に対する配慮がもっとも重視され、日本国内でアジアに対する加害責任が盛んに論じられるよりはるか以前から、被害国の戦争犠牲者に対する追悼、さらには被害国に対する「お詫び」、そして慰霊に訪れる日本人を「赦し」受け入れてくれる被害国民の「厚意」に対する感謝の印としての「贈与」が実践されてきた。

フィリピンについて見ると、まず犠牲者追悼という点で、すでに一九五八年の第一回遺骨収集事業において政府派遣団は巡回した各地で現地住民と共に「合同追悼式」を実施したことが記録されている。「お詫び」の例は、遺族・戦友会の戦跡巡拝記録やフィリピン戦回想記に幅広く容易に見つけることができる。日本遺族会の第一回戦跡巡拝団（一九六六年六月）でも、出迎えたフィリピン遺族会関係者に対して団長が「過去の戦争」がフィリピン国民にもたらした「多くの不幸」を「誠に遺憾」と述べており（『日本遺族通信』一八七、一九六六年八月）、より私的な巡拝団では「何と詫てもわび足りぬ気持です」と生還者が語るなど、「お詫び」もより率直であった（川北昌子『フィリピン巡拝記』一九七五年、七〇頁）。そして、「詫びる」巡拝者を寛容に「赦し」迎える現地住民の「厚意」に対する感謝の印として、あるいは現地に建立した慰霊碑を現地住民に受け入れてもらう目的で、巡拝者たちは「贈与」を実践した。その例は、小学校へのオルガンや学用品の寄贈から、体育館や聖母像の寄贈、日本遺族会によるミシンの寄贈まで枚挙に暇がない。これらは日比関係における草の根の交流のひとつの起源ともなった。対比ODAにも政府間レベルでの「厚意」に対する「贈与」の側面を見ることができよう。

中国でも、ごく限られているとはいえ、遺族・生還者の働きかけで記念碑建立と慰霊行事の実施に成功した例がある。その記録は、「お詫び」と「赦し」、「厚意」と「贈与」のパターンという点で日比間の事例と酷似しており（日中友好虎頭親善会『鎮魂――虎頭の丘に記念碑ぞ建つ』全国虎頭会、一九九一年）、加害国の戦没者慰霊を被害国で実現する場合には、多かれ少なかれ似たようなパターンが必要であったことを示唆している。

風化する慰霊

このように、日本人戦没者の追悼・慰霊は、アジアにおける日本による侵略・戦争の被害者・犠牲者との関係で、必ずしも靖国問題に見られるように謝罪と追悼の対立・矛盾ばかりを引き起こしてきたわけではない。限界はあるにせよ、アジアの戦争犠牲者と日本人戦没者の追悼・慰霊が、死者を悼む営みの共通性を通じて和解の手掛かりとなってきたことは注目すべき歴史経験であった。

しかし、慰霊の実現を目的とする和解には問題があったことも同時に指摘しなければならない。遺族・生還者など日本人巡拝者たちの「お詫び」は、少数の例外を除けば、加害・被害の関係を国家・国民間で抽象化して、具体的な加害の事実には言及せず、戦没者個々人の罪責を告白するものではなかった。また「お詫び」と「赦し」、「厚意」と「贈与」の好循環が望ましい和解と交流を成立させる例がある一方で、遺骨を求める日本人を目当てにした遺骨売買や、遺骨収集・巡拝に訪れる日本人の傍若無人のふるまいも、早くも一九七〇年代から深刻な問題になっていた(『日本遺族通信』三四八、一九七九年一二月。同上三六三、一九八一年四月)。慰霊の営みを善意に支えられた互恵関係として維持するには並大抵の努力では足りなかったとも言えるのである。

そして戦後七〇年を経て明らかになってきたのは、遺族・生還者の高齢化・死亡につれて、慰霊の営みも、またそれに随伴した友好の営みも縮小・風化を余儀なくされてきたことである。二〇一一年一〇月には、フィリピン遺骨収集事業において、盗骨された現地フィリピン人の遺骨が収容遺骨に大量に混入されている疑いが強まり、千鳥ケ淵に収骨されていた四〇〇〇柱を厚労省内に移動する事態に発展した(厚労省社会・援護局「フィリピンでの遺骨帰還事業に関する検証報告書」二〇一一年一〇月五日。http://www.mhlw.go.jp/stf/houdou/2r98520000001qkjd-att/2r98520000001qkku.pdf)。この事件も、慰霊の営みの風化と退嬰を象徴する事件であったと言ってよいだろう。

文献案内

日本遺族会刊行誌『日本遺族通信』
　慰霊事業のために戦争被害国民との和解を志向した日本遺族会のもうひとつの側面を知ることができる。

中野聡「追悼の政治」池端雪浦、リディア・N・ユー・ホセ編『近現代日本・フィリピン関係史』岩波書店、二〇〇四年
　戦没者慰霊問題をめぐる日比関係史。

厚生労働省社会・援護局『援護五〇年史』ぎょうせい、一九九七年
　政府主催の戦没者慰霊事業(一九九五年まで)についての現在入手可能なもっともまとまった記録。

シベリア抑留補償

富田　武

シベリア抑留とは、一九四五年八月九日に参戦したソ連軍に降伏した日本軍将兵らが、二三日のソ連国家防衛委員会(議長スターリン)決定によって領内に連行され、平均二―三年、最長一一年間強制労働に服したことをいう。関東軍を中心とした将兵(台湾・朝鮮出身者を含む)のほか、満州国官吏や協和会・満鉄関係者など民間人や女性を含む約六〇万人がソ連、モンゴルに抑留された。狭義のシベリア(ウラル山脈以東、極東との間)に限らずソ連各地、当時属国扱いされていたモンゴルも含む広大な地域に抑留され、さらに当時「ソ連管理地域」と呼ばれていた南樺太・千島、北朝鮮、遼東半島に強制的に残留させられて使役された人々を含めると、その数は一三〇万にものぼった。

そもそもソ連参戦自体、日ソ中立条約(廃棄通告後一年間は有効)違反であり、ソ連領内への連行、「ソ連管理地域」への残置は、捕虜の速やかな送還を規定したハーグ陸戦条約にも、「武装解除後の家庭復帰」を規定したポツダム宣言(第九項)にも違反していた。しかも、ソ連は対日参戦直後に同宣言に加入したのである。

抑留中の労働は有償

ソ連に抑留され、労働に使役された将兵は、本来ジュネーヴ条約(一九二九年、第二七条)に基づき賃金の支払いを受けることになっていた(下士官、兵士はむろん、自発的に働いた将校も)。ソ連はジュネーヴ条約を批准していなかったが、先行するハーグ陸戦条約(一九〇七年)にはロシアの継承国家として拘束され、一九四一年ドイツによる対ソ開戦直後にはジュネーヴ条約の適用を受けるものと見做す立場を表明した。ところが、大戦後の一九四五—四六年はソ連自体が独ソ戦の被害から立ち直るのに四苦八苦していて、捕虜を給養するのが精一杯だったため賃金を支払わず、四七年以降は支払っても預かったままで帰国の際に返済しなかった。これには当時の日本政府も気づいて、ソ連政府が預かり証を発行し日本人引揚者が持参してくれれば「当方で支払う」と伝えたくらいである。

日本軍将兵の中にもジュネーヴ条約を知っている者がいたため、帰国の際に「貸方残高の清算」を要求する者がいても不思議ではなかったが、それはなかった。将校や下士官の多数は、賃金支払を受けることは捕虜であることを認めるものであり、「生きて虜囚の辱めを受けず」（一九四一年「戦陣訓」）の精神に染められた彼らはそれを肯んじなかった。他方、一般兵卒はジュネーヴ条約を知らされず、兵卒から成る「民主運動」アクチヴは、「労働の喜びと社会主義の優位」を教えてくれたスターリンとソ連政府に感謝するほどだったから、賃金を請求することなどできるはずもなかった。

戦後に捕虜所属国補償へ

ところが、一九四九年にジュネーヴ条約が改正され、「貸方残高の清算」は抑留国政府が行わない場合、捕虜の所属国政府が行うべきことが第六六条に規定され、西ドイツでは一九五五年ソ連との国交回復に伴って帰還した捕虜に賃金を補償する法律が成立し、実際に支給された。一人当たり一万二〇〇〇マルク（一〇三万円）を上限として、抑留期間に応じた額が給付された（現在の貨幣価値では二・五倍相当か）。他方、一九五六年日ソ共同宣言により請求権を相互に放棄したので、日本政府としてはソ連政府に賃金補償を要求できなくなったが、なお「所属国補償」の道は残されていた。

「所属国補償」方式の理論的主唱者、国際法学

者の広瀬善男は、日ソ共同宣言による請求権放棄について、捕虜条約に規定された個人の権利はいわば絶対的なものであって、「人道原則の違反から生じた捕虜個人の持つ既存の権利、請求権について、原則的にこれを毀損することは許されず、関係国内法上の補償などの措置によって救済が図らるべきことを前提としている」と述べている。四九年ジュネーヴ条約が第六六条のほか、労働による負傷又は身体障害に対する補償、個人用品及び金銭等で返還されなかったもの、その他の損害に対する補償の請求は自国に対して行うと第六八条で規定した所以である。

全抑協に始まる国家補償裁判

このことに気づいて遅ればせながら日本政府に対する補償請求の運動を起こしたのが、一九七九年に結成された全国抑留者補償協議会（全抑協）である（会長・斎藤六郎）。八一年に国家補償請求の訴訟を起こして東京地裁に提訴した（原告は六二名、団長は神林共弥）。抑留中の未払い賃金の支払いのほか、労働による負傷又はその他の身体障害に関する補償、抑留国が取り上げた個人用品、金銭及び有価物で送還のさい返還されなかったものの日本政府による補償を求めたもので、文字通り広瀬理論に基づいている。未払い賃金は一人当たり月額一〇万円、六二名の抑留月数を乗ずると、総額二億六四一〇万円を請求したのである。

しかし、この訴訟は八九年に敗訴した。改正ジュネーヴ条約をそれ以前に帰国している原告には適用できない、「所属国補償」が当時は国際慣行にまでなっていなかった（米国や英連邦諸国の捕虜のみ）という理屈であった。全抑協は、南方の日本人捕虜が連合諸国発行の「貸方残高受領証」に基づいて日本政府から補償を受けた点に着目し、ソ連、ついでロシア政府に「労働証明書」を発行させる働きかけを行い、実際に四万七〇〇〇人分を発行させた。しかし、証拠提出が控訴した東京高裁での結審のあととなり、最高裁では事実審理をしないために役立てられずに終わったのである(最高裁棄却は一九九七年)。

この間、一九八四年一二月の「戦後処理問題懇談会」(総務長官の諮問機関)報告は、国民の受けた戦争被害は「等しく負担すべきである」という「受忍論」を打ち出した。これが政府の公式見解として、上記のような裁判所の判決に影響を与えた。報告はまた「新たな政策的措置は公平性の点で問題がある」として、被爆者援護など他の戦争被害補償問題に波及することに対する予防線を張ったものでもある。

全抑協の分裂も、政府・司法当局を動かせなかった一要因である。日本政府に対する補償請求に反対するグループは全抑協結成の翌年、別団体である全国強制抑留者協会(会長・相沢英之)を結成したが、その中心となった人々には将校・下士官などの職業軍人が多く、軍人恩給(一九五三年に復活)を支給されて生活が安定していた点も見逃せない。応召兵士は、抑留期間の二倍換算を含めても恩給支給要件の一二年に達せず、日本政府に対する補償請求にそれだけ熱心だったと言える。

ちなみに、上記支給要件を満たさない「恩給欠格者」に対する特別措置は、強制抑留協が政府に求めて運動してきたものだが、一九八八年設立された「平和祈念事業特別基金」から一人当たり一〇万円の「慰労金」と銀杯が支給されて終息した。

相次ぐ敗訴から立法運動へ

全抑協敗訴後も裁判は続いた。一九九九年池田幸一らは未払い賃金の国による補償を求めて大阪地裁に提訴し、日ソ共同宣言によってソ連に対する請求権を放棄した日本政府が補償すべきだと主張した。これも、東京地裁と同様な理屈により敗訴し、控訴審も敗訴、上告審でも棄却された(二〇〇四年)。さらに、二〇〇七年林明治らが同じく国家賠償請求訴訟を京都地裁に起こしたが、そこで強く主張されたのは日本政府の「棄兵・棄民」政策である。ポツダム宣言受諾の前後に示した「労務提供」の意志がシベリア抑留を招き、しかも抑留後は長期にわたって抑留者を放置した責任を問うたものに他ならない。しかし、これも一審、二審、上告審すべて敗訴に終わった(二〇一三年)。このほか韓国籍、中国籍の元日本軍人・軍属らが国家補償を求めた裁判もあったが、すべて敗訴に終わっている。

ようやく二〇一〇年六月「戦後強制抑留者特別措置法」(特措法)が成立し、生存するソ連・モンゴル抑留者に対し、抑留期間に応じて二五万―一五〇万円が「慰藉」の形で支給された。裁判に敗訴し続けてきた全抑協が「シベリア立法推進会議」を立ち上げ、立法府を動かしたもので、民主党をはじめとする野党側と連携し、政権交替とともに、全会一致の議員立法で成立させたのである。しかし、支給額が長年求めていた労働補償に遠く及ばず、政府から明確な「謝罪」表明もなかった。しかも、日本軍軍人・軍属だった朝鮮人、台湾人に加え、南樺太・千島、北朝鮮、遼東半島に抑留されていた日本人も除外された。韓国の抑留者たちは「韓国シベリア朔風会」を作って、全抑協と連携して運動してきたが、ここでも「国籍」条項に阻まれたのである。台湾出身の呉正男は、口癖のように「たかだか数十人に支払うなんて、日本政府には簡単であり、しかも国際的に評価されるではないか」と語っている。

あらためて抑留補償を問う

日本国民は満州事変から先の大戦に至る過程で、加害者であり、被害者でもあった。日本はアジア諸国民に侵略と植民地支配による被害と苦痛を与え、強制連行、従軍「慰安婦」などの戦後処理・

戦後補償も済んではいない。しかし同時に、アメリカによる東京をはじめとする都市空襲、広島・長崎の原爆投下を受け、ソ連による集団的拉致＝シベリア抑留を蒙り、それらの被害の実態解明と国家補償を求める運動が今も進行中である。

　シベリア抑留者も、関東軍将兵や満州国日本人官吏ないし協和会・満鉄・日本企業関係者、満蒙開拓団に即してみれば、中国に対する侵略者の側にあった。同時に、関東軍の兵卒の大部分は赤紙召集であり、満ソ国境にいた開拓団員とともに、関東軍首脳の、そして日本政府の「棄兵・棄民」の犠牲者でもあった。しかし、ソ連による余りにも非道な抑留と、それを際立たせる冷戦のプロパガンダが「ソ連＝悪者、抑留者＝犠牲者」の図式を浸透させ、日本の侵略・植民地支配、朝鮮人及び台湾人兵士や樺太残留朝鮮人の問題を忘れさせてきた。

　戦後七〇年を経て、もはやロシア政府による「抑留国補償」はむろん、日本政府による「所属国補償」も困難になる中で、せめて両国政府が実態解明に努め、日本政府は「特措法」制定の趣旨をふまえて歴史的・政治的責任を果たすことが、残り少ない抑留体験者、国民のかなり多数に上る遺族・家族の願いである。

文献案内

①広瀬善男『捕虜の国際法上の地位』日本評論社、一九九〇年
②有光健「シベリア特措法と今後の課題――残された外国籍などへの措置」田中宏ほか『未解決の戦後補償――問われる日本の過去と未来』創史社、二〇一二年
③富田武『シベリア抑留者たちの戦後――冷戦下の世論と運動　1945―56年』人文書院、二〇一三年

　①はジュネーヴ条約の捕虜の立場に立った解釈、②は抑留補償でも国籍条項が障害となることの解説、③は帰還後の世論と運動を分析し、帰還者への社会的差別を論じたもの。

おわりに――サンフランシスコ講和体制と「歴史問題」

日中戦争を含む「大東亜戦争」を法的に終結させ、戦争に起因する諸問題を解決して「公的和解」を実現させたのは、一九五一年九月に調印されたサンフランシスコ講和条約である。日本と連合国四八カ国の間で署名され、翌五二年四月に発効する。

しかし、この講和条約に日本と戦争状態にあったすべての連合国が調印・批准したわけではなかった。ソ連、中国、さらに多くのアジア諸国との公的和解は遅れることになった。アジアに及んだ冷戦は、当時の西側諸国のみとの、いわゆる「多数講和」(単独講和)の選択を余儀なくさせたのである。多数講和の選択は、講和条約と同時に締結された日米安保条約も講和体制に組み込むことになった。日本の安全や国際社会への復帰のみならずアジア太平洋地域の国際秩序の安定をも考慮した体制となったのである。この講和条約を起点として、アジア諸国との間で締結された一連の平和条約・賠償協定が法的枠組みとして形成される。これを戦後処理のための講和体制と呼ぶとすれば、講和体制とは、とりもなおさず日米間の共通利益を優先的に守り、発展させるための基盤であった。これが講和体制の第一の特徴であった。

その一方、冷戦下で形成された講和体制は、竹島、北方四島、そして尖閣諸島という日本がかかえる三つの領土紛争を発生させる原因ともなった。四五年七月のポツダム宣言では、その前の四五年二月、米英ソ首脳間で調印されたヤルタ協定に配慮して、「日本国の主権は本州、北海道、九州及四国並に吾等の決定する諸小島に局限」されると規定され、「諸小島」の範囲と帰属は講和条約に委ねる形となっていた。だが、中国、韓国、ソ連が講和プロセスから排除されていたため、「諸小島」の範囲や帰属を決定することができなかったのである。こうして領土・領域という問題は、日中・日韓・日ソという二国間の国交正常化交渉で扱われることになるが、国際法的問題や歴史的事実の問題にとどまらず、やがて戦争や植民地支配に関する歴史認識やナショナリズムと結び付き、それぞれ解決困難な課題として今日に至っている。

講和体制の第二の特徴は、ポツダム宣言の受諾から六年半に及ぶ占領改革が「事実上の講和」と呼ばれたように、国内改革のプロセスと不可分の関係にあったことである。講和条約の基本的な原則は、降伏条件としてのポツダム宣言によって定められていたために、同宣言に基づいて指令される占領改革の誠実な履行こそが、すなわち講和に直結すると考えられた。この占領改革において中心的な問題が天皇制であった。天皇制の存続は、戦後日米関係の基礎をなし、戦争責任問題と並んで講和体制の本質にかかわる問題であった。本書には戦後形成期の日米関係に関する大中項目がいくつか配されているが、そうした意味をもっている。

戦争責任問題について付言しておけば、ヴェルサイユ条約などの先例に照らしても、元来、講和条約には戦争責任の問題を明確に位置付け、国際秩序の安定のための一助となるはずであった。しかし、占領期に終結していた国際軍事裁判の意義が講和条約では明確には示されなかった。それは、過去の戦争の評価や検証を避けることを可能とし、真の戦争責任者は誰なのか、国家が補償すべき戦争犠牲者は誰なのか、といった問題に明確な答えを導き出せなかった。その結果、戦前国家の仕組みのままに、公務に殉じた日本人への償いの優先を招き、戦後日本の国是とされる「平和国家」や「平和主義」の内実を埋める作業をも妨げたのである。

講和体制の第三の特徴は、「植民地帝国」の解体というプロセスを伴うことになった点である。講和条約によって成立した公的和解は、署名国が日本と戦争状態にあった国々に限定されたように、戦争の後始末であり、植民地支配の清算ではなかった。戦争遂行と植民地統治とは、元来、次元の異なる国家の行為である。しかし、敗戦は、連合国に対する敗北であると同時に、植民地や占領地の放棄をともなう「帝国の解体」を意味していた。そのため講和のプロセスには双方の清算が託されることになり、在韓日本財産の処理問題など植民地支配をめぐる「歴史問題」を生みだす源ともなるのである。

戦後処理の基盤としての講和体制が一応の完成を見るのは一九七〇年代である。講和条約を起点とする東南アジア諸国との平和条約や賠償協定締結、五六年の日ソ共同宣言、六五年の日韓基本条約、七二年の日中共同声明、それに続く七八年の日中平和友好条約というようにアジア近隣諸国との正常な関係が再建されて行く。政府からすれば、講和体制を基盤とした政府間和解の枠組みによって、戦争や植民地統治に起因する問題を決着させ、アジア太平洋の国際秩序の安定に寄与し、国内的には、ある自民党議員が語ったように「子孫に負担をかけない努力」の成果であった。

だが、アジア近隣諸国との関係が正常化し、新しい段階に入ったことは、歴史問題が発生したときには、ただちに国家間の問題に発展し、国際的に問われる可能性が高くなることを意味していた。一九八〇年代前半、鈴木内閣期と中曽根内閣期には、教科書問題や靖国問題が「国際化」し、国家としての戦争の認識や戦争責任の問題が改めて問われることになったが、これらの問題を政府のもとに管理する基盤として講和体制は有効であった。

一方、八〇年代は、増え続ける日本人の「戦争犠牲者」に対してどのような考え方のもとに、どう補償すべきか、国としての一応の決着が求められた。その処理如何によっては、講和体制の安定を揺るがすおそれもあった。そこで考案されたのが、国民は等しく犠牲を甘受すべきであるという、「国民受忍論」であった。「国民総犠牲者」の考え方にたつ「受忍論」は、国の内側から起こる戦争責任論や補償要求の噴出を抑える仕組みでもあった。

講和体制の定着は、今後起こり得る歴史問題をも封じ込めたはずであった。しかし、九〇年代には、慰安婦問題の例のように、近隣諸国の被害者が個人補償を求めて日本の裁判所に提訴する事案が急増する。「戦後補償」と呼ばれる問題である。講和条約体制はそもそも個人補償を想定していなかった。戦争遂行の過程で日本が与えた被害は、請求権の相互放棄(講和条約第一九条等)によって、個人の被害を含めすべて解決されたはずだったからである。そうした意味では戦後補償問題は講和体制への挑戦であり、日本政府は、講和体制を基盤としつつも、道義的観点から積極的な対応を模索する。講和体制を外から支えた冷戦の終焉、内から支えた自民党支配の揺らぎがその背景であり、さらに「経済大国」として国際的責任をどう果たして行くべきか、という課題とも密接に関連していた。こうして、女性のためのアジア平和国民基金(アジア女性基金)、平和友好交流計画、村山談話、日韓・日中歴史共同研究などの試みが続いた。

その一方、二〇〇七年四月、最高裁は、中国人被害者が原告となった二つの戦後補償裁判の判決で、「個人の請求権」に基づく救済を認めていない講和条約は、個別に締結されたアジア諸国との平和条約・賠償協定のみならず、講和の外にあった中国、ソ連との日中共同声明・日ソ共同宣言にも及ぶもの、という包括的な「サンフランシスコ条約枠組み」論を展開して中国人被害者の訴えを退けた。この最高裁判決は、急増する戦後補償裁判に歯止めをかけ、講和体制の法的安定を図るとともに、問題を政府と国民・企業に投げかけたことを意味した。しかしながら、戦後補償問題は、もはや日本の政府や司法の対応を超え、人権や人道の問題として国際的に広がって行く。

そもそも戦後日本は、戦争の時代の公的検証を避け続け、よるべき統一的な見解も形成できないまま、新憲法に依拠する「平和国家」の道を歩み続けてきた。その結果、歴史問題に関する政府の対応や説明は誠実さを欠いていた。九〇年代以降の歴代内閣は、講和体制を基盤としつつも、そうした事態を是正すべく可能な対応を追求してきた。村山談話やアジア女性基金は、こうした努力の成果であったが、なお近隣諸国の理解が得られているとは言い難く、政府の立場も揺れ動いているかに見える。歴史問題に誠実に向き合おうとする日本の姿勢を、改めて示す必要がある。

二〇一五年五月

波多野澄雄

岩波現代全書発刊に際して

いまここに到来しつつあるのはいかなる時代なのか。新しい世界への転換が実感されながらも、情況は錯綜し多様化している。先人たちは、山積する同時代の難題に直面しつつ、解を求めて学術を頼りに知的格闘を続けてきた。その学術は、いま既存の制度や細分化した学界に安住し、社会との接点を見失ってはいないだろうか。メディアは、事実を探求し真実を伝えることよりも、時流にとらわれ通念に迎合する傾向を強めてはいないだろうか。

現在に立ち向かい、未来を生きぬくために、求められる学術の条件が三つある。第一に、現代社会の裾野と標高を見極めようとする真摯な探究心である。第二に、今日的課題に向き合い、人類が営々と蓄積してきた知的公共財を汲みとる構想力である。第三に、学術とメディアと社会の間を往還するしなやかな感性である。様々な分野で研究の最前線を行く知性を見出し、諸科学の構造解析力を出版活動に活かしていくことは、必ずや「知」の基盤強化に寄与することだろう。

岩波書店創業者の岩波茂雄は、創業二〇年目の一九三三年、「現代学術の普及」を旨に「岩波全書」を発刊した。学術は同時代の人々が投げかける生々しい問題群に向き合い、公論を交わし、積極的な提言をおこなうという任務を負っていた。人々もまた学術の成果を思考と行動の糧としていた。「岩波全書」の理念を継承し、学術の初志に立ちかえり、現代の諸問題を受けとめ、全分野の最新最良の成果を、好学の読書子に送り続けていきたい。その願いを込めて、創業百年の今年、ここに「岩波現代全書」を創刊する。

（二〇一三年六月）

東郷和彦

1945年生まれ．京都産業大学教授・世界問題研究所長．東アジア国際関係論．外務省にて対ロシア関係を中心に勤務．その後ライデン大学，プリンストン大学，ソウル国立大学などで教鞭をとった後現職．著書に，『北方領土交渉秘録』(新潮社，2007年)，『歴史と外交』(講談社，2008年)，『歴史認識を問い直す』(角川書店，2013年)，Co-Edited "East Asia's Haunted Present" (Praeger Security International, 2008)など．

波多野澄雄

1947年生まれ．国立公文書館アジア歴史資料センター長・筑波大学名誉教授．近現代日本外交史．防衛省防衛研究所，筑波大学教授，同副学長，ハーバード大学客員研究員などを経て現職．著書に，『太平洋戦争とアジア外交』(東京大学出版会，1996年)，『歴史としての日米安保条約』(岩波書店，2010年)，『国家と歴史』(中央公論新社，2011年)，『宰相鈴木貫太郎の決断』(岩波現代全書，2015年)，共編『日本の外交』全6巻(岩波書店，2013年)など．

岩波現代全書 065
歴史問題ハンドブック

2015年6月18日　第1刷発行
2015年8月6日　第2刷発行

編　者　東郷和彦《とうごうかずひこ》　波多野澄雄《はたのすみお》

発行者　岡本　厚

発行所　株式会社 岩波書店
〒101-8002 東京都千代田区一ツ橋 2-5-5
電話案内 03-5210-4000
http://www.iwanami.co.jp/

印刷・理想社　カバー・半七印刷　製本・牧製本

ISBN 978-4-00-029165-1　Printed in Japan

執筆者紹介

浅野豊美(あさの・とよみ)
1964年生まれ．早稲田大学政経学術院教授．日本政治史，東アジア国際関係史．『戦後日本の賠償問題と東アジア地域再編——請求権と歴史認識問題の起源』(編著・慈学社，2013年)，『帝国日本の植民地法制——法域統合と帝国秩序』(名古屋大学出版会，2008年)．

石井　明(いしい・あきら)
1945年生まれ．東京大学名誉教授．東アジア国際関係史．『中ソ関係史の研究 1945–1950』(東京大学出版会，1990年)，『中国国境——熱戦の跡を歩く』(岩波現代全書，2014年)．

市場淳子(いちば・じゅんこ)
1956年生まれ．大学非常勤講師・韓国の原爆被害者を救援する市民の会会長．『ヒロシマを持ちかえった人々——「韓国の広島」はなぜ生まれたのか』[新装増補版](凱風社，2005年)．

王　雪　萍(おう・せつへい)
東洋大学社会学部准教授．日中関係史．『戦後日中関係と廖承志——中国の知日派と対日政策』(編著・慶應義塾大学出版会，2013年)．

笠原十九司(かさはら・とくし)
1944年生まれ．都留文科大学名誉教授．中国近現代史，日中関係史．『南京事件』(岩波新書，1997年)，『日本軍の治安戦——日中戦争の実相』(岩波書店，2010年)．

加藤哲郎(かとう・てつろう)
1947年生まれ．一橋大学名誉教授・早稲田大学大学院政治学研究科客員教授．政治学，政治史．『日本の社会主義——原爆反対・原発推進の論理』(岩波現代全書，2013年)，『ゾルゲ事件——覆された神話』(平凡社新書，2014年)．

倉沢愛子(くらさわ・あいこ)
1946年生まれ．慶應義塾大学名誉教授．インドネシア社会史．『日本占領下のジャワ農村の変容』(草思社，1992年)，『9・30 世界を震撼させた日——インドネシア政変の真相と波紋』(岩波現代全書，2014年)．

小菅信子(こすげ・のぶこ)
1960年生まれ．山梨学院大学法学部教授．近現代史，国際関係論．『戦後和解——日本は〈過去〉から解き放たれるのか』(中公新書，2005年)，『ポピーと桜——日英和解を紡ぎなおす』(岩波書店，2008年)．

髙木健一(たかぎ・けんいち)
1944年生まれ．弁護士．『サハリンと日本の戦後責任』[増補改訂版](凱風社，1992年)，『今なぜ戦後補償か』(講談社現代新書，2001年)等．

高嶋伸欣(たかしま・のぶよし)
1942年生まれ．琉球大学名誉教授．東南アジア戦線における住民被害調査と教科書記述分析．『教育勅語と学校教育』(岩波ブックレット，1990年)，『教科書はこう書き直された！』(講談社，1994年)．

田中　宏(たなか・ひろし)
1937年生まれ．一橋大学名誉教授．日本アジア関係史，日本社会論．『在日外国人 第三版——法の壁，心の溝』(岩波新書，2013年)，『戦後60年を考える——補償裁判・国籍差別・歴史認識』(創史社，2005年)．

戸谷由麻（とたに・ゆま）
1972 年生まれ．ハワイ大学歴史学部准教授．アジア太平洋地域における連合国戦犯裁判（1945-1952 年）の研究．『東京裁判——第二次大戦後の法と正義の追求』（みすず書房，2008 年），『不確かな正義——BC 級戦犯裁判の軌跡』（岩波書店，2015 年刊行予定）．

外村　大（とのむら・まさる）
1966 年生まれ．東京大学大学院総合文化研究科教授．日本近現代史．『朝鮮人強制連行』（岩波新書，2012 年）．

富田　武（とみた・たけし）
1945 年生まれ．成蹊大学名誉教授．ソ連政治史，日ソ関係史．『戦間期の日ソ関係 1917-1937』（岩波書店，2010 年），『シベリア抑留者たちの戦後——冷戦下の世論と運動 1945-56 年』（人文書院，2013 年）．

中野　聡（なかの・さとし）
1959 年生まれ．一橋大学大学院社会学研究科教授．アジア太平洋国際史．『歴史経験としてのアメリカ帝国——米比関係史の群像』（岩波書店，2007 年），『東南アジア占領と日本人——帝国・日本の解体』（岩波書店，2012 年）．

中原道子（なかはら・みちこ）
1934 年生まれ．早稲田大学国際部名誉教授．東南アジア史．『チョプスイ——シンガポールの日本兵たち』（翻訳・めこん，1990 年），『アブドゥッラー物語——あるマレー人の自伝』（翻訳・平凡社，1980 年）等．『グラフィック・レポート　昭和史の消せない真実——ハルビン・南京・泰緬鉄道』（岩波書店，1992 年）．

長谷川毅（はせがわ・つよし）
1941 年生まれ．カリフォルニア大学サンタバーバラ校歴史学部教授．ロシア史，冷戦史．『北方領土問題と日露関係』（筑摩書房，2000 年），『暗闘・スターリン，トルーマンと日本降伏（上下）』（中公文庫，2011 年）．

浜井和史（はまい・かずふみ）
1975 年生まれ．帝京大学総合教育センター専任講師．日本近現代史，日本外交史．『海外戦没者の戦後史——遺骨帰還と慰霊』（吉川弘文館，2014 年）．『復員関係史料集成』（編集・史料解題）全 12 巻（ゆまに書房，2009-2010 年）

日暮吉延（ひぐらし・よしのぶ）
1962 年生まれ．帝京大学法学部教授．日本政治外交史．『東京裁判の国際関係——国際政治における権力と規範』（木鐸社，2002 年），『東京裁判』（講談社現代新書，2008 年）．

保阪正康（ほさか・まさやす）
1939 年生まれ．作家・評論家・日本近現代史研究者．『昭和史　七つの謎』（講談社，2000 年），『昭和陸軍の研究（上下）』（朝日文庫，2006 年）．

前田哲男（まえだ・てつお）
1938 年生まれ．ジャーナリスト．軍事・安全保障・基地問題．『棄民の群島——ミクロネシア被爆民の記録』（時事通信社，1979 年），『戦略爆撃の思想——ゲルニカ・重慶・広島』［新訂版］（凱風社，2006 年）．

松村高夫（まつむら・たかお）
1942 年生まれ．慶應義塾大学名誉教授．社会史．*The Labour Aristocracy Revisited: The Victorian Flint Glass Makers, 1850-80*（Manchester: Manchester University Press, 1983），『日本帝国主義下の植民地労働史』（不二出版，2007）．

光信一宏（みつのぶ・かずひろ）
1960年生まれ．愛媛大学法文学部教授．憲法学．『世界の憲法集』［第四版］（共著・有信堂，2009年），『欧州統合とフランス憲法の変容』（共著・有斐閣，2003年）．

吉澤文寿（よしざわ・ふみとし）
1969年生まれ．新潟国際情報大学国際学部教授．朝鮮現代史，日朝関係史．『戦後日韓関係――国交正常化交渉をめぐって』［新装新版］（図書出版クレイン，2015年），『歴史としての日韓国交正常化Ⅱ　脱植民地化編』（共著・法政大学出版局，2011年）．

ロー・ダニエル（Roh Daniel）
1954年生まれ．京都産業大学法学部客員研究員．政治経済学．『竹島密約』（草思社，2008年）．

和田春樹（わだ・はるき）
1938年生まれ．東京大学名誉教授．ロシア史，現代朝鮮研究．『朝鮮戦争全史』（岩波書店，2002年），『日露戦争　起源と開戦（上下）』（岩波書店，2009年）．

資料一覧

各文書は紙幅の制限上，一部省略し体裁を改めた．
また，資料中の旧字体，旧仮名遣いは適宜改めた．

カイロ宣言(米英中)

1943年11月27日

〔冒頭略〕
三大同盟国ハ日本国ノ侵略ヲ制止シ且之ヲ罰スル為今次ノ戦争ヲ為シツツアルモノナリ右同盟国ハ自国ノ為ニ何等ノ利得ヲモ欲求スルモノニ非ズ又領土拡張ノ何等ノ念ヲモ有スルモノニ非ズ
右同盟国ノ目的ハ日本国ヨリ千九百十四年ノ第一次世界戦争ノ開始以後ニ於テ日本国ガ奪取シ又ハ占領シタル太平洋ニ於ケル一切ノ島嶼ヲ剥奪スルコト並ニ満洲，台湾及澎湖島ノ如キ日本国ガ清国人ヨリ盗取シタル一切ノ地域ヲ中華民国ニ返還スルコトニ在リ
日本国ハ又暴力及貪欲ニ依リ日本国ガ略取シタル他ノ一切ノ地域ヨリ駆逐セラルベシ
前記三大国ハ朝鮮ノ人民ノ奴隷状態ニ留意シ軈テ朝鮮ヲ自由且独立ノモノタラシムルノ決意ヲ有ス

右ノ目的ヲ以テ右三同盟国ハ同盟諸国中日本国ト交戦中ナル諸国ト協調シ日本国ノ無条件降伏ヲ齎スニ必要ナル重大且長期ノ行動ヲ続行スベシ

ヤルタ協定

1945年2月11日

三大国即チ「ソヴィエト」連邦，「アメリカ」合衆国及英国ノ指導者ハ「ドイツ」国ガ降伏シ且「ヨーロッパ」ニ於ケル戦争ガ終結シタル後二月又ハ三月ヲ経テ「ソヴィエト」連邦ガ左ノ条件ニ依リ連合国ニ与シテ日本ニ対スル戦争ニ参加スベキコトヲ協定セリ

一　外蒙古(蒙古人民共和国)ノ現状ハ維持セラルベシ
二　千九百四年ノ日本国ノ背信的攻撃ニ依リ侵害セラレタル「ロシア」国ノ旧権利ハ左ノ如ク回復セラルベシ
（甲）　樺太ノ南部及之ニ隣接スル一切ノ島嶼ハ「ソヴィエト」連邦ニ返還セラルベシ
（乙）　大連商港ニ於ケル「ソヴィエト」連邦ノ優先的利益ハ之ヲ擁護シ該港ハ国際化セラルベク又「ソヴィエト」社会主義共和国連邦ノ海軍基地トシテノ旅順口ノ租借権ハ回復セラルベシ
（丙）　東清鉄道及大連ニ出口ヲ供与スル南満洲鉄道ハ中「ソ」合弁会社ノ設立ニ依リ共同ニ運営セラルベシ但シ「ソヴィエト」連邦ノ優先的利益ハ保障セラレ

又中華民国ハ満洲ニ於ケル完全ナル主権ヲ保有スルモノトス
三　千島列島ハ「ソヴィエト」連邦ニ引渡サルベシ
前記ノ外蒙古並ニ港湾及鉄道ニ関スル協定ハ蔣介石総帥ノ同意ヲ要スルモノトス大統領ハ「スターリン」元帥ヨリノ通知ニ依リ右同意ヲ得ル為措置ヲ執ルモノトス
〔以下略〕

ポツダム宣言

1945年7月26日

一　吾等合衆国大統領，中華民国政府主席及「グレート・ブリテン」国総理大臣ハ吾等ノ数億ノ国民ヲ代表シ協議ノ上日本国ニ対シ今次ノ戦争ヲ終結スルノ機会ヲ与フルコトニ意見一致セリ
〔二～四，略〕
五　吾等ノ条件ハ左ノ如シ
吾等ハ右条件ヨリ離脱スルコトナカルヘシ右ニ代ル条件存在セス吾等ハ遅延ヲ認ムルヲ得ス
六　吾等ハ無責任ナル軍国主義カ世界ヨリ駆逐セラルルニ至ル迄ハ平和，安全及正義ノ新秩序カ生シ得サルコトヲ主張スルモノナルヲ以テ日本国国民ヲ欺瞞シ之ヲシテ世界征服ノ挙ニ出ツルノ過誤ヲ犯サシメタル者ノ権力及勢力ハ永久ニ除去セラレサルヘカラス
七　右ノ如キ新秩序カ建設セラレ且日本国ノ戦争遂行能力カ破砕セラレタルコトノ確証アルニ至ルマテハ聯合国ノ指定スヘキ日本国領域内ノ諸地点ハ吾等ノ茲ニ指示スル基本的目的ノ達成ヲ確保スルタメ占領セラルヘシ
八　「カイロ」宣言ノ条項ハ履行セラルヘク又日本国ノ主権ハ本州，北海道，九州及四国並ニ吾等ノ決定スル諸小島ニ局限セラルヘシ
九　日本国軍隊ハ完全ニ武装ヲ解除セラレタル後各自ノ家庭ニ復帰シ平和的且生産的ノ生活ヲ営ムノ機会ヲ得シメラルヘシ
十　吾等ハ日本人ヲ民族トシテ奴隷化セントシ又ハ国民トシテ滅亡セシメントスルノ意図ヲ有スルモノニ非サルモ吾等ノ俘虜ヲ虐待セル者ヲ含ム一切ノ戦争犯罪人ニ対シテハ厳重ナル処罰加ヘラルヘシ日本国政府ハ日本国国民ノ間ニ於ケル民主主義的傾向ノ復活強化ニ対スル一切ノ障礙ヲ除去スヘシ言論，宗教及思想ノ自由並ニ基本的人権ノ尊重ハ確立セラルヘシ
十一　日本国ハ其ノ経済ヲ支持シ且公正ナル実物賠償ノ取立ヲ可能ナラシムルカ如キ産業ヲ維持スルコトヲ許サルヘシ但シ日本国ヲシテ戦争ノ為再軍備ヲ為スコトヲ得シムルカ如キ産業ハ此ノ限ニ在ラス右目的ノ為原料ノ入手(其ノ支配トハ之ヲ区別ス)ヲ許可サルヘシ日本国ハ将来世界貿易関係ヘノ参加ヲ許サルヘシ
十二　前記諸目的カ達成セラレ且日本国国民ノ自由ニ表明セル意思ニ従ヒ平和的傾向ヲ有シ且責任アル政府カ樹立セラルルニ於テハ聯合国ノ占領軍ハ直ニ日本国ヨリ撤収セラルヘシ
十三　吾等ハ日本国政府カ直ニ全日本国軍隊ノ無条件降伏ヲ宣言シ且右行動ニ於ケル同政府ノ誠意ニ付適当且充分ナル保障ヲ提供センコトヲ同政府ニ対シ要求ス右以外ノ日本国ノ選択ハ迅速且完全ナル壊滅アルノミトス

極東国際軍事裁判判決訴因一覧　1948年

被告別の有罪訴因と量刑

	被　告	有罪認定訴因	量　刑
1	荒木貞夫	1, 27	終身禁錮刑
2	土肥原賢二	1, 27, 29, 31, 32, 35, 36, 54	絞首刑
3	橋本欣五郎	1, 27	終身禁錮刑
4	畑　俊六	1, 27, 29, 31, 32, 55	終身禁錮刑
5	平沼騏一郎	1, 27, 29, 31, 32, 36	終身禁錮刑
6	広田弘毅	1, 27, 55	絞首刑
7	星野直樹	1, 27, 29, 31, 32	終身禁錮刑
8	板垣征四郎	1, 27, 29, 31, 32, 35, 36, 54	絞首刑
9	賀屋興宣	1, 27, 29, 31, 32	終身禁錮刑
10	木戸幸一	1, 27, 29, 31, 32	終身禁錮刑
11	木村兵太郎	1, 27, 29, 31, 32, 54, 55	絞首刑
12	小磯国昭	1, 27, 29, 31, 32, 55	終身禁錮刑
13	松井石根	55	絞首刑
14	南　次郎	1, 27	終身禁錮刑
15	武藤　章	1, 27, 29, 31, 32, 54, 55	絞首刑
16	岡　敬純	1, 27, 29, 31, 32	終身禁錮刑
17	大島　浩	1	終身禁錮刑
18	佐藤賢了	1, 27, 29, 31, 32	終身禁錮刑
19	重光　葵	27, 29, 31, 32, 33, 55	禁錮刑7年
20	嶋田繁太郎	1, 27, 29, 31, 32	終身禁錮刑
21	白鳥敏夫	1	終身禁錮刑
22	鈴木貞一	1, 27, 29, 31, 32	終身禁錮刑
23	東郷茂徳	1, 27, 29, 31, 32	禁錮刑20年
24	東条英機	1, 27, 29, 31, 32, 33, 54	絞首刑
25	梅津美治郎	1, 27, 29, 31, 32	終身禁錮刑

※有罪認定訴因の番号に対応する訴因内容は以下の通り.
1＝1928年以降の侵略戦争遂行の共同謀議, 27＝満州事変以降の対中国侵略戦争遂行, 29＝1941年12月以降の対米侵略戦争遂行, 31＝同対英連邦侵略戦争遂行, 32＝同対蘭侵略戦争遂行, 33＝1940年9月の北部仏印進駐以降の対仏侵略戦争遂行, 35・36＝張鼓峰, ノモンハン事件の侵略戦争遂行, 54＝戦争法規慣例違反の命令・許可, 55＝通例の戦争法規慣例違反の防止義務の不履行
(出典：日暮吉延『東京裁判』講談社現代新書, 2008)

サンフランシスコ平和条約　1951年9月8日調印, 1952年4月28日発効

〔前文略〕

第一章　平和〔略〕

第二章　領域

第二条

(a)　日本国は，朝鮮の独立を承認して，済州島，巨文島及び鬱陵島を含む朝鮮に対するすべての権利，権原及び請求権を放棄する．

(b)　日本国は，台湾及び澎湖諸島に対するすべての権利，権原及び請求権を放棄する．

(c)　日本国は，千島列島並びに日本国が千九百五年九月五日のポーツマス条約の結果として主権を獲得した樺太の一部及びこれに近接する諸島に対するすべての権利，権原及び請求権を放棄する．

(d)　日本国は，国際連盟の委任統治制度に関連するすべての権利，権原及び請求権を放棄し，且つ，以前に日本国の委任統治の下にあつた太平洋の諸島に信託統治制度を及ぼす千九百四十七年四月二日の国際連合安全保障理事会の行動を受諾する．

(e)　日本国は，日本国民の活動に由来するか又は他に由来するかを問わず，南極地域のいずれの部分に対する権利若しくは権原又はいずれの部分に関する利益についても，すべての請求権を放棄する．

(f)　日本国は，新南群島及び西沙群島に対するすべての権利，権原及び請求権を放棄する．

第三条

日本国は，北緯二十九度以南の南西諸島(琉球諸島及び大東諸島を含む．)孀婦岩の南の南方諸島(小笠原群島，西之島及び火山列島を含む．)並びに沖の鳥島及び南鳥島を合衆国を唯一の施政権者とする信託統治制度の下におくこととする国際連合に対する合衆国のいかなる提案にも同意する．このような提案が行われ且つ可決されるまで，合衆国は，領水を含むこれらの諸島の領域及び住民に対して，行政，立法及び司法上の権力の全部及び一部を行使する権利を有するものとする．

第四条

(a)　この条の(b)の規定を留保して，日本国及びその国民の財産で第二条に掲げる地域にあるもの並びに日本国及びその国民の請求権(債権を含む．)で現にこれらの地域の施政を行つている当局及びそこの住民(法人を含む．)に対するものの処理並びに日本国におけるこれらの当局及び住民の財産並びに日本国及びその国民に対するこれらの当局及び住民の請求権(債権を含む．)の処理は，日本国とこれらの当局との間の特別取極の主題とする．第二条に掲げる地域にある連合国又はその国民の財産は，まだ返還されていない限り，施政を行つている当局が現状で返還しなければならない．(国民という語は，この条約で用いるときはいつでも，法人を含む．)

(b)　日本国は，第二条及び第三条に掲げる地域のいずれかにある合衆国軍政府により，又はその指令に従つて行われた日本国及びその国民の財産の処理の効力を承認する．

〔(c)略〕

第三章　安全　〔略〕

第四章　政治及び経済条項

〔第七〜十条，略〕

第十一条

日本国は，極東国際軍事裁判所並びに日本国内及び国外の他の連合国戦争犯罪法廷の裁判を受諾し，且つ，日本国で拘禁されている日本国民にこれらの法廷が課した刑を執行するものとする．これらの拘禁されている者を赦免し，減刑し，及び仮出獄させる権限は，各事件について刑を課した一又は二以上の政府の決定及び日本国の勧告に基く場合の外，行使することができない．極東国際軍事裁判所が刑を宣告した者については，この権限は，裁判所に代表者を出した政府の過半数の決定及び日本国の勧告に基く場合の外，行使することができない．

〔第十二〜十三条，略〕

第五章　請求権及び財産

第十四条

(a)　日本国は，戦争中に生じさせた損害及び苦痛に対して，連合国に賠償を支払うべきことが承認される．しかし，また，存立可能な経済を維持すべきものとすれば，日本国の資源は，日本国がすべての前記の損害又は苦痛に対して完全な賠償を行い且つ同時に他の債務を履行するためには現在充分でないことが承認される．

よつて，

1　日本国は，現在の領域が日本国軍隊によつて占領され，且つ，日本国によつて損害を与えられた連合国が希望するときは，生産，沈船引揚げその他の作業における日本人の役務を当該連合国の利用に供することによつて，与えた損害を修復する費用をこれらの国に補償することに資するために，当該連合国とすみやかに交渉を開始するものとする．その取極は，他の連合国に追加負担を課することを避けなければならない．また，原材料からの製造が必要とされる場合には，外国為替上の負担を日本国に課さないために，原材料は，当該連合国が供給しなければならない．

〔以下略〕

(b)　この条約に別段の定がある場合を除き，連合国は，連合国のすべての賠償請求権，戦争の遂行中に日本国及びその国民がとつた行動から生じた連合国及びその国民の他の請求権並びに占領の直接軍事費に関する連合国の請求権を放棄する．

〔第十五条，略〕

第十六条

日本国の捕虜であつた間に不当な苦難を被つた連合国軍隊の構成員に償いをする願望の表現として，日本国は，戦争中中立であつた国にある又は連合国のいずれかと戦争していた国にある日本国及びその国民の資産又は，日本国が選択するときは，これらの資産と等価のものを赤十字国際委員会に引き渡すものとし，同委員会は，これらの資産を清算し，且つ，その結果生ずる資金を，同委員会が衡平であると決定する基礎において，捕虜であつた者及びその家族のために，適当な国内機関に対

して分配しなければならない．この条約の第十四条(a)2(II)の(ii)から(v)までに掲げる種類の資産は，条約の最初の効力発生の時に日本国に居住しない日本の自然人の資産とともに，引渡しから除外する．またこの条の引渡規定は，日本国の金融機関が現に所有する一万九千七百七十株の国際決済銀行の株式には適用がないものと了解する．

〔第十七～十八条，略〕

第十九条

(a)　日本国は，戦争から生じ，又は戦争状態が存在したためにとられた行動から生じた連合国及びその国民に対する日本国及びその国民のすべての請求権を放棄し，且つ，この条約の効力発生の前に日本国領域におけるいずれかの連合国の軍隊又は当局の存在，職務遂行又は行動から生じたすべての請求権を放棄する．

(b)　前記の放棄には，千九百三十九年九月一日からこの条約の効力発生までの間に日本国の船舶に関していずれかの連合国がとつた行動から生じた請求権並びに連合国の手中にある日本人捕虜及び非拘留者に関して生じた請求権及び債権が含まれる．但し，千九百四十五年九月二日以後いずれかの連合国が制定した法律で特に認められた日本人の請求権を含まない．

〔以下略〕

日ソ共同宣言

1956年10月19日モスクワで署名，1956年12月12日発効

〔前文，1～5略〕

6　ソヴィエト社会主義共和国連邦は，日本国に対し一切の賠償請求権を放棄する．

　日本国及びソヴィエト社会主義共和国連邦は，千九百四十五年八月九日以来の戦争の結果として生じたそれぞれの国，その団体及び国民のそれぞれ他方の国，その団体及び国民に対するすべての請求権を，相互に，放棄する．

〔7～8略〕

9　日本国及びソヴィエト社会主義共和国連邦は，両国間に正常な外交関係が回復された後，平和条約の締結に関する交渉を継続することに同意する．

　ソヴィエト社会主義共和国連邦は，日本国の要請にこたえかつ日本国の利益を考慮して，歯舞諸島及び色丹島を日本国に引き渡すことに同意する．ただし，これらの諸島は，日本国とソヴィエト社会主義共和国連邦との間の平和条約が締結された後に現実に引き渡されるものとする．

〔以下略〕

日韓基本条約

1965年6月22日東京で作成，1965年12月18日発効

〔前文略〕

第一条

　両締約国間に外交及び領事関係が開設される．両締約国は，大使の資格を有する外交使節を遅滞なく交換するものとする．また，両締約国は，両国政府により合意される場所に領事館を設置する．

第二条
千九百十年八月二十二日以前に大日本帝国と大韓帝国との間で締結されたすべての条約及び協定は，もはや無効であることが確認される.
第三条
大韓民国政府は，国際連合総会決議第百九十五号(III)に明らかに示されているとおりの朝鮮にある唯一の合法的な政府であることが確認される.
〔以下略〕

日韓請求権並びに経済協力協定(日韓請求権協定)

1965 年 6 月 22 日東京で署名，1965 年 12 月 18 日発効

〔前文略〕
第一条
1 日本国は，大韓民国に対し，
(a) 現在において千八十億円(一〇八，〇〇〇，〇〇〇，〇〇〇円)に換算される三億合衆国ドル(三〇〇，〇〇〇，〇〇〇ドル)に等しい円の価値を有する日本国の生産物及び日本人の役務を，この協定の効力発生の日から十年の期間にわたつて無償で供与するものとする．各年における生産物及び役務の供与は，現在において百八億円(一〇，八〇〇，〇〇〇，〇〇〇円)に換算される三千万合衆国ドル(三〇，〇〇〇，〇〇〇ドル)に等しい円の額を限度とし，各年における供与がこの額に達しなかつたときは，その残額は，次年以降の供与額に加算されるものとする．ただし，各年の供与の限度額は，両締約国政府の合意により増額されることができる.
(b) 現在において七百二十億円(七二，〇〇〇，〇〇〇，〇〇〇円)に換算される二億合衆国ドル(二〇〇，〇〇〇，〇〇〇ドル)に等しい円の額に達するまでの長期低利の貸付けで，大韓民国政府が要請し，かつ，3 の規定に基づいて締結される取極に従つて決定される事業の実施に必要な日本国の生産物及び日本人の役務の大韓民国による調達に充てられるものをこの協定の効力発生の日から十年の期間にわたつて行なうものとする．この貸付けは，日本国の海外経済協力基金により行なわれるものとし，日本国政府は，同基金がこの貸付けを各年において均等に行ないうるために必要とする資金を確保することができるように，必要な措置を執るものとする.
前記の供与及び貸付けは，大韓民国の経済の発展に役立つものでなければならない.
2 両締約国政府は，この条の規定の実施に関する事項について勧告を行なう権限を有する両政府間の協議機関として，両政府の代表者で構成される合同委員会を設置する.
3 両締約国政府は，この条の規定の実施のため，必要な取極を締結するものとする.
第二条
1 両締約国は，両締約国及びその国民(法人を含む.)の財産，権利及び利益並びに

両締約国及びその国民の間の請求権に関する問題が，千九百五十一年九月八日にサン・フランシスコ市で署名された日本国との平和条約第四条(a)に規定されたものを含めて，完全かつ最終的に解決されたこととなることを確認する．

2　この条の規定は，次のもの(この協定の署名の日までにそれぞれの締約国が執つた特別の措置の対象となつたものを除く．)に影響を及ぼすものではない．

(a)　一方の締約国の国民で千九百四十七年八月十五日からこの協定の署名の日までの間に他方の締約国に居住したことがあるものの財産，権利及び利益

(b)　一方の締約国及びその国民の財産，権利及び利益であつて千九百四十五年八月十五日以後における通常の接触の過程において取得され又は他方の締約国の管轄の下にはいつたもの

3　2の規定に従うことを条件として，一方の締約国及びその国民の財産，権利及び利益であつてこの協定の署名の日に他方の締約国の管轄の下にあるものに対する措置並びに一方の締約国及びその国民の他方の締約国及びその国民に対するすべての請求権であつて同日以前に生じた事由に基づくものに関しては，いかなる主張もすることができないものとする．

第三条

1　この協定の解釈及び実施に関する両締約国の紛争は，まず，外交上の経路を通じて解決するものとする．

2　1の規定により解決することができなかつた紛争は，いずれか一方の締約国の政府が他方の締約国の政府から紛争の仲裁を要請する公文を受領した日から三十日の期間内に各締約国政府が任命する各一人の仲裁委員と，こうして選定された二人の仲裁委員が当該期間の後の三十日の期間内に合意する第三の仲裁委員又は当該期間内にその二人の仲裁委員が合意する第三国の政府が指名する第三の仲裁委員との三人の仲裁委員からなる仲裁委員会に決定のため付託するものとする．ただし，第三の仲裁委員は，両締約国のうちいずれかの国民であつてはならない．

3　いずれか一方の締約国の政府が当該期間内に仲裁委員を任命しなかつたとき，又は第三の仲裁委員若しくは第三国について当該期間内に合意されなかつたときは，仲裁委員会は，両締約国政府のそれぞれが三十日の期間内に選定する国の政府が指名する各一人の仲裁委員とそれらの政府が協議により決定する第三国の政府が指名する第三の仲裁委員をもつて構成されるものとする．

4　両締約国政府は，この条の規定に基づく仲裁委員会の決定に服するものとする．

〔以下略〕

日中共同声明

1972年9月29日北京で署名

〔前文冒頭略〕

日本側は，過去において日本国が戦争を通じて中国国民に重大な損害を与えたことについての責任を痛感し，深く反省する．また，日本側は，中華人民共和国政府が提起した「復交三原則」を十分理解する立場に立って国交正常化の実現をはかるという見解を再確認する．中国側は，これを歓迎するものである．

〔以下前文略〕

一　日本国と中華人民共和国との間のこれまでの不正常な状態は，この共同声明が発出される日に終了する．
二　日本国政府は，中華人民共和国政府が中国の唯一の合法政府であることを承認する．
三　中華人民共和国政府は，台湾が中華人民共和国の領土の不可分の一部であることを重ねて表明する．日本国政府は，この中華人民共和国政府の立場を十分理解し，尊重し，ポツダム宣言第八項に基づく立場を堅持する．
四　日本国政府及び中華人民共和国政府は，千九百七十二年九月二十九日から外交関係を樹立することを決定した．両政府は，国際法及び国際慣行に従い，それぞれの首都における他方の大使館の設置及びその任務遂行のために必要なすべての措置をとり，また，できるだけすみやかに大使を交換することを決定した．
五　中華人民共和国政府は，中日両国国民の友好のために，日本国に対する戦争賠償の請求を放棄することを宣言する．
〔以下略〕

日中平和友好条約　1978年8月12日北京で署名，1978年10月23日発効

〔前文略〕
第一条
1　両締約国は，主権及び領土保全の相互尊重，相互不可侵，内政に対する相互不干渉，平等及び互恵並びに平和共存の諸原則の基礎の上に，両国間の恒久的な平和友好関係を発展させるものとする．
2　両締約国は，前記の諸原則及び国際連合憲章の原則に基づき，相互の関係において，すべての紛争を平和的手段により解決し及び武力又は武力による威嚇に訴えないことを確認する．
第二条
両締約国は，そのいずれも，アジア・太平洋地域においても又は他のいずれの地域においても覇権を求めるべきではなく，また，このような覇権を確立しようとする他のいかなる国又は国の集団による試みにも反対することを表明する．
第三条
両締約国は，善隣友好の精神に基づき，かつ，平等及び互恵並びに内政に対する相互不干渉の原則に従い，両国間の経済関係及び文化関係の一層の発展並びに両国民の交流の促進のために努力する．
第四条
この条約は，第三国との関係に関する各締約国の立場に影響を及ぼすものではない．
〔以下略〕

「歴史教科書」に関する宮沢内閣官房長官談話 1982 年 8 月 26 日

一　日本政府及び日本国民は，過去において，我が国の行為が韓国・中国を含むアジアの国々の国民に多大の苦痛と損害を与えたことを深く自覚し，このようなことを二度と繰り返してはならないとの反省と決意の上に立って平和国家としての道を歩んできた．我が国は，韓国については，昭和四十年の日韓共同コミュニケの中において「過去の関係は遺憾であって深く反省している」との認識を，中国については日中共同声明において「過去において日本国が戦争を通じて中国国民に重大な損害を与えたことの責任を痛感し，深く反省する」との認識を述べたが，これも前述の我が国の反省と決意を確認したものであり，現在においてもこの認識にはいささかの変化もない．

二　このような日韓共同コミュニケ，日中共同声明の精神は我が国の学校教育，教科書の検定にあたっても，当然，尊重されるべきものであるが，今日，韓国，中国等より，こうした点に関する我が国教科書の記述について批判が寄せられている．我が国としては，アジアの近隣諸国との友好，親善を進める上でこれらの批判に十分に耳を傾け，政府の責任において是正する．

三　このため，今後の教科書検定に際しては，教科用図書検定調査審議会の議を経て検定基準を改め，前記の趣旨が十分実現するよう配慮する．すでに検定の行われたものについては，今後すみやかに同様の趣旨が実現されるよう措置するが，それ迄の間の措置として文部大臣が所見を明らかにして，前記二の趣旨を教育の場において十分反映せしめるものとする．

四　我が国としては，今後とも，近隣国民との相互理解の促進と友好協力の発展に努め，アジアひいては世界の平和と安定に寄与していく考えである．

日ソ共同声明（海部俊樹・ゴルバチョフ） 1991 年 4 月 18 日東京で署名

〔1～3 略〕

4　海部俊樹日本国内閣総理大臣及びエム・エス・ゴルバチョフ・ソヴィエト社会主義共和国連邦大統領は，歯舞群島，色丹島，国後島及び択捉島の帰属についての双方の立場を考慮しつつ領土画定の問題を含む日本国とソヴィエト社会主義共和国連邦との間の平和条約の作成と締結に関する諸問題の全体について詳細かつ徹底的な話し合いを行った．

これまでに行われた共同作業，特に最高レベルでの交渉により，一連の概念的な考え方，すなわち，平和条約が，領土問題の解決を含む最終的な戦後処理の文書であるべきこと，友好的な基盤の上に日ソ関係の長期的な展望を開くべきこと及び相手側の安全保障を害すべきでないことを確認するに至った．

ソ連側は，日本国の住民と上記の諸島の住民との間の交流の拡大，日本国民によるこれらの諸島訪問の簡素化された無査証の枠組みの設定，この地域における共同の互恵的経済活動の開始及びこれらの諸島に配置されたソ連の軍事力の削減に関する措置を近い将来とる旨の提案を行った．日本側は，これらの問題につき今後更に話し合うこととしたい旨述べた．

総理大臣及び大統領は，会談において，平和条約の準備を完了させるための作業を加速することが第一義的に重要であることを強調するとともに，この目的のため，日本国及びソヴィエト社会主義共和国連邦が戦争状態の終了及び外交関係の回復を共同で宣言した1956年以来長年にわたって二国間交渉を通じて蓄積されたすべての肯定的要素を活用しつつ建設的かつ精力的に作業するとの確固たる意志を表明した．

〔以下略〕

慰安婦関係調査結果発表に関する河野内閣官房長官談話　1993年8月4日

いわゆる従軍慰安婦問題については，政府は，一昨年12月より，調査を進めて来たが，今般その結果がまとまったので発表することとした．

今次調査の結果，長期に，かつ広範な地域にわたって慰安所が設置され，数多くの慰安婦が存在したことが認められた．慰安所は，当時の軍当局の要請により設営されたものであり，慰安所の設置，管理及び慰安婦の移送については，旧日本軍が直接あるいは間接にこれに関与した．慰安婦の募集については，軍の要請を受けた業者が主としてこれに当たったが，その場合も，甘言，強圧による等，本人たちの意思に反して集められた事例が数多くあり，更に，官憲等が直接これに加担したこともあったことが明らかになった．また，慰安所における生活は，強制的な状況の下での痛ましいものであった．

なお，戦地に移送された慰安婦の出身地については，日本を別とすれば，朝鮮半島が大きな比重を占めていたが，当時の朝鮮半島は我が国の統治下にあり，その募集，移送，管理等も，甘言，強圧による等，総じて本人たちの意思に反して行われた．

いずれにしても，本件は，当時の軍の関与の下に，多数の女性の名誉と尊厳を深く傷つけた問題である．政府は，この機会に，改めて，その出身地のいかんを問わず，いわゆる従軍慰安婦として数多の苦痛を経験され，心身にわたり癒しがたい傷を負われたすべての方々に対し心からお詫びと反省の気持ちを申し上げる．また，そのような気持ちを我が国としてどのように表すかということについては，有識者のご意見なども徴しつつ，今後とも真剣に検討すべきものと考える．

われわれはこのような歴史の真実を回避することなく，むしろこれを歴史の教訓として直視していきたい．われわれは，歴史研究，歴史教育を通じて，このような問題を永く記憶にとどめ，同じ過ちを決して繰り返さないという固い決意を改めて表明する．

なお，本問題については，本邦において訴訟が提起されており，また，国際的にも関心が寄せられており，政府としても，今後とも，民間の研究を含め，十分に関心を払って参りたい．

日露関係に関する東京宣言(細川護熙・エリツィン)

1993 年 10 月 13 日東京で署名

〔前文略〕

1 日本国総理大臣及びロシア連邦大統領は，ロシア連邦で行われている民主的変革と経済改革が，同国の国民のみならず世界全体にとって極めて重要な意義を有しているとの認識を共有するとともに，同国が真の市場経済への移行に成功し，民主的な国際社会に円滑に統合されることが，世界の安定を強化し，新しい国際秩序の形成過程を不可逆的なものとする上で，不可欠の要因であるとの見解を有する．〔以下略〕

2 日本国総理大臣及びロシア連邦大統領は，両国関係における困難な過去の遺産は克服されなければならないとの認識に共有し，択捉島，国後島，色丹島及び歯舞群島の帰属に関する問題について真剣な交渉を行った．双方は，この問題を歴史的・法的事実に立脚し，両国の間で合意の上作成された諸文書及び法と正義の原則を基礎として解決することにより平和条約を早期に締結するよう交渉を継続し，もって両国間の関係を完全に正常化すべきことに合意する．この関連で，日本国政府及びロシア連邦政府は，ロシア連邦がソ連邦と国家としての継続性を有する同一の国家であり，日本国とソ連邦との間のすべての条約その他の国際約束は日本国とロシア連邦との間で引き続き適用されることを確認する．

日本国政府及びロシア連邦政府は，また，これまで両国間の平和条約作業部会において建設的な対話が行われ，その成果の一つとして 1992 年 9 月に「日露間領土問題の歴史に関する共同作成資料集」が日露共同で発表されたことを想起する．

日本国政府及びロシア連邦政府は，両国間で合意の上策定された枠組みの下で行われてきている前記の諸島に現に居住している住民と日本国の住民との間の相互訪問を一層円滑化することをはじめ，相互理解の増進へ向けた一連の措置を採ることに同意する．

〔以下略〕

村山内閣総理大臣談話「戦後 50 周年の終戦記念日にあたって」

1995 年 8 月 15 日

〔冒頭略〕

平和で豊かな日本となった今日，私たちはややもすればこの平和の尊さ，有難さを忘れがちになります．私たちは過去のあやまちを 2 度と繰り返すことのないよう，戦争の悲惨さを若い世代に語り伝えていかなければなりません．とくに近隣諸国の人々と手を携えて，アジア太平洋地域ひいては世界の平和を確かなものとしていくためには，なによりも，これらの諸国との間に深い理解と信頼にもとづいた関係を培っていくことが不可欠と考えます．政府は，この考えにもとづき，特に近現代における日本と近隣アジア諸国との関係にかかわる歴史研究を支援し，各国との交流の飛躍的な拡大をはかるために，この 2 つを柱とした平和友好交流事業を展開して

おります．また，現在取り組んでいる戦後処理問題についても，わが国とこれらの国々との信頼関係を一層強化するため，私は，ひき続き誠実に対応してまいります．

いま，戦後50周年の節目に当たり，われわれが銘記すべきことは，来し方を訪ねて歴史の教訓に学び，未来を望んで，人類社会の平和と繁栄への道を誤らないことであります．

わが国は，遠くない過去の一時期，国策を誤り，戦争への道を歩んで国民を存亡の危機に陥れ，植民地支配と侵略によって，多くの国々，とりわけアジア諸国の人々に対して多大の損害と苦痛を与えました．私は，未来に誤ち無からしめんとするが故に，疑うべくもないこの歴史の事実を謙虚に受け止め，ここにあらためて痛切な反省の意を表し，心からのお詫びの気持ちを表明いたします．また，この歴史がもたらした内外すべての犠牲者に深い哀悼の念を捧げます．

敗戦の日から50周年を迎えた今日，わが国は，深い反省に立ち，独善的なナショナリズムを排し，責任ある国際社会の一員として国際協調を促進し，それを通じて，平和の理念と民主主義とを押し広めていかなければなりません．同時に，わが国は，唯一の被爆国としての体験を踏まえて，核兵器の究極の廃絶を目指し，核不拡散体制の強化など，国際的な軍縮を積極的に推進していくことが肝要であります．これこそ，過去に対するつぐないとなり，犠牲となられた方々の御霊を鎮めるゆえんとなると，私は信じております．

「杖るは信に如くは莫し」と申します．この記念すべき時に当たり，信義を施政の根幹とすることを内外に表明し，私の誓いの言葉といたします．

日韓共同宣言――21世紀に向けた新たな日韓パートナーシップ（小渕恵三・金大中）

1998年10月8日東京で署名

〔1 略〕

2 両首脳は，日韓両国が21世紀の確固たる善隣友好協力関係を構築していくためには，両国が過去を直視し相互理解と信頼に基づいた関係を発展させていくことが重要であることにつき意見の一致をみた．

小渕総理大臣は，今世紀の日韓両国関係を回顧し，我が国が過去の一時期韓国国民に対し植民地支配により多大の損害と苦痛を与えたという歴史的事実を謙虚に受けとめ，これに対し，痛切な反省と心からのお詫びを述べた．

金大中大統領は，かかる小渕総理大臣の歴史認識の表明を真摯に受けとめ，これを評価すると同時に，両国が過去の不幸な歴史を乗り越えて和解と善隣友好協力に基づいた未来志向的な関係を発展させるためにお互いに努力することが時代の要請である旨表明した．

また，両首脳は，両国国民，特に若い世代が歴史への認識を深めることが重要であることについて見解を共有し，そのために多くの関心と努力が払われる必要がある旨強調した．

3 両首脳は，過去の長い歴史を通じて交流と協力を維持してきた日韓両国が，1965年の国交正常化以来，各分野で緊密な友好協力関係を発展させてきており，このような協力関係が相互の発展に寄与したことにつき認識を共にした．小渕総

理大臣は，韓国がその国民のたゆまざる努力により，飛躍的な発展と民主化を達成し，繁栄し成熟した民主主義国家に成長したことに敬意を表した．金大中大統領は，戦後の日本の平和憲法の下での専守防衛及び非核三原則を始めとする安全保障政策並びに世界経済及び開発途上国に対する経済支援等，国際社会の平和と繁栄に対し日本が果たしてきた役割を高く評価した．両首脳は，日韓両国が，自由・民主主義，市場経済という普遍的理念に立脚した協力関係を，両国国民間の広範な交流と相互理解に基づいて今後更に発展させていくとの決意を表明した．
〔以下略〕

平和と発展のための友好協力パートナーシップの構築に関する日中共同宣言

1998年11月26日

〔前文，一〜二，略〕
三　双方は，日中国交正常化以来の両国関係を回顧し，政治，経済，文化，人の往来等の各分野で目を見張るほどの発展を遂げたことに満足の意を表明した．また，双方は，目下の情勢において，両国間の協力の重要性は一層増していること，及び両国間の友好協力を更に強固にし発展させることは，両国国民の根本的な利益に合致するのみならず，アジア太平洋地域ひいては世界の平和と発展にとって積極的に貢献するものであることにつき認識の一致をみた．双方は，日中関係が両国のいずれにとっても最も重要な二国間関係の一つであることを確認するとともに，平和と発展のための両国の役割と責任を深く認識し，21世紀に向け，平和と発展のための友好協力パートナーシップの確立を宣言した．

双方は，1972年9月29日に発表された日中共同声明及び1978年8月12日に署名された日中平和友好条約の諸原則を遵守することを改めて表明し，上記の文書は今後とも両国関係の最も重要な基礎であることを確認した．

双方は，日中両国は二千年余りにわたる友好交流の歴史と共通の文化的背景を有しており，このような友好の伝統を受け継ぎ，更なる互恵協力を発展させることが両国国民の共通の願いであるとの認識で一致した．

双方は，過去を直視し歴史を正しく認識することが，日中関係を発展させる重要な基礎であると考える．日本側は，1972年の日中共同声明及び1995年8月15日の内閣総理大臣談話を遵守し，過去の一時期の中国への侵略によって中国国民に多大な災難と損害を与えた責任を痛感し，これに対し深い反省を表明した．中国側は，日本側が歴史の教訓に学び，平和発展の道を堅持することを希望する．双方は，この基礎の上に長きにわたる友好関係を発展させる．
〔以下略〕

日露首脳イルクーツク声明（森喜朗・プーチン）

2001年3月25日

〔冒頭略〕
双方は，この関連で，平和条約の締結が，日露関係の前進的発展の一層の活発化を促し，その関係の質的に新しい段階を開くであろうとの確認に基づき，

• 平和条約締結に関する更なる交渉を，1956年の日本国とソヴィエト社会主義共和国連邦との共同宣言，1973年の日ソ共同声明，1991年の日ソ共同声明，1993年の日露関係に関する東京宣言，1998年の日本国とロシア連邦の間の創造的パートナーシップ構築に関するモスクワ宣言，2000年の平和条約問題に関する日本国総理大臣及びロシア連邦大統領の声明及び本声明を含む，今日までに採択された諸文書に基づいて行うことに合意した．
• 1956年の日本国とソヴィエト社会主義共和国連邦との共同宣言が，両国間の外交関係の回復後の平和条約締結に関する交渉プロセスの出発点を設定した基本的な法的文書であることを確認した．
• その上で，1993年の日露関係に関する東京宣言に基づき，択捉島，国後島，色丹島及び歯舞群島の帰属に関する問題を解決することにより，平和条約を締結し，もって両国間の関係を完全に正常化するため，今後の交渉を促進することで合意した．
• 相互に受け入れ可能な解決に達することを目的として，交渉を活発化させ，平和条約締結に向けた前進の具体的な方向性をあり得べき最も早い時点で決定することで合意した．

〔以下略〕

日朝平壌宣言（小泉純一郎・金正日） 2002年9月17日

〔前文略〕

1　双方は，この宣言に示された精神及び基本原則に従い，国交正常化を早期に実現させるため，あらゆる努力を傾注することとし，そのために2002年10月中に日朝国交正常化交渉を再開することとした．

双方は，相互の信頼関係に基づき，国交正常化の実現に至る過程においても，日朝間に存在する諸問題に誠意をもって取り組む強い決意を表明した．

2　日本側は，過去の植民地支配によって，朝鮮の人々に多大の損害と苦痛を与えたという歴史の事実を謙虚に受け止め，痛切な反省と心からのお詫びの気持ちを表明した．

双方は，日本側が朝鮮民主主義人民共和国側に対して，国交正常化の後，双方が適切と考える期間にわたり，無償資金協力，低金利の長期借款供与及び国際機関を通じた人道主義的支援等の経済協力を実施し，また，民間経済活動を支援する見地から国際協力銀行等による融資，信用供与等が実施されることが，この宣言の精神に合致するとの基本認識の下，国交正常化交渉において，経済協力の具体的な規模と内容を誠実に協議することとした．

双方は，国交正常化を実現するにあたっては，1945年8月15日以前に生じた事由に基づく両国及びその国民のすべての財産及び請求権を相互に放棄するとの基本原則に従い，国交正常化交渉においてこれを具体的に協議することとした．

双方は，在日朝鮮人の地位に関する問題及び文化財の問題については，国交正常化交渉において誠実に協議することとした．

3　双方は，国際法を遵守し，互いの安全を脅かす行動をとらないことを確認した．

また，日本国民の生命と安全にかかわる懸案問題については，朝鮮民主主義人民共和国側は，日朝が不正常な関係にある中で生じたこのような遺憾な問題が今後再び生じることがないよう適切な措置をとることを確認した．

4 双方は，北東アジア地域の平和と安定を維持，強化するため，互いに協力していくことを確認した．

〔中略〕

双方は，朝鮮半島の核問題の包括的な解決のため，関連するすべての国際的合意を遵守することを確認した．また，双方は，核問題及びミサイル問題を含む安全保障上の諸問題に関し，関係諸国間の対話を促進し，問題解決を図ることの必要性を確認した．

朝鮮民主主義人民共和国側は，この宣言の精神に従い，ミサイル発射のモラトリアムを2003年以降も更に延長していく意向を表明した．

双方は，安全保障にかかわる問題について協議を行っていくこととした．

アジア・アフリカ首脳会議における小泉総理大臣スピーチ

2005年4月22日バンドンで

〔冒頭略〕

（過去50年の歩み）

50年前，バンドンに集まったアジア・アフリカ諸国の前で，我が国は，平和国家として，国家発展に努める決意を表明しましたが，現在も，この50年前の志にいささかの揺るぎもありません．

我が国は，かつて植民地支配と侵略によって，多くの国々，とりわけアジア諸国の人々に対して多大の損害と苦痛を与えました．こうした歴史の事実を謙虚に受けとめ，痛切なる反省と心からのお詫びの気持ちを常に心に刻みつつ，我が国は第二次世界大戦後一貫して，経済大国になっても軍事大国にはならず，いかなる問題も，武力に依らず平和的に解決するとの立場を堅持しています．今後とも，世界の国々との信頼関係を大切にして，世界の平和と繁栄に貢献していく決意であることを，改めて表明します．

〔以下略〕

小泉内閣総理大臣談話

2005年8月15日

私は，終戦六十年を迎えるに当たり，改めて今私たちが享受している平和と繁栄は，戦争によって心ならずも命を落とされた多くの方々の尊い犠牲の上にあることに思いを致し，二度と我が国が戦争への道を歩んではならないとの決意を新たにするものであります．

先の大戦では，三百万余の同胞が，祖国を思い，家族を案じつつ戦場に散り，戦禍に倒れ，あるいは，戦後遠い異郷の地に亡くなられています．

また，我が国は，かつて植民地支配と侵略によって，多くの国々，とりわけアジア諸国の人々に対して多大の損害と苦痛を与えました．こうした歴史の事実を謙虚

に受け止め，改めて痛切な反省と心からのお詫びの気持ちを表明するとともに，先の大戦における内外のすべての犠牲者に謹んで哀悼の意を表します．悲惨な戦争の教訓を風化させず，二度と戦火を交えることなく世界の平和と繁栄に貢献していく決意です．

戦後我が国は，国民の不断の努力と多くの国々の支援により廃墟から立ち上がり，サンフランシスコ平和条約を受け入れて国際社会への復帰の第一歩を踏み出しました．いかなる問題も武力によらず平和的に解決するとの立場を貫き，ODA や国連平和維持活動などを通じて世界の平和と繁栄のため物的・人的両面から積極的に貢献してまいりました．

我が国の戦後の歴史は，まさに戦争への反省を行動で示した平和の六十年であります．

〔以下略〕

「戦略的互恵関係」の包括的推進に関する日中共同声明（福田康夫・胡錦濤）

2008 年 5 月 7 日東京で

〔前文，1～2 略〕

3 双方は，歴史を直視し，未来に向かい，日中「戦略的互恵関係」の新たな局面を絶えず切り開くことを決意し，将来にわたり，絶えず相互理解を深め，相互信頼を築き，互恵協力を拡大しつつ，日中関係を世界の潮流に沿って方向付け，アジア太平洋及び世界の良き未来を共に創り上げていくことを宣言した．

4 双方は，互いに協力のパートナーであり，互いに脅威とならないことを確認した．双方は，互いの平和的な発展を支持することを改めて表明し，平和的な発展を堅持する日本と中国が，アジアや世界に大きなチャンスと利益をもたらすとの確信を共有した．

(1) 日本側は，中国の改革開放以来の発展が日本を含む国際社会に大きな好機をもたらしていることを積極的に評価し，恒久の平和と共同の繁栄をもたらす世界の構築に貢献していくとの中国の決意に対する支持を表明した．

(2) 中国側は，日本が，戦後 60 年余り，平和国家としての歩みを堅持し，平和的手段により世界の平和と安定に貢献してきていることを積極的に評価した．双方は，国際連合改革問題について対話と意思疎通を強化し，共通認識を増やすべく努力することで一致した．中国側は，日本の国際連合における地位と役割を重視し，日本が国際社会で一層大きな建設的役割を果たすことを望んでいる．

(3) 双方は，協議及び交渉を通じて，両国間の問題を解決していくことを表明した．

5 台湾問題に関し，日本側は，日中共同声明において表明した立場を引き続き堅持する旨改めて表明した．

6 双方は，以下の五つの柱に沿って，対話と協力の枠組みを構築しつつ，協力していくことを決意した．

〔以下略〕

菅総理大臣談話

2010年8月10日

本年は，日韓関係にとって大きな節目の年です．ちょうど百年前の八月，日韓併合条約が締結され，以後三十六年に及ぶ植民地支配が始まりました．三・一独立運動などの激しい抵抗にも示されたとおり，政治的・軍事的背景の下，当時の韓国の人々は，その意に反して行われた植民地支配によって，国と文化を奪われ，民族の誇りを深く傷付けられました．

私は，歴史に対して誠実に向き合いたいと思います．歴史の事実を直視する勇気とそれを受け止める謙虚さを持ち，自らの過ちを省みることに率直でありたいと思います．痛みを与えた側は忘れやすく，与えられた側はそれを容易に忘れることは出来ないものです．この植民地支配がもたらした多大の損害と苦痛に対し，ここに改めて痛切な反省と心からのお詫びの気持ちを表明いたします．

このような認識の下，これからの百年を見据え，未来志向の日韓関係を構築していきます．また，これまで行ってきたいわゆる在サハリン韓国人支援，朝鮮半島出身者の遺骨返還支援といった人道的な協力を今後とも誠実に実施していきます．さらに，日本が統治していた期間に朝鮮総督府を経由してもたらされ，日本政府が保管している朝鮮王朝儀軌等の朝鮮半島由来の貴重な図書について，韓国の人々の期待に応えて近くこれらをお渡ししたいと思います．

〔以下略〕